アメリカ合衆国 技術教育教員 養成実践史論

技術教育のための「大学における教員養成」の形成

HISTORY OF
INDUSTRIAL TEACHER EDUCATION PRACTICE
IN U. S. A. FROM 1898 TO 1958

田中喜美／木下 龍 著

学文社

アメリカ合衆国技術教育教員養成実践史論
―技術教育のための「大学における教員養成」の形成―

まえがき

　本書は，2つの側面をもっている。

　第1は，タイトルが示唆するように，アメリカ合衆国での技術教育分野における教員養成の教育実践に関する歴史研究という側面である。

　近年，国の内外で，「大学における教員養成」という原則が問われている状況がある。そこで，この原則の歴史的意味内容を，事実に厳密に即しながら，教育学として明らかにしたい，これが本書を貫く問題意識の1つである。

　本書が，大学における教育養成という点では世界で最も長い歴史をもつアメリカ合衆国での，かつ，労働者の肉体化した生産技能を教授するという，伝統的には大学から最も遠い存在であり続けてきた技術教育の分野をとりあげたのも，このためである。そして，とりわけ大学人の主体性という面から「大学における教員養成」原則が問われているので，アメリカ合衆国での技術教育の教員養成の歴史を，制度史等ではなく，教育実践史として構成することを試みた。

　第2は，筆者の一人である田中の著書『技術教育の形成と展開——米国技術教育実践史論——』（多賀出版，1993年）の続編としての側面である。

　筆者たちは，いつか，アメリカ合衆国における公教育としての技術教育の通史を書きたいとの想いを抱いている。そして，前著では，1880年から1920年代までの時期を対象に，アメリカ合衆国の公教育のなかに技術教育を定着させ制度化させる上で重要な役割を果たしたとみられる5つの教育実践をとりあげて検討した。これに続く時期のアメリカ合衆国における公教育としての技術教育の歴史はどのように描くことができるか，これが本書を貫くもう1つの問題意識である。

　アメリカ合衆国の学校を訪れ技術教育の授業を見学すると，極端なまでの多様性に驚かされる。訪問する学校が増すに従い，一定の統一した像といったものをむすぶことが困難になっていく。しかし，それらの深いところで教育実践を枠づけている存在はあるはずであり，時としてそれを感じることがある。本

書は，それを教員養成，とりわけ，大学での教員養成の認証評価基準に求めた。

アメリカ合衆国は，しばしば「組織の国（a nation of organizations）」とよばれる。教育も例外ではなく，初等教育から高等教育までに約440万人が教員として雇用され，彼らのほとんどが，3万にのぼるとされる地域，州，全国等，各レベルの組織の会員であるといわれる。そうしたものの1種である各分野の専門職団体が，自らの後継者養成の水準の維持向上を図るべく大学の関係部門を査定する認証制は，アメリカ合衆国独特の制度であり，その中核をなす認証評価基準は，大学で養成される専門職およびその実践に対する重要な規定要因として機能しているのではないか，と考えた。初等・中等学校で営まれている技術教育がどんなに多様であったとしても，その奥深いところでは，それを担っている教員がどのように養成されたかの問題と無関係ではありえず，また，その養成のあり方が，技術教育分野の専門職団体による認証評価基準に規定されているとするならば，制度化された技術教育の歴史を描く上で，教員養成およびその認証評価基準は，有効な手がかりになるのではないか，と考えた。

こうして本書は，1898年に世界で最初に学位授与課程での教員養成を開始したコロンビア大学ティーチャーズ・カレッジの成立から，1958年の技術教育教員養成に関する認証評価基準の樹立までの時期を対象とすることになった。

本書は，多くの方の協力に支えられている。コロンビア大学ティーチャーズ・カレッジ，イリノイ大学，イリノイ州立大学，ミズーリ大学，ウイスコンシン・スタウト大学等の関係者のあたたかい援助と的確な助言がなければ本書は完成できなかった。また，技術教育研究会の会員を中心に集う比較技術教育研究会での議論は，我々に国際的な視野を与えてくれた。深く感謝申し上げる。

最後に，層が極めて薄い技術教育の外国史研究分野において，次代を担う若い研究者と共に本書をまとめられたことは意義深く，大いなる喜びである。

2010年5月小金井にて

著者を代表して　田中　喜美

目　次

まえがき　i

序　章　大学における教員養成と技術教育：課題と方法 ……………………3
　第1節　問題の所在　3
　　1　問われる「大学における教員養成」　3
　　2　「大学における教員養成」問題の中の技術教育　7
　第2節　研究の目的と背景　10
　　1　研究の目的　10
　　2　研究の背景（その1）：問題の基本構造の全体像の探究　11
　　3　研究の背景（その2）：主体形成の歴史的探究　14
　　4　研究の背景（その3）：教科指導の教育学の歴史的探究　17
　第3節　研究の方法：専門職・自治・大学　19
　　1　専門教育と専門職教育　19
　　2　ミシシッピヴァリ会議　21
　　3　本書の構成と要旨　26

第Ⅰ部　大学と教員養成

第1章　コロンビア大学ティーチャーズ・カレッジの形成と展開 ………41
　第1節　問題の所在　41
　第2節　コロンビア大学ティーチャーズ・カレッジの大学院化と組織編成の概要　43
　第3節　コロンビア大学ティーチャーズ・カレッジの社会的役割　49
　第4節　技術教育分野の変遷──「工業技術部」構想挫折の意味　55
　第5節　小　括　62

第2章 コロンビア大学ティーチャーズ・カレッジにおける技術
　　　教育教員養成の挑戦と挫折……………………………………67
　第1節　問題の所在　67
　第2節　技術教育教員養成システムの原型の樹立　70
　　1　ティーチャーズ・カレッジの形成過程　70
　　2　ベネットによる教員養成の教育課程　71
　　3　リチャーズによる教員養成の教育課程　75
　第3節　産業技術部から実科部へ　78
　　1　ラッセルによる産業技術部の構想　78
　　2　産業技術部の現実　80
　　3　実科部への統合　81
　第4節　1915年の方針転換の意図と結果　83
　　1　1915年の方針転換問題　83
　　2　技術教育教員養成の消滅過程　85
　第5節　小　括――大学における技術教育教師養成の問題構造　87

第Ⅱ部　技術教育の研究と教育

第3章　ベネットによる技術教育研究の学的整備と
　　　　教員養成……………………………………………………………93
　第1節　問題の所在　93
　第2節　ブラッドレ総合技術大学での技術教育教員養成の教育課程
　　　　100
　第3節　ベネットによる技術教育研究の学的整備　105
　　1　技術教育研究の学的整備の3側面　105
　　2　技術教育研究の科学的方法の探究　108
　第4節　小　括　112

目　次　v

第4章　セルヴィッジによる技術教育のための作業分析の
　　　　形成と展開……………………………………………………117

　第1節　問題の所在　117

　第2節　技術教育問題への接近　118

　　1　技術教育への着手　118

　　2　技術教育の学習と研究　119

　　3　大学における技術教育教員養成へ（1908〜1918年）　124

　第3節　技術教育のための作業分析の形成　126

　　1　アレンによる作業分析の台頭　126

　　2　合衆国陸軍におけるセルヴィッジの活動と成果　129

　第4節　『熟練職教授法』（1923年）における技術教育のための作業
　　　　　分析の体系化　133

　　1　『熟練職教授法』の構成　133

　　2　セルヴィッジによる技術教育の目的論の確立　135

　　3　作業分析の方法論の具体的展開　145

　第5節　セルヴィッジの作業分析の展開　148

　第6節　小　括　152

第5章　大学における技術教育教員養成への作業分析の適用………158

　第1節　問題の所在　158

　第2節　ミズーリ大学における技術教育教員養成　159

　　1　ミズーリ大学における教員養成　159

　　2　技術教育に関する教員養成のための教育課程　164

　第3節　ミズーリ大学における技術教育教員養成とセルヴィッジの
　　　　　作業分析　172

　　1　セルヴィッジの技術教育教員養成観　172

　　2　セルヴィッジの作業分析の役割　174

　第4節　スタウト大学における技術教育教員養成とフリックラン
　　　　　ドの作業分析　176

1　スタウト大学における技術教育教員養成　176
　　　2　『作業分析』(1942年)におけるフリックランドの作業分析の
　　　　特徴　182
　　　3　大学における技術教育教員養成における科目「教育課程編成論Ⅱ(作
　　　　業分析)」の教育実践　184
　　第5節　小　括　187

第Ⅲ部　専門職と認証制

第6章　ミシシッピヴァリ会議による専門職教育の探求(その1)
　　　　――産業科教育到達目標標準の樹立 …………………………………193

　　第1節　問題の所在　193
　　第2節　ミシシッピヴァリ会議の組織および審議内容(1909～
　　　　　1934年)　194
　　　1　ミシシッピヴァリ会議の発足　194
　　　2　ミシシッピヴァリ会議の会員　195
　　　3　1934年(第25回大会)までの審議内容の傾向　197
　　第3節　ミシシッピヴァリ会議と『産業科教育の到達目標標準』　199
　　　1　職業教育運動とその指導者　199
　　　2　全米職業教育協会と中西部職業教育協会の統一＝アメリカ職業協会
　　　　の結成　201
　　　3　アメリカ職業協会・産業科教育に関する専門委員会　202
　　第4節　『産業科教育の到達目標標準』の制定とその内容　204
　　　1　専門委員会のとった手順　204
　　　2　産業科教育の教育目的　206
　　　3　各分野の到達目標　208
　　　4　『産業科教育の到達目標標準』の内容的特質　210
　　第5節　小　括　212

第7章　ミシシッピヴァリ会議による専門職教育の探求（その2）
——産業科教育教員養成認証評価基準の樹立 ……………………217
第1節　問題の所在　217
第2節　『産業科教員養成の認証制』の策定過程とその内容　220
　1　認証制検討委員会の設置と再編　220
　2　認証評価基準等の制定過程と全国教員養成認証審議会との関係　222
　3　認証評価基準の内容　223
第3節　フリックランドと技術教育教員養成の認証制　225
　1　フリックランドによる認証制への取り組みの経緯　225
　2　第1段階：フリックランドの認証制に関する認識の原型　226
　3　第2段階：北中部協会による認証をめぐる交渉と妥協　228
　4　第3段階：「専門分野ごとの認証制」の探求　230
第4節　小　括　234

結　章　専門職教育としての技術教育教員養成の形成 ……………………243
　1　20世紀前半における技術教育教員養成の制度的変化　243
　2　ベネット，セルヴィッジ，フリックランドのもたらしたもの　244
　3　三層から成る技術教育教員養成　254
　4　専門職教育としての技術教育教員養成の特質　255
　5　専門職教育としての技術教育教員養成の実態と課題　258

英文概要 ……………………260
あとがき ……………………283
人名索引 ……………………285
事項索引 ……………………287

アメリカ合衆国技術教育
教員養成実践史論

―技術教育のための「大学における教員養成」の形成―

序　章

大学における教員養成と技術教育：課題と方法

第1節　問題の所在

1　問われる「大学における教員養成」

　一般に，教員養成の現代的形態の基本は，「大学における教員養成（university-based teacher education）」，すなわち学士号等何らかの学位（degree）授与課程で行われる教員養成のシステムにあるとみてよい。

　しかし，その形成過程は，国際的にみても，順調でなかったばかりか，多くの問題を抱えて現在に至っている[1]。今日でもなお，大学関係者や教育関係者の間であっても，そのあり方の基本的な方向性をめぐってさえ合意が必ずしも得られているとはいえない状況にある。

　近年，イギリスとフランスでは，教員養成に対する大学の関与という点で，対照的な動きがみられる[2]。

　イギリスでは，例えば，『イングランドとウエールズでの学校現場における教員養成（HMI, *School Based-Initial Teacher Training in England and Wales*, 1991）』[3]の標題が象徴するように，大学との連携を前提にしつつも，「学校現場における教員養成（school-based teacher education）」が，1980年代以来，強化される傾向が顕著にみられる。そして，そこには，1972年のいわゆる『ジェームズ報告』[4]以来続く，大学における教員養成の実態に対する懐疑が横たわっており，教員養成を大学から学校現場へと移行させるべきとする主張も強まった[5]。

　加えて，こうした文脈の中で，大学における教員養成の質が問題視され，1996年以降，大学が提供する教員養成の全プログラムが，中央政府の教員養成庁（Teacher Training Agency）による査察の対象とされるようになった。そ

のため，教員養成庁は，教員に求められる諸能力（competences）を設定し，それを事実上の評価基準として運用している[6]。

近年，事態はさらに進み，大学には依拠しないでも教員資格取得ができる多用なルートが設けられ，教員養成提供者としての大学の相対化が著しい[7]。

これに対してフランスでは，教員養成に関して，大学がより重い役割を担う政策がとられてきた。

1989年のジョスパン法により，初等学校教員養成，コレージュ教員養成，リセ教員養成等にそれぞれ対応し，師範学校等に分岐していた教員養成制度を廃止して，新たに設置した教員養成大学院（Institut Universitaire de Formation des Maîtres）[8] に一本化し，さらに，2005年のフィヨン法により，それを総合大学の組織に編入させる措置がとられた。

そこでは，教える内容に関する学部教育を修了して当該分野の学士号取得を入学要件とし，その上に，大学院での2年間の積み上げ方式（successive training scheme）による教員養成教育を行うことになった。

教員養成大学院での2年間の養成教育では，1年次は，年度末に行われる国家公務員試験にむけた準備教育（教科専門が主）が行われ，それに合格すると，上級国家公務員の身分を取得して2年次に進級，教科専門を含む教科教育学，教育科学，および教育実習（400時間程度）を履修して，認可試験（validation）を受ける。それは，模擬授業の実施，専門職論文（professional paper），教育実習1年間の記録からなり，合格すると，教員として任用される[9]。

また，ドイツでは，教員として必要な理論的・学問的な養成は，総合大学の学部および大学院で行い（第1段階，修士号取得が修了要件），その基礎の上に，実際に即しての実践的職業準備的養成は，任期付き国家公務員の身分をもつ教職修習生として，原則2年間，州文部省が所管する公立教員養成所（Studienseminare）の管理の下で，教職修習生として配当された学校での勤務をしながら，週1日は公立教員養成所での座学を受講する（第2段階）という「二段階教員養成制度」が採用されている[10]。教職修習生は，第2段階の修了試験の合格をもって上級国家公務員としての教員の資格を得る。そこには，教員養成に関

わる大学の任務を，その後に位置づけられている第2段階の役割を前提にして確定しようとする姿勢が認められる。

さらに，大学における教員養成のあり方が，実践的にも理論的にも，焦眉の課題になっているという点では，日本も例外ではない。

2001年11月，「国立の教員養成大学・学部の在り方に関する懇談会」(文部科学省)は，その答申で[11]，第二次世界大戦後の日本で，大学における教員養成，とりわけ義務教育学校の教員養成を担う主要部分である国立の「教員養成学部」の現状を批判した。すなわち，「教員養成学部内においても従来からいわゆる『アカデミッシャンズ(学問が十分にできることが優れた教員の第一条件と考える人達)』と『エデュケーショニスト(教員としての特別な知識・技能を具えることこそが優れた教員の第一条件と考える人達)』との対立があり」，「教員養成学部としての独自の専門性」を「発揮していく上で大きな障害になっている」とした。そして，国立の「教員養成学部」は，「教員養成に特化し，活力ある教員養成専門の教育研究機関として，その特色や機能を十分に発揮できるよう体制を整える」ため，その「再編・統合の必要性」があることを強調した。

答申は，いわゆる一般学部での教員養成を維持するという意味での開放制の原則をたてまえとしつつも，国立の教育系学部は，従来以上に教員養成に特化すべきこと，そのためには教育系学部の教員に対して，一般学部とは異なる独自の専門性を発揮するという点での主体の確立と合意形成の課題を提起した。

また，5年後の2006年には，「今後の教員養成・免許制度の在り方について(答申)」が中央教育審議会によってまとめられた。同答申は，教員免許の更新制の導入等とともに教職大学院の設置を提案した。そこには，教育系学部に設置された大学院修士課程の現状に対する次のような批判が背景にあった。

「我が国の大学院制度が研究者養成と高度専門職業人養成との機能区分を曖昧にしてきたこともあり，また，実態面でも，高度専門職業人養成の役割を果たす教育の展開が不十分であったことから，教員養成分野でも，ともすれば個別分野の学問的知識・能力が過度に重視される一方，学校現場での実践力・応

用力など教職としての高度の専門性の育成がおろそかになっており，本来期待された機能を十分に果たしていない。」[12]

大学における教員養成と，その担い手の主体性の問題は，現在，学部教育ばかりでなく，大学院教育のあり方も含んで，緊要な課題になっている。

他方，研究の面でみるならば，日本での大学における教員養成の歴史を正面からとりあげたTEES研究会編『「大学における教員養成」の歴史的研究—戦後「教育学部」史研究—』(2001年)[13]も，教員養成に関わる大学人の主体性の確立に課題をみる点では，これらの答申と認識を共有しているといえる。

同書は，戦後教員養成史の研究史において，海後宗臣編『戦後日本の教育改革 第8巻 教員養成』(1971年)の研究成果の見直しの試みとして自らを位置づける。同書第7章「総括と提言」で「学問・芸術領域に関する教養については，大学教育としての水準と質の確保が追究されるべきであって，教員と教員以外の者の教養の差異，あるいは教員種別による教養の差異は，強調されるべきではない」としている箇所をあげ，ここに海後らの大学における教員養成の立場が端的に表現されているとみて，「果たしてそうだろうか。」(p.19)と問題視した。そして，この姿勢こそが「アペンディックス」としか教員養成を位置づけない教育系学部関係者の志向を合理化してきた「アカデミズムの呪縛と陥穽」(p.17)であるとし，その克服が問い直されなければならないとする。

こうした視座から，この書は，以下のように総括する。

「教育学の内実が未熟なままに制度的な自立を余儀なくされた『教育学部』は，一方では旧帝国大学系のそれに代表されるような既成の『学』の体系に依拠する構成原理を取り，他方では旧制師範学校や一部の私学のそれのように教員養成の現実目的への志向性に依拠する構成原理を取った。前者においては，『学』としての自立を求めることが，本来の教育学の立脚点であるべき教育的な営み（教育実践）からの遊離（あるいは意図的な忌避）を産み，その延長線上で展開されていくことになった。後者においては，教育職員免許法の規定や，旧師範学校の組織をひきずったままの課程―学科目制組織が教員養成の内実に先立って存在していたことの陰で，多くの大学が自らの主体性において『教員に必要

な力量』を見据える営みを充分に行わないまま教員養成を行いつづけるという実態を産んだ。」

つまり，同書は，第二次世界大戦後の日本での教員養成は，「大学における教員養成」を制度原則に掲げたものの，「大学の中に十全に位置づくことのないまま，基本的には外的な規定要因の変化におおむね従属する形で推移してきた」(pp.415-416) と結論づけた。

このように，「大学における教員養成」は，日本を含め国際的にも，いまだに解決が迫られている問題として存在している。

2 「大学における教員養成」問題の中の技術教育

さて，技術教育は，工業・農業・水産業等の技術に関する科学の基本と要素作業を教える教育であるとされる[14]。そして，技術教育のための「大学における教員養成」は，上でみてきたような「大学における教員養成」一般のもつ問題性に，技術教育固有の問題群が加わり，一層複雑な状況にあるといえる。

技術教育の教員養成の現代的形態も，「大学における教員養成」にその基本があることはまちがいない。しかし，技術教育の場合，1898年に，ニューヨーク市のコロンビア大学ティーチャーズ・カレッジにおいて，そのシステムが世界で初めて開始され，1930年代に理念的には定着したとみられるアメリカ合衆国を除けば[15]，その実現の多くは，20世紀の後半，しかも，かなり近年に属し，現在でも，日本を含めて多くの国々では，その実質的定着は，多くの課題を抱えた問題としてあり続けているとみられる。

例えば，イギリスでは，学士号の授与課程における技術教育の教員養成の誕生は1980年を待たねばならず，それは今日でも多くの課題を伴って「混乱状態にある」[16]とさえいわれる。また，フランスでのこのシステムの採用は，すでに示唆したように，1990年代に入ってからのことである[17]。

さらに近年，技術教育を発展させてきている大韓民国でも，学位授与課程での技術教育の教員養成は，1981年，国立忠南大学校の技術教育学科が最初であり，現在でも，これを行う機関は，国立韓国教員大学校技術教育学科 (1992

年設置），私立大仏大学校機械工学科（2002年設置）の3学科にとどまる[18]。

こうした中にあって，日本では，戦後教育改革の重要な環として，教員養成制度改革が位置づけられ，「開放制」とならんで，「大学における教員養成」が，改革の二大原則とされ，技術教育の教員養成も，このシステムにおいて実施されることになった。すなわち，日本は，アメリカ合衆国と並んで世界的にも先駆として，また，アジアでは最初に，技術教育のための大学における教員養成を原則的に確認したとみられる。

従来の師範学校を，一挙にすべて大学にすることを目論んだ戦後教員養成制度改革は，この点で，世界教育史的にみても画期的な企てであったといえる。

同時に，その実現には多くの困難が伴い，実態としては，TEES研究会の上記指摘のような事実の存在は否定しがたい。とくに技術教育の教員養成の場合，1958年8月の学校教育法施行規則一部改正により中学校の教科が職業・家庭科から技術・家庭科になったことに伴い，1961年6月に教育職員免許法が一部改正され，新免許教科として技術科が設けられたこともあり，学部の組織変更等も含め複雑な問題を抱えた。日本の国立教育系学部の技術教育部門が大学における教員養成の実質を備えるのは，1975年以前ではないと見込まれる[19]。

さらに，技術教育のための大学における教員養成の現状に関して，少なくとも次の3点が指摘されなければならない。

第1は，他の教員免許状や免許教科と比べて，普通教育としての技術教育である技術科の教員養成に関しては，国立（現，国立大学法人）の教育系学部の占める比重が格段に高いという点である。1998年度時点において技術科教員養成の課程認定をうけている国立の一般学部は農業系の1大学にすぎず，工学系は皆無であり，また，私立の一般学部でも，18学部にすぎなかった[20]。現在も，技術科の教員養成に関し，国立の教育系学部がこれまで担ってきた役割を代替できる機関も条件もない。

第2に，それにもかかわらず，教員就職率の低下に伴い1987年度から着手された教員以外の職業分野志向の新課程への改組や少子化の影響をうけた1998年度からの3年間にわたる学生定員5,000人削減などにより，国立の教育

系学部における技術教育部門の縮小・弱体化が進行している点である。これら国立の教育系学部における一連の組織改編の多くは，学部の教員養成の営みの重心を小学校教員養成に移していくことを基調にしていたため，中学校にしかない技術科は，学部の教育課程上，副専攻程度の位置づけしか与えらないことが少なくなく，教員定員も削減や配置換えの措置がとられた。

そしてこの事態は，第1の事実をふまえれば，開放制のもとでの日本の技術科のための大学における教員養成全体の弱体化を意味し，それは，今，瀬戸際に立たされている。

第3に，職業教育としての技術教育の教員養成，すなわち高等学校の工業科や農業科，水産科の教員養成に関しては，工学部や農学部，水産学部等を含め，教員養成の課程認定を受けている学部数は少なくないものの，その教員養成のあり方が自覚的に追究され，そのための理論的・実践的な営みが蓄積されてきたとはいえないという点である。職業教育の教員養成に対する大学人の主体性の問題は，普通教育の教員の養成にもまして，一層深刻であるとみられる[21]。

そして，その課題の無自覚さの法規上の象徴的表現が，工業科の教員免許基準に関し，教職に関する科目の全部を教科に関する科目の履修で代替できるとする1961年に教育職員免許法の一部改正に伴い設けられた特例措置が今日もなお継続されている点に認められるとすることは根拠のないことではない[22]。

さらに，技術教育のための大学における教員養成をめぐる以上のような形成の遅れと不安定さは，技術教育自体のもつ社会的性格，すなわち，現代社会では不可欠でありながらその意義にふさわしく真っ当には位置づけられがたいという技術教育のもつ矛盾した社会的性格の反映とみることも不可能でない。

1989年のユネスコ総会で採択され，1992年に発効された「技術・職業教育に関する条約」にみられるように，普通教育から職業教育にわたる技術教育は，技術の果たす役割が決定的に大きくなっている現代社会では欠くことのできないものになっている。

しかし反面では，理念の面でみれば，技術教育を真っ当に位置づけるためには，近代の市民革命がその例外とした労働者の立場から公教育のあり方を問い

糾すことを必然とし，また，実態の面でみれば，学校教育制度とそこで培われる教養とは，なによりも人々が労働から脱出するためのパイプ役を果たす。そのため，技術教育は，現代社会と公教育においては，成功裡に機能することの困難な「ひとつの鬼子」[23]とされる。

それゆえ，技術教育を学校教育において担う教員の養成も，こうした技術教育の矛盾した社会的性格を反映して，不安定な位置におかれざるをえない必然性があるといえる。

したがって，技術教育のための大学における教員養成は二重の問題性をはらまざるをえない。すなわち，1つは，学術の中心としてアカデミズムの伝統を背負って存在している大学の中に職業教育の面をもつ教員養成を位置づけることのもつ問題性である。さらにこれに加えて，いま1つには，教員養成の中でも，技術教育の教員養成は，数学や外国語等のアカデッミック教科や芸術やスポーツなど，総じていわゆる教養を培う教科の教員養成とは異なる不安定な位置づけに甘んじざるをえないという問題性である。

いいかえるならば，技術教育のための「大学における教員養成」は，目下，問われている「大学における教員養成」の最も複雑でナイーブな「アキレス腱」の位置にあたる問題の1つを構成しているといえる[24]。

第2節 研究の目的と背景

1 研究の目的

本研究は，以上のような問題関心から，アメリカ合衆国における技術教育の教員養成の歴史を，とりわけ，それを担っていった主体の営みに視点を据えながら，技術教育のための「大学における教員養成」の形成史として構成することを試み，それを通して，大学において教員養成を行うことの歴史的意義およびその実質を成り立たせていった内的諸要件を明らかにことを目的としている。

そして，こうした研究目的を設定した背景には，教員養成史の研究と叙述の方法に関わり，本研究の基調になっている次の3点にわたる意図がある。

2 研究の背景(その1):問題の基本構造の全体像の探究

まず,第1の意図は,「大学における教員養成」の営みという点で最も長く豊かな歴史をもつと考えられるアメリカ合衆国をとりあげる理由およびそのとりあげ方に関わる。すなわち,本研究では,「大学における教員養成」問題の基本構造の全体像を明らかにしたいと考えている。

ここでいう基本構造の全体像とは,1つには,「大学における教員養成」における大学院の問題を適切に位置づけるというねらい,いま1つには,「大学における教員養成」における教育系学部や教育系大学院以外の教員養成担当部局の問題を適切に位置づけるというねらいを含んでいる。

本研究の前提には,「大学における教員養成」論およびその歴史に関する従来の研究においては,大学院問題の位置づけが充分ではなかったとの認識がある。もし,そういえるとすると,「大学における教員養成」をめぐる現実の問題が,上で指摘したように,すでに大学院教育のあり方を含んで問われていることはまちがいなく,早急の改善が求められる。

具体的には,「大学における教員養成」という場合,学部での養成教育が重要な部分を構成することはまちがいない。しかし同時に,学部の養成教育に限定し,大学院の問題を位置づけない「大学における教員養成」論ないしその歴史研究は,一方で,そこでの教員養成をめぐる「学者(academician)」対「教育者(educationalist)」という,しばしば指摘される対抗の動態についての適切な理解を妨げる危険性があり,他方で,大学において教員養成を担当する教員の養成およびその権限という重要な問題を捨象してしまう危険性がある。

アメリカ合衆国の場合,歴史の事実として,学士号取得課程における教員養成の形成過程と教員養成に対する大学院の役割や関与のあり方等の問題の顕在化とは,地域的な違いはあるものの[25],時期的にほとんど重なっていたことが少なくなく,両者は密接に関わっていたとみることができる。大学における教員養成問題において学部と大学院は,車の両輪の関係にあった。1952年に著され,すでに古典の部類に入るモンロー(Monroe, W. S.)によるアメリカ大学における教員養成の制度類型論[26]が,学部教育と大学院教育との組み合わ

せを類型化の重要な指標としていることは、このことの証左であるといえる。

そして、そこにはキャンデル (Kandel, I. L.) が「アカデミックの内戦」[27]とよんだ程、大学における教員養成をめぐる「学者」と「教育者」との対立がアメリカ合衆国でも存在し、それらを折り合わせ合意に導く有効な水路として、「大学における教員養成」での大学院の位置づけがあったとみることができる。

したがって、大学院の問題を位置づけない「大学における教員養成」の歴史研究は、歴史の事実に則さないばかりか、教員養成をめぐる「学者」と「教育者」との対抗という重要な問題軸をめぐって、その動態についての見方を狭隘にする危険性がある。

加えて、「大学における教員養成」での大学院の位置づけをめぐるもう1つの重要な問題に、大学において教員養成を担当する教員の養成とその権限の問題があると考えられる。

かつて梅根悟は、大学史の始源としての中世大学を、学問をする同業者のギルド組織であり、自治的集団としての面からとらえた。そして、自治的なギルド組織である大学が、学問水準の維持を図る自治の一環として、受講に基づく論文を提出させて審査し、その合格者に与えた開講許可証がドクターであって、博士の学位は「もともと教師として開講してよいという免許状、教員免許状にほかならない」[28]とした。

この見方からすると、博士の学位授与権をもつということは、大学で教えることのできる者を養成する能力を当該機関が備えていることの公証であり、その機関が名実共に大学になったことを意味する。逆にいえば、博士の学位授与権をもたない「大学」という名前の機関で行う教員養成を、「大学における教員養成」といえるかという問題がある[29]。

上でみたように、教員養成をめぐる大学人の主体性の確立が「大学における教員養成」問題の焦点的課題になっていることを視野にいれるとき、教員養成を担当する教員の養成のあり方は、まさに主体形成そのものの重い部分を構成しており、より一層重要性を増す。しかし、これまでの教員養成史の研究では、この問題はほとんど看過されており、その理由を「大学における教員養成」に

序章　大学における教員養成と技術教育：課題と方法　13

おける大学院の位置づけの弱さに求めることには根拠があると考える[30]。

　他方,「大学における教員養成」問題の基本構造の全体像を明らかにするという意図のもう1つの側面である教育系学部・大学院以外の教員養成担当部局を適切に位置づけるというねらいは,アメリカ合衆国教員養成史の研究状況に即せば,次のような含意がある。

　アメリカ合衆国教員養成史研究が一般に描く歴史像は,19世紀のコモンスクール(common school)の発展に伴い,それに必要な初等学校教員の養成を担う師範学校(normal school)制度の形成と普及,同世紀80年代からの高等学校(high school)の飛躍的増加に対応して中等学校教員養成も任務として取り込みながらの師範学校からティーチャーズ・カレッジ(teachers college)への移行＝昇格(19世紀末から20世紀20年代),その結果として,伝統的に中等学校教員の供給源であった教養大学(liberal arts college等)とティーチャーズ・カレッジとの対抗等といった図式を基本にしている[31]。

　しかし,技術教育の教員養成の場合,こうした歴史像とは異なる側面をもつ[32]。アメリカ合衆国における技術教育の教員養成においては,工学・農学・水産学系高等教育機関の果たす役割が相対的に大きく,かつ,教養大学は,技術教育の教員養成にほとんど関与しない。したがって,技術教育の教員養成をとりあげることによって,教育系学部・大学院に限定的に固定されがちな教員養成史研究の視野を広げることが可能になると考えられる。

　さらに,工学・農学・水産学系高等教育機関の役割の相対的大きさの背景には,技術教育固有の問題,すなわち,技術教育は,その機能として,普通教育ばかりでなく職業教育としての役割をもって営まれており,ゆえに,教員養成についても,普通教育としての技術教育の教員養成ばかりでなく職業教育としての技術教育の教員養成が必要になるという事情が関わっているとみられる。

　アメリカ合衆国の歴史の事実でみれば,職業教育が公教育として制度化されてくる20世紀初頭以来,普通教育としての技術教育の教員養成と職業教育としての技術教育の教員養成との関係,とりわけ双方の教育課程のあり方と関係の問題は,一貫して重要な懸案事項になり続けてきた。そしてまた,この問題

と関わり、職業教育としての技術教育の教員養成がティーチャーズ・カレッジ等の教育系の機関で可能か、あるいは、施設設備や専門の教員スタッフ等の点からみて、工学・農学・水産学系の高等教育機関の方が、教育系の高等教育機関よりもむしろ適当ではないか等の議論が、技術教育の教員養成システムをめぐる問題の基調の1つをなしていた。

例えば、この象徴的な出来事として、1915年末、アメリカ合衆国における技術教育の教員養成のパイオニア的存在であったコロンビア大学ティーチャーズ・カレッジが、それまでの運営方針を転換させ、教員養成としては、普通教育としての技術教育に限定し、職業教育としての技術教育の教員養成は停止する措置をとったことがあげられる。そこには、同じ技術教育であっても、普通教育としてのその教員養成と職業教育としてのそれとは両立せず、分離させた異なる養成システムで実施されるべきとする論理が暗黙の前提になっていた。そして、この措置は、即座に、同カレッジ出身等の関係者で中西部の技術教育の教員養成に携わっていた者たちからの批判に直面することになっていった[33]。

見方をかえれば、技術教育の教員養成史を構成するためには、普通教育としての技術教育教員養成と職業教育としての技術教育の教員養成とを、ともにその視野に入れ両者の連関において分析することが必要となる。本研究においても、これが試みられる。

3 研究の背景（その2）：主体形成の歴史的探究

次に、本研究の基調になっている第2の意図は、教員養成を担っていった主体の営みに視点を据え、技術教育のための「大学における教員養成」の歴史を教育実践史として構成しようとする方法に関わる。

すなわち、本研究では、「大学における教員養成」の主体が確立していく契機とその発展の筋道、およびそれらを促し保障する制度のあり方を事実に即して明らかにしたいと考えている。なぜなら、すでに繰り返し指摘するように、教員養成に関わる大学人の主体の確立をめぐる問題が「大学における教員養成」を実質化する課題の焦点になっているとみられるからである。

序章　大学における教員養成と技術教育：課題と方法　15

　かつて，ヴェイジー (Veysey, L. R.) は，彼の著書『アメリカ的大学の出現 (*The Emergence of the American University*, 1965)』[34]において，アメリカ的大学の創出における大学内部の主体の行為を強調し，そこに視点を据えて，アメリカ大学史を描いた。また，これを基礎の1つに，ザーレット (Zaret, M. E.) は，博士論文「アメリカ工学教育協会発展史 (A Historical Study of the Development of the American Society for Engineering Education, 1967)」[35]において，アメリカ合衆国独自の大学設置基準制度といえる認証制 (accrediting system) に着目し，工学系の認証組織の形成過程を分析することによって，高等教育での技術教育の歴史を，技術者の主体的行為の面から描いた。本研究は，方法論の面で，これらから多くの示唆を得ている。

　具体的には，本研究は，技術教育のための「大学における教員養成」に関する認証制の形成過程を分析軸の1つにしている。教員養成の分野における認証制の形成過程に，アメリカ合衆国の大学人の教員養成に対する認識や態度等が比較的直裁に現れており，また同時に，そうした大学人の認識や態度との関わりの中で，技術教育の教員養成を担っていった関係者の課題意識や目的，教育実践の性格等がよく示唆されていると見込まれるからである。

　認証制は，大学設置基準としてみるならば，イギリスに代表される憲章制 (chartering system)，ドイツやフランス，日本に代表される政府統制制と対比され，また，憲章制が個々の大学の自己規制による水準維持方式，政府統制制が国家の規制による水準維持方式であるのに対して，アメリカ合衆国に代表される認証制は，大学等の連合体や専門職団体 (professional association) の連合体の自己規制による水準維持方式であるといわれる[36]。これらの連合体が認証機関 (accrediting agency) を組織，認証機関は大学教育としての水準を確保できる基準や要件を設定，それに基づいて当該大学，カレッジまたはある課程の現状を調査し，その適格性を査定して結果を公表する過程が，認証制である。この面でみれば，認証制は，大学評価の一方式であるともいえる。

　大学等の連合体による認証機関は，おおむね地域別の形態をとり，それを基本にしている。現在6機関が知られており，本研究と関わっては，イリノイ，

ミシガン，オハイオ，ウイスコンシン等，19の州を所管する北中部大学・中等学校協会（North Central Association of Colleges and Secondary Schools）やニュージャージー，ニューヨーク，ペンシルベニア等，8州・地区を所管する中部諸州連盟（Middle States Association of Colleges and Secondary Schools）などがある[37]。

　他方，専門職団体の連合体による認証機関は，専門職別の形態をとっている。認証機関の設置は，当該職業が専門職としての地位向上を求める専門職化（professionalization）の運動が基盤になっており，その数は変動するが，1950年代末において25機関が存在したとされる。教員養成の分野では，それまでの5つの組織を統合した全国組織として，1954年に，全国教員養成認証審議会（National Council for Accreditation of Teacher Education，しばしばNCATEと呼称される）が結成された[38]。

　ただし，認証制の実態は，これら大学や専門職の連合体のみで運営されているわけではなく，公権力とくに州政府が当該職業の免許制度を設け，免許状認定試験受験資格として，認証された大学等の修了を要件にするというかたちで関与している。またこれが，今日，専門職による認証機関の強力な権限を支える基盤になっている。

　そして，こうした枠組みを前提にみるとき，認証制の形成史において，教員養成は，最も困難で厳しい争いを伴ったものの1つであった。

　師範学校やティーチャーズ・カレッジも，19世紀後半から連合組織を結成し，20世紀転換期には，自ら認証を行い，その水準と地位の向上に努めた。その運動の一環として，地域別認証機関の正式会員になることを承認させる課題があった。しかし，地域別認証機関は，長期にわたり，この承認を拒否し続けた。すなわち，地域別認証機関の主要な構成員である教養大学や総合大学およびその関係者は，ティーチャーズ・カレッジ等を長期にわたり大学としては認めなかった。例えば，中部諸州連盟は，1887年に第1回会議をもったが，当初からティーチャーズ・カレッジを会員に加盟させるかが問題とされ，結局，それを承認したのは，1934年まで待たねばならなかった。

序章　大学における教員養成と技術教育：課題と方法　17

　同様に，公権力としての州政府による免許制度との関わりにおいても，教員養成は他の分野とは異なっていた。すなわち，後述するように，アメリカ合衆国において，他の多くの分野では，公権力による免許制度が樹立される以前に，専門職による認証制が形成されていた。しかし，教員養成の分野は，認証制が形成される以前に州による教員免許制度が形成されていたという特殊性をもつ。
　こうした事実が示唆するように，教員養成の分野における認証制は，苦難に満ち紆余曲折を経ながらも，関係者の粘り強く多方面にわたる実践の結果として形成されたとみることができる。それゆえ，この形成過程を事実に即して分析することは，アメリカ合衆国で「大学における教員養成」を担っていった主体が確立する契機や発展の筋道，さらには，それらを促す制度のあり方を探る上で有効な方法になると考えられる。

4　研究の背景（その3）：教科指導の教育学の歴史的探究

　最後に，本研究の基調になっている第3の意図は，技術教育という教科の教員養成に焦点をあてて，「大学における教員養成」の歴史を構成しようとする方法に関わる。
　すなわち，本研究では，アメリカ合衆国での教員養成における教育学の教育と研究，とりわけその中でも，教科指導の研究と教育の歴史を，「大学における教員養成」の形成過程の文脈に位置づけて明らかにしたいと考えている。この面では，本研究における技術教育は，教科指導の1領域としてとりあげられることになる。
　船寄俊雄は，「教員養成史研究の課題と展望」[39]で，戦後日本における教員養成史研究のヒストリオグラフィを素描し，教員養成史研究の今後の課題を4点に整理し，その1つに「教員養成における教育学教育の歴史研究」をあげた。
　この問題意識を共有しつつ，本研究は，とりわけ，教科指導の教育学（教科教育学）の研究と教育の問題に着目したい。なぜなら，戦後日本の教育学は，教科指導をその意義にふさわしくまともに位置づけられずに推移してきたとみることができ，教科指導の教育学の研究と教育は，いわゆる教職科目一般の問

題には解消できない,「大学における教員養成」問題において,独特な位置を占めているように思われるからである[40]。

すなわち,教科指導の教育学の研究と教育は,戦後日本の「大学における教員養成」で,最も遅れてきた問題であり,これまで指摘してきた「大学における教員養成」が抱える全般的な歪みの集中的矛盾点の1つといえる。

教育の面でいえば,教員養成の教育課程において,教科教育学は,教育職員免許法で規定された免許状取得に必要な最低単位数の科目開設しかなされず,当該教科に関して,より深い学習や研究を行おうとする学生のためのプログラムがとりたてては用意されていない状況が,新制大学発足後のかなりの長期にわたり存在した。併せて,教科教育をもっぱら担う大学教員が配置されていないという状況も,教育系学部において長く続いた[41]。

研究の面でいえば,第二次世界大戦後における教科指導の教育学の研究は,大学の中でというよりも,むしろ大学の外,例えば民間教育研究運動の教科指導に関わる研究団体等の中で発展されてきたといっても大きなまちがいをおかすことにはならないと考えられる。

そして,これらは,その教員養成に携わる教員の養成という視点からみるならば,「大学における教員養成」といいながら,教科教育学の研究者を養成する制度が長きにわたり大学の中に十全に整備されてこなかったことによるところが大きい。同時に,そこには,教科教育学は大学および大学院教育にふさわしい学問足りえないのではないか,といった大学人の意識が横たわっている[42]。

このようにみてくると,教科指導の教育学の研究と教育を教員養成との関わりにおいて対象化することは,それ自体が課題であると同時に,それが占める位置から,教育課程のあり方や大学院の役割,担い手の主体性等々,「大学における教員養成」の多面的な問題をいわば串刺ししてとらえることを可能にすると見込まれる[43]。そこで,本研究は,「大学における教員養成」を逸早く立ち上げたアメリカ合衆国での経験を検討すること,すなわち,アメリカ合衆国で技術教育のための「大学における教員養成」を形成させる上で,技術教育研

究の学問的整備をめぐる動向とその歴史的役割を事実に即して明らかにすることにより，「大学における教員養成」の形成史における教科指導の教育学の研究と教育の問題がもつ歴史的意味をめぐる一定の示唆をえようとするものである。

第3節　研究の方法：専門職・自治・大学

1　専門教育と専門職教育

さて，本研究は，上記の研究目的を達成すべく，技術教育のための「大学における教員養成」の形成過程を，大学の関係者が技術教育の教員養成を「専門職教育 (professions education)」として確立させようとした側面からとらえるという方法をとった。

アメリカ合衆国では，アメリカ教育学会編『教育学研究事典』(第6版, 1992年) 等での採録用語およびその解説に示唆されるように[44]，「専門教育 (professional education)」という言葉は，日常用語としてはともかく，学術用語としては定着していない。これに代わって，「専門職教育」が，「職業教育 (vocational education)」と厳密に区別されながら，学術用語として通用している。

見方をかえれば，アメリカ社会では，専門職 (profession) が実体を伴う1つの社会制度として地歩を築いており，そのために，専門職への入職準備教育である専門職教育が，他との境界を明確化させて存在し通用しているといえる。

そして，専門職の社会的実体の核心は，各専門職団体が当該職域に関わってもつ自治権 (autonomy) にあるとみられる。当該職域に従事する者で構成される組織が，その職域の営みに関する一定の範囲と実効性を伴う自治権を社会的に樹立してはじめて，その職業は専門職の社会的地位を獲得したといえる。自治権をもたない専門職はありえない[45]。

しかも，専門職は，大学や大学院で培われた高度の理論的裏づけへの信頼によって，一般の職業 (vocation) や熟練職 (trades and crafts) と区別される[46]。それゆえ，その専門職の地位を維持・向上させることにとって後継者養成のあり方は重大であり，それは同時に大学のあり方と密接不可分に結びついている

ため[47]，専門職団体ないしその連合体が，大学に対して，専門職教育としての適格性を査定する認証制は，アメリカ合衆国における専門職自治 (autonomy of professionals) の環になっている。アメリカ合衆国では，専門職と大学とが自治を媒介にして深く結びついている。

加えて，マタラッツオ (Matarazzo, J. D.) は，専門職の代表格の1つである医師を念頭におきつつも，アメリカ合衆国の専門職全般に概ね妥当するとして，専門職による認証制と大学と免許制度との3者の関係の点から，専門職の一般的な発展過程を次の8段階に定式化しており，示唆にとむ（「　」内は原著者が強調しているキーワード）[48]。以下のものである。

第1段階：当該職域の遂行に関心をもつ「個々の実務者が任意かつ偶然的に入職する」時期。
第2段階：自発的な同職組合や専門職団体 (professional association) になっていく「こうした実務者のゆるい組織」がつくられ，その職域のアイデンティティと構成員間の意思疎通を促す援助をするようになる時期。
第3段階：ゆっくりではあるが，しかし次第に目に見えるかたちで，専門職団体への厳正な入会要件が設けられ，大学やカレッジ，専門職養成学校 (professional school) における当該専門職のための「定型的なコースや教育課程」の開発を通して「専門職の知識基盤が成文化 (codification of the profession's knowledgebase)」されるようになる時期。
第4段階：当該専門職が選出した全国的な評価機関による「大学におけるコースの認証」を通して，教育課程と養成の実際に関する「自己査察 (self-policing)」がより定型化する時期。
第5段階：アメリカ合衆国では通常は州政府であるが，専門職の外部の機関によって，当該専門職を遂行するためのコース修了者に対する「名称独占ないし業務独占の免許 (certification or licensure)」が設けられる時期。

第6段階：そうした免許は単に最低要件を担保するにすぎないとの専門職の不安から，「専門職自身によるより高度な実務能力を証明する名称独占の免許」が設けられる時期。

第7段階：州政府による「定期的な免許の更新制（periodic recertification and relicensure）」が設けられる時期。

第8段階：地域別の同業者の相互評価組織による実務者がもつべき能力の「最低要件」に関する「評価，再試験，名称独占の免許更新制」と専門職自体の専門委員会による「より高度な水準ないし特別な能力のための」自己評価試験が設けられる時期。

　既述のように，教員の場合は，上記の第4段階と第5段階が入れ替わっており，その意味は無視されてはならないけれども，この定式は，専門職教育と大学との関係およびその変化を専門職自治の発展という面からとらえており，本研究にとって，基本的には有効な準拠枠になりえると考えられる。

　すなわち，技術教育のための「大学における教員養成」の形成過程として，アメリカ合衆国における技術教育教員養成の史的展開を構成しようとする本研究では，技術教育の関係者が，その教員養成を専門職教育として確立させようとしてきた営みの事実に即しながら，上記のように定式化されるであろう各発展段階の具体像を明らかにし，そのことを通して，アメリカ合衆国の技術教育にとっての「大学における教員養成」の教育史的意義とその実質を成り立たせていった内的要件を問うことが課題になる。

　そのため，本研究は，時期的には，技術教育のための「大学における教員養成」の認証制が樹立された1950年代までを対象とする。すなわち，先の定式の発展段階に即せば，第6段階より前の問題を検討することになる。

2　ミシシッピヴァリ会議

　このような研究目的と方法をとる本研究にとって，とりあげるべき具体的な対象を大学等の教育機関に限ることはできない。大学等と併せて，技術教育に

関わる専門職団体が主要な対象とされるべきことは明らかであろう。

　図序-1は，アメリカ合衆国における技術・職業教育関係の専門職団体とその推移を表している。これらのうち，現在，技術教育の教員養成の認証制に関わる専門職団体は，第1に，国際技術教育協会（International Technology Education Association, 1939年～現在）と連携した技術科教員養成審議会（Council for Technology Teacher Education, 1950年～現在），第2に，1998年にキャリア・専門教育協会（Association of Career and Technical Education）と名称変更したアメリカ職業協会（American Vocational Association, 前身からでは1906年～現在）と連携した全国産業技術教員養成協会（National Association of Industrial Technology Teacher Education, 1936年～現在），第3に，これらとは性格がかなり異なるものの，ミシシッピヴァリ技術科教員養成会議（The Mississippi Valley Technology Teacher Education Conference：名称変更があるので[49]，以下，ミシシッピヴァリ会議と表記。1909年～現在）がある。本研究では，こうした専門職団体および同認証機関の総体を視野に入れつつも，ミシシッピヴァリ会議を中心にとりあげる。

　その理由は，第1に，同会議が，ベネット（Bennett, C. A., 1864～1942年），その教え子のセルヴィッジ（Selvidge, R. W., 1872～1941年），さらには，フリックランド（Fryklund, V. C., 1886～1980年）等によって結成され，運営されてきたからである。

　アメリカ合衆国において，技術教育の教員養成を専門職教育として確立させようとする努力を叙述するうえで，ベネットは欠かすことができない。なぜなら，彼は，世界で最初に技術教育のための「大学における教員養成」を樹立したコロンビア大学ティーチャーズ・カレッジが学位授与課程として技術教育の教員養成を開始するにあたって，その基盤を構築し，中でも同カレッジやその後のブラットレ総合技術大学（Bradley Polytechnic Institute）で彼が編成し実践した技術教育の教育課程が，全米のモデルとして広く普及していくことになったからである。それだけではない。『手工・産業教育史：1870年以前（*History of Manual and Industrial Education up to 1870*）』および『手工・産業教育史：

序章　大学における教員養成と技術教育：課題と方法　23

図序－1　技術・職業教育関係の専門職団体の推移

1870～1917年（*History of Manual and Industrial Education 1870 to 1917*）』[50]というアメリカ合衆国技術教育史研究史上の古典をはじめ，8冊の単著，6冊の編著や共著，99本の論文その他一連の著作や論文を公刊し，教科教育としての技術教育学の構築に貢献しつつ，同時に，技術教育関係の本格的専門ジャーナル『手工教育雑誌（*Manual Training Magazine*, 1899～1939年）』の編集・発行およびこれを含め技術教育の研究書等を普及するための出版社として工芸教育出版（1903年創立，後にベネット出版と社名変更）の設立・経営に尽力した。ベネットは，19世紀末から20世紀前半にかけてのアメリカ合衆国における技術教育運動の指導者の1人であり，とくに技術教育の教員養成を大学における専門職教育として確立させることが，彼の教育研究活動の主軸になっていた。ミシシッピヴァリ会議の結成も，彼のこの取り組みの一環にほかならない[51]。

　そのミシシッピヴァリ会議の立ち上げと影響力の拡大に努めたのが，セルヴィッジであった。セルヴィッジは，ブラッドレ総合技術大学においてベネットに師事し，その後，彼の転出したコロンビア大学ティーチャーズ・カレッジで学位を取得，ミズーリ大学等で技術教育の教員養成に携わった。

　セルヴィッジは，ベネットと共に，会議の設立準備から関わるとともに，技術教育学の面では，技術教育のための作業分析（trade and job analysis）の体系化に貢献，さらに，アメリカ職業協会を動かし，彼の作業分析を駆使して，1934年に，アメリカ職業協会『産業科教育の到達目標標準（*Standards of Attainment in Industrial Arts Teaching*）』をまとめあげた。これは，1946年，1951年，1958年と改訂されたが[52]，その基本骨格は維持され続け，アメリカ合衆国での普通教育としての技術教育のあり方に決定的な影響を与えた。同時にそれは，全国組織による機関承認のかたちをとって，技術教育の教育課程の準拠枠に関する技術教育関係者の合意をとりつけることにより，その「到達目標」を達成させる能力をもつ教員の養成のあり方の指針をも明確にするという側面をもった。すなわち，それは，技術教育の教員養成を認証する基準づくりの前提を構築したといえる。

　そして，こうした取り組みを前提的な基礎にして，技術教育の教員養成を認

序章　大学における教員養成と技術教育：課題と方法

証する全国規模での制度が1958年に樹立される。ここで中心的な役割を担ったのが，ミズーリ大学におけるセルヴィッジの指導学生であり，また，1946～1961年の間ミシシピヴァリ会議の総議長であったフリックランドであった。フリックランドは，作業分析の研究を行いつつ，1941年には，アメリカ職業協会のプロジェクトとして，産業科教育（Industrial Arts Education）の教員養成の現状を全米規模で調査し『合衆国における産業科教員養成（*Industrial Arts Teacher Education in the United States*, 1941）』を刊行した。そして，米国教育使節団の一員として日本からの帰国後，これらの経験を生かして，1950年から，技術教育の教員養成の認証制樹立のための具体的な活動を起こし，全国産業科教員養成認証制検討委員会（National Committee on Accreditation of Industrial Arts Teacher Education）の議長に就任，その制度をつくりあげることに成功，しかも，この認証評価基準を，現在の技術科教員養成審議会の前身にあたるアメリカ産業科教員養成審議会（American Council on Industrial Arts Teacher Education）の第7年報『産業科教員養成の認証制（*The Accreditation of Industrial Arts Teacher Education*, 1958）』として公示した。

　これらの巧妙な戦略が，ベネット等による結成・運営という根拠のほかに，本研究がミシシッピヴァリ会議をとりあげる第2の理由である。すなわち，図序-1にあるように，認証制を視点にして技術・職業教育の専門職団体をみるならば，1950年代までの名称で表現して，①アメリカ職業協会＝全国産業技術教員養成協会，②アメリカ産業科教育協会（American Industrial Arts Association）＝アメリカ産業科教員養成審議会，そして，③ミシシッピヴァリ会議という3つの系譜がある。そして，これら三者は，技術・職業教育およびその教員養成のあり方をめぐり，相互に対抗関係にあった。こうした中にあって，ミシシッピヴァリ会議は，先に指摘したように，その実質は自らが担い影響力を保持しながら，一方で，普通教育としての技術教育の教育課程の準拠枠に関しては，アメリカ職業協会『産業科教育の到達目標標準』として，形式上は①の系譜において公示させ，他方で，技術教育の教員養成を認証する基準に関しては，アメリカ産業科教員養成審議会『産業科教員養成の認証制』として，形

式上は②の系譜において公示させた。

　つまり，本研究がミシシッピヴァリ会議を専門職団体に関わっての中心的な対象とするのは，アメリカ合衆国での技術教育のための「大学における教員養成」の形成過程をめぐり，ミシシッピヴァリ会議の果たした役割や影響力が，他の諸組織と比較して大きかったからであるとともに，同会議を中心としてみることによって，技術・職業教育に関わる専門職諸団体の動向およびそこに含まれる問題群が構造的にとらえられると見込まれるからである。

3　本書の構成と要旨
第Ⅰ部　大学と教員養成

　序章に続く第Ⅰ部は，世界で最初に学位授与課程での技術教育の教員養成を成り立たせた，すなわち技術教育のための「大学における教員養成」を歴史上初めて開始したコロンビア大学ティーチャーズ・カレッジでの営みに注目し，技術教育のための「大学における教員養成」に取り組んだ意図，教育課程を中心とするそのシステムの特質と意味，および，その営みがはらんだ問題構造を考察する。

　コロンビア大学ティーチャーズ・カレッジは，1754年以来続くリベラル・アーツの強い伝統と学問研究の蓄積を誇る東部の代表的な私立の総合大学であるコロンビア大学のシステム内に，師範学校との連続性において「師範大学」とも訳されるティーチャーズ・カレッジ，しかも1880年にその活動を始めた技術教育と家庭科教育の教員養成機関を母体とするという独特の性格をもつティーチャーズ・カレッジが編入されて，1898年に成立した。それは，教員養成をめぐって対立する二つの潮流，すなわち教職のための専門職教育を目的的に与えようとする「教育者」から成る師範大学と，一般教養および専門的な学問的・芸術的教養を優先しようとする「学者」から成る総合大学とを統合した実践的先駆であり，アメリカ合衆国での大学における教員養成の貴重な実験であった。

　その結果は，ティーチャーズ・カレッジの大学院化として結実した。コロン

ビア大学ティーチャーズ・カレッジは，1925年には，一部例外的なものを除いて学部教育を取りやめ，基本的には大学院のみとなった。しかも，そこでの大学院化とは，組織編成の面からみれば，学部段階の師範大学としての編成の特質が実質上そのまま維持されながら大学院段階にまで押し上げられたかたちで成り立っていた。この点で，コロンビア大学ティーチャーズ・カレッジは，ハーバード大学やカリフォルニア大学等での「教育学大学院 (graduate school of education)」というよりも，大学院段階の「師範大学」であった。そこでは教育学関係ばかりでなく教科の基礎となる専門科学も強化・充実され，さらには各教科指導の教育学も独立した専攻として位置づいていた。

また，ティーチャーズ・カレッジ側からみた場合，この大学院化の主要な側面は，学位授与権および学位につながる課程の管理運営権をその基本とする権限を，コロンビア大学から委譲させるところにあった。この点で，大学院化とは，ティーチャーズ・カレッジの自治権の確立であり，そのために，教育・研究水準を向上させる内部努力の過程であった（第1章）。

こうしたコロンビア大学ティーチャーズ・カレッジにおける技術教育の教員養成の営みは，そのパイオニアとしての指導的役割と挫折（第2章）の両面からみる必要がある。

1887年に教員養成大学として発足以来，ティーチャーズ・カレッジの技術教育分野の中心的教授職に就いたのは，①リチャーズ (Richards, C. R., 1887～1888年) →②ベネット (1891～1897年) →③リチャーズ (1898～1908年) →④ボンサー (Bonser, F. G. (1910～1931年)．ただし，1910～12年は准教授) の3名であった。①と②が単科のティーチャーズ・カレッジの時期，③と④がコロンビア大学ティーチャーズ・カレッジの時期にあたるので，両時期の教育課程等を比較することにより，技術教育のための「大学における教員養成」の実際をとらえることができる。

ベネットは，1897年以前，すなわちコロンビア大学ティーチャーズ・カレッジが学位授与課程をもたない単科のティーチャーズ・カレッジであった段階において，アメリカ合衆国での技術教育のための「大学における教員養成」の

教育課程の原型を構築し実施していた。1897年以降においても，ベネットの構築した教育課程の基本は維持され続けた。いいかえれば，同カレッジにおける技術教育の教員養成の学位授与課程化は，専門職となるべき教員の養成を目的的に実現しようとする教育課程の目的や性格の変更を伴うものではなかった。むしろ，技術教育の教員養成のための教育課程の学位授与課程化は，各専門科目の内容の広がりや新科目の増設等によって，専門職養成の性格を一層強化する措置であった。

同時に，学位授与課程における教員養成のための教育課程では，そうではないものとの顕著な相違として，一般教育の重視が指摘できる。一般教育は，技術教育のための大学における教員養成の不可欠な構成部分として位置づけられていた。学位授与課程と非学位授与課程との相違は，一般教育科目の開設の有無という点につきるといっても過言ではない。

さらに，ベネットが構築した技術教育のための大学における教員養成の教育課程の原型の特徴の1つは，技術教育に関わる教職専門科目を，①技術教育の歴史と原理，②技術教育の教授学，③技術教育の施設設備論の3本柱で構成している点に求められる。そして，コロンビア大学ティーチャーズ・カレッジでも維持され続けた教育課程構成上のこの特徴は，1910年代後半のアメリカ合衆国で，学士号授与課程として技術教育の教員養成を実施していたブラッドレ総合技術（イリノイ州），インディアナ州立，ミズーリ，オハイオ州立，マイアミ（オハイオ州），ペンシルバニア州立，ウイスコンシン州立，スタウト（ウイスコンシン州）の全ての大学の教育課程に共通するものになっていた。また，この背景として，これらの大学でのキーパーソンの多くがコロンビア大学ティーチャーズ・カレッジの出身者や関係者であったことが見過ごされてはならない。

このように，その先駆性，モデルとなった教育課程の構築・開発，それを担う人材すなわち技術教育の教員養成を担う人材の輩出等の点からみて，コロンビア大学ティーチャーズ・カレッジは，アメリカ合衆国での大学における技術教育教員養成の形成過程で，そのパイオニアとして指導的役割を果たし，技術

教育のための大学における教員養成をアメリカ社会に定着させる基礎を据えたといえる。

しかし，コロンビア大学ティーチャーズ・カレッジにおける技術教育の教員養成は，1930年代に入るや否や急転し消滅の途をたどることになる。そして，この消滅の過程には，一大学での経験を越えた技術教育の教員養成がはらまざるをえない問題構造の典型の1つが表出しているとみられる。すなわち，そこには相互に関連する3つの問題群が確認される。

第1は，普通教育としての技術教育の教員養成と職業教育としての技術教育の教員養成との関係をめぐる問題，第2は，技術教育教員養成における技術教育と美術教育との関係をめぐる問題，第3は，大学での技術教育教員養成における生産技能の教授の位置づけをめぐる問題である。具体的事実としては，職業教育としての技術教育の教員養成を分離し放棄するという1915年にティーチャーズ・カレッジがとった方針転換が，教員養成の教育課程における生産技能の教授の縮小およびそのための施設設備や教授陣の削減として現出し，これを契機に，複雑な経過と時間を経ながら，同カレッジにおける技術教育分野は，1940年代には美術教育へと吸収され，1960年代初めには事実上消滅した[53]。

第Ⅱ部　技術教育の研究と教育

第Ⅱ部は，技術教育のための大学における教員養成を支え，また，大学における教員養成によって促された教科指導の教育学としての技術教育研究の発展を考察する。

第Ⅰ部でみたコロンビア大学ティーチャーズ・カレッジの技術教育分野がたどった消滅の過程は，つねに生産技能の教授の縮小を旋回軸にして展開された事実は着目されてよい。生産技能の教授の位置づけの問題は，大学における技術教育教員養成のあり方をめぐる問題群の結節点に位置づく問題であるとみられる。この意味で，コロンビア大学ティーチャーズ・カレッジで形成された技術教育の教員養成システムが，当のカレッジでは立ち枯れてしまったにもかかわらず，中西部の大学がそれを成功裡に移植・発展させ，また，それらの少な

くない部分が，1910年代から，技術教育およびその教員養成に関わって作業分析の研究とそれに基づく教育課程開発に尽力していた事実は，技術教育のための大学における教員養成を支えた技術教育研究という点で示唆にとむ。

他方，学位授与課程での技術教育教員養成の教育課程において，技術教育に関わる教職専門科目は，①技術教育の歴史と原理，②技術教育の教授学，③技術教育の施設設備論の3本柱で構成されていた。作業分析の研究は，これらすべての柱に関わる。

したがってここでは，教科指導の教育学としての技術教育研究の発展を，作業分析に焦点づけて検討する。具体的には，ベネットによる技術教育研究の学的整備（第3章），セルヴィッジ（第4章）およびフリックランド（第5章）による作業分析の研究と技術教育教員養成への展開をとりあげる。

ベネットは，1917年に『工芸教育教授原論』[54]を著し，1926年に『手工・産業教育史：1870年以前』，1937年に『手工・産業教育史：1870年〜1917年』を著した。作業分析への眼差しは，彼のこれらの著書に通底しており，また，それらは，作業分析に対する彼の認識の深まりを示唆している。担当した開設科目のシラバス等からみて，ベネットは，1890年代のティーチャーズ・カレッジ時代からすでに作業分析の起源であるロシア法に重大な関心を寄せていた。

しかし，彼の当初のロシア法認識は，北欧のスロイドと並ぶ手工教授の1つの方式といったものであり，この点では，『工芸教育教授原論』も共通していた。

これに対して，『手工・産業教育史』二巻本になると，ロシア法は「労働用具の教授を科学にした」技術教育のための科学的方法論とみなすに至っている。すなわちベネットは，作業分析の技術教育にとっての意義を技術教育史の研究によって確定していった。それは，セルヴィッジやフリックランドの作業分析の研究を支持し，彼らの研究に対して的確な指針を提供していったと考えられる。

ベネットの学生であり，また，よき共同研究者であったセルヴィッジは，1923年に『熟練職教授法』[55]，1926年に『個別学習のための作業指導票』[56]，そして，1930年にフリックランドとの共著『産業教育の原理』[57]を著し，技

術教育のための作業分析を理論化し体系化した。

　それは，一方で，ベネットによるロシア法やアメリカ合衆国でのその適用・発展の歴史研究を背景とし，他方で，『訓練指導員，労働者，職務』(1919年)[58]に著されたアレン(Allen, C. R., 1862～1938年)による人事管理のための職務分析との対決を通してまとめられていった。さらに，セルヴィッジの作業分析は，『熟練職教授法』での熟練労働者養成問題から『産業教育の原理』での高等学校における職業教育としての工業教育さらには普通教育としての工業教育へとその対象を拡大しながら，工業分野の技術教育全般にわたる教育課程開発の科学的方法論として整備されていった[59]。

　ミズーリ大学大学院でのセルヴィッジの指導学生であり，また，よき共同研究者であったフリックランドは，共著『産業教育の原理』の後，ミネソタ大学に提出した博士論文を『近代工場労働者の選考と訓練』[60]として出版，さらに，1942年に『作業分析』[61]を著し，1947年にこれを改訂した。その「はしがき」によれば，『作業分析』は，それまでの分析の方法に「流線型の修正(a streamlined modification)を施したものである」とされる。

　このように，ベネットの歴史研究による技術教育にとってのその意義の確定，および人事管理のための職務分析との差別化を通して，技術教育のための作業分析は，アメリカ合衆国では，セルヴィッジとフリックランドによって，普通教育を含む工業分野の技術教育の教育課程開発のための科学的方法論として学的に整備され，教科指導の教育学としての技術教育研究の骨格をなしていった。そして，上記の諸著作は例外なく教員養成と現職教育のために書かれており，作業分析の研究は，技術教育のための「大学における教員養成」の営みを学問研究の裏付けをもって行うための要件を整えたという面をもった。

　しかし同時に，技術教育のための作業分析の研究は，技術教育のための大学における教員養成の形成にとって，もう1つの重要な役割を果たした。認証制樹立への貢献である。

第Ⅲ部　専門職と認証制

　第Ⅲ部は，ミシシッピヴァリ会議を中心とする技術教育関係の専門職団体の活動を，認証制が形成されていく側面から考察する。

　1909年に発足したミシシッピヴァリ会議は，「工芸教育および工業教育の教員養成に従事しているミシシッピヴァリ地域の諸機関の代表者による会議」とされる。ミシシッピヴァリ地域とは，アメリカ合衆国の5大地域区分でいえば，北部中央地域（12州）と南部中央地域（8州）になるが，参加者の多くは，イリノイ，オハイオ，インディアナ，ウイスコンシン，ミシガン，ミズーリ，ミネソタ，アイオワに集中しており，その主体は中西部にあった。また，発足以来1930年代までのその運営は，ベネット，セルヴィッジとともにボウデン（Bawden, W. T., 1875～1960年）の3人の影響が大きかった。そして，1940年代から50年代は，この間（1946～1961年，ただし1942～45年は第二次世界大戦のため活動が停止）同会議総議長を務めたフリックランドの役割が顕著になる。

　ミシシッピヴァリ会議は，ベネットとセルヴィッジの往復書簡によれば，何らかの決定機関といったものではなく，技術教育およびその教員養成に関わる重要な問題を専門家の立場から率直に意見交換する場という性格の会議として1909年に発足した。しかし，実際には，技術教育およびその教員養成のあり方に多大は影響力を発揮し続けてきた。

　その成果の1つが，アメリカ職業協会によって，普通教育としての技術教育である産業科教育の教育課程の準拠枠を策定させ，関係者の間での合意を全米規模でとりつけたことがあげられる。アメリカ職業協会『産業科教育の到達目標標準』（1934年）である。

　1906年に開始され1917年のスミス＝ヒューズ法の制定に結実した「職業教育運動」が，「真正の職業教育」を強調し，普通教育としての技術教育とその教員養成の営みに対して否定的な風潮を，当時，形成・普及させた。かかる風潮に抗して，普通教育としての技術教育とその教員養成の正当な位置づけをめざし，それらへの社会的認知を獲得しようとして取り組んだのがミシシッピヴァリ会議であった。そして，「職業教育運動」の運動母体であった全国産業教

育振興協会 (National Society for the Promotion of Industrial Education) を前身とするアメリカ職業協会によって，普通教育としての技術教育である産業科教育の教育課程編成の「スタンダード」を策定させたところに，その重要な意味があった。

他方，『産業科教育の到達目標標準』は，セルヴィッジの作業分析が全面的に適用され，下級高等学校 (junior high school) 修了時までに子どもたちが獲得すべき生産技術に関する技能と知識を，11分野にわたって段階づけた760余項目の到達目標として設定したものであった。したがって，こうした内容が関係者の間で合意されたならば，次には，それらの到達目標を達成させる能力をもつ教員の養成のあり方も見通されてくることになる。いいかえれば，『産業科教育の到達目標標準』は，専門職自治の柱の1つである認証制を技術教育の教員養成部門において実現するための不可欠の基礎条件を築いたといえる（第6章）。

ただし，その具体化は1950年を待たねばならず，その主役は，すでに，フリックランドに交代していた。当時，ミシシッピヴァリ会議の総議長であったフリックランドは，1950年からそのための活動を開始し，関係する諸団体，すなわちミシシッピヴァリ会議，アメリカ職業協会産業科教育部，アメリカ産業科教育協会という技術教育に関わる3つの専門職団体，および，教員養成の認証機関として1954年に結成された全国教員養成認証審議会との連絡・調整を図りながら，組織的な検討を重ね，最終的には，アメリカ産業科教育協会と連携するアメリカ産業科教員養成審議会の『年報』というかたちをとって，産業科の教員養成に関わる認証制の制度と手続きを公表した。『産業科教員養成の認証制』である。これによって，普通教育としての技術教育である産業科の教員養成の認証制が実施のはこびとなった（第7章）。

結章では，第Ⅰ～Ⅲ部を要約し，専門職教育として技術教育教員養成を実現しようとしてきた教育実践の歴史的意義，とりわけ，そうした教育実践が探究してきた専門職教育の主たる側面を，「大学における教員養成」との関連において明らかにすることを試みる。

注

1) Blake, D.,The Place of Higher Education in Teacher Preparation, in Watson, K., Modgil ,C., & Modgil, S. ed., *Teachers, Teacher Education and Training, Educational Dilemmas: Debate and Diversity*, vol. 1, London, Cassell, 1997, pp. 101-114.
2) Judge, H., Lemosse, M., & Paine, L., *The University and Teacher: France, The United States, and England*, London, Triangle Books, 1994.
3) HMI, School-Based Initial Teacher Training in England and Wales: A Report by HM Inspectorate, London, HMSO, 1991.
4) DES, *Teacher Education and Training*（The James Report）, London, HMSO, 1972.
5) Cox, C. et al., *Learning to Teach*, London, Hillgate Group, 1989, Lawlor, S., *Teachers Mistaught*, London, Centre for Policy Studies, 1990, O'Keeffe, D., *The Wayward Elite*, Adam Smith Institute, 1990.
6) Byram, M., From Education to Training-Recent Development in Pre-service Teacher Preparation in England, 東京学芸大学教員養成カリキュラム開発研究センター『研究年報』第4巻, 2005年, pp. 21-33。
7) 高野和子・佐藤千津「イギリス」『教師教育の質的向上とその評価に関する国際比較研究』(科研研究成果報告書, 研究代表者：吉岡真佐樹京都府立大教授) 2007 等。
8) IUFM の訳語については固まっておらず,「大学附設教員養成部」等と訳される場合もある。田崎徳友「フランスの教員養成」日本教育大学協会『世界の教員養成』学文社, 2005年, pp. 47-73。
9) 古澤常雄「フランスにおける教師教育改革の動向―養成制度の標準化と水準管理―」『日本教師教育学会年報』第17号, 2008年, pp. 33-41 等。
10) 藤枝静正「教員養成と教職の現状」天野正治, 結城忠, 別府昭郎『ドイツの教育』東信堂, 1998年, pp. 284-303。
11) 国立の教員養成系大学・学部の在り方に関する懇談会「今後の国立の教員養成大学・学部の在り方について」文部科学省, 2001年11月22日。
12) 中央教育審議会「今後の教員養成・免許制度の在り方について（答申）」文部科学省, 2006年7月11日。
13) TEES 研究会編『『大学における教員養成』の歴史的研究―戦後「教育学部」史研究―』学文社, 2001年。
14) ここでいう技術教育とは,「技術教育の内容をなす技術は生産技術としての技術である。」(細谷俊夫『技術教育―成立と課題―』1944年) とされる教育をいい, 領域としては工業教育と農業教育, 水産教育を含み, 機能としては普通（一般）教育および職業（専門）教育としての役割を含む。しかし, ここでは, 主要には, 工業教育を中心とし, 農業教育は, 工業教育の問題に関わる限りで扱うということにせざるをえない。

15) そのアメリカ合衆国でも，20世紀半ばでは，一般に，「『大学における教員養成』を実施していた州は17州にすぎない。アメリカ全州で『大学における教員養成』が実現するのは1970年代である。」とされる。佐藤学「教師教育の危機と改革の原理的検討―グランド・デザインの前提―」『日本教師教育学会年報』第15号，2006年，p. 9。
16) Penfold, J., *Craft, Design, and Technology : Past, Present and Future*, Stock-on-Trent, Trentham Book, 1988, pp. 75-107.
17) 2006年度時点で，技術教育の教員養成を実施しているIUFMは，フランス全土で23機関ある。http://www.iufm.education.fr/applis/carte-formation（2006年11月25日）。
18) Kim, C. S., Development and Recent Trends of Technology Education in Korea, *Proceedings of International Conference on Technology Education in School around Asian Countries*, 1995, pp. 15-16.
19) 田中喜美，白虹「日本での技術教育のための『大学における教員養成』の形成―東京学芸大学を事例として―」『産業教育学研究』第26巻第2号，1996，pp. 27-33。
20) 小泉大和「工学・農学系学部における中学校技術科教員養成の実証的研究」東京学芸大学大学院教育学研究科修士論文，2000年度。
21) 君和田容子「工業科教員の養成・採用の現状と課題」『技術教育研究』第51号，1998年，pp. 17-25。
22) 丸山剛史「工業科教員養成」斉藤武雄・田中喜美・依田有弘編著『工業高校の挑戦―高校教育再生への道―』学文社，2005年，pp. 311-313。さらに，第二次世界大戦後の教員養成制度のもとでのこうした現状は，戦前には，実業教育教員養成が，初等教育教員養成および中等教育教員養成とならぶ3本柱の1つとして制度的に位置づけられていたこととの対比において，多くの研究問題を含んでいると考えられる。
23) 中内敏夫『教育学第一歩』岩波書店，1988年，p. 94。
24) 大学における教員養成を論じる際，そのアキレス腱的問題として小学校教員養成をめぐる問題の重要性はしばしば指摘される。例えば，横須賀薫「教員養成教育の教育課程について―『提言』を斬る―」『教育学研究』第40巻第2号，1973年，pp. 95-101など。しかし，大学における教員養成をめぐって技術教育の教員養成問題も同様な性格をもつことは見過ごされており，強調されるべきであると考える。
25) 篠田弘・手塚武彦編『学校の歴史　第5巻　教員養成の歴史』（第一法規，1979年）の「アメリカの教員養成」（pp. 255-270）は，ウイスコンシン州を事例にして，教員養成の分野における大学院の設置を「ステイト・カレッジからステイト・ユニバーシティへの昇格」の動きに位置づけ，それを第二次世界大戦後の問題としている。しかし，これを全米に一般化することは危険である。

26) Monroe, W. S., *Teaching-Learning Theory and Teacher Education 1890 to 1950*, Urbana, Ill., University of Illinois Press, 1952.
27) Kandel, I. L., *American Education in the Twentieth Century*, New York, NY., Russell & Russell, 1957.
28) 梅根悟『新装版 教育の歴史』新評論，1988年，pp. 61-62。
29) 博士学位授与権を必ずしも要件としない「大学」とよばれる機関をつくったのがアメリカ合衆国であり，それが戦後教育改革において，日本に輸入されたとみられる。そのため，教員養成を担う機関による学位授与権の獲得は，日米両国において，「大学における教員養成」の重要な問題領域を構成している。
30) TEES研究会編，前掲書では，最後の部分で「未解明の課題」の1つとして，「『教育学部』において教職専門科目を担当するスタッフの養成に関する問題がある。」(p. 420)とするが，文字通り，問題点の指摘にとどまっている。
31) 三好信浩『教師教育の成立と展開』東洋館出版，1972年，小野次男『アメリカ教師養成史序説』啓明出版，1976年，同『アメリカ州立師範学校史』学芸図書，1987年，同『オーバニー州立師範学校の成立と発展』学芸図書，2000年，若井弥一「米国における師範学校の教育大学への再編に関する主張および要件について」『東北大学教育学部研究年報』第22集，1974年，pp. 125-142，市川純夫「『大学における教員養成』成立史の研究，アメリカ合衆国におけるティーチャーズ・カレッジ成立過程の研究（一）—ティーチャーズ・カレッジ成立に作用した諸要因の分析—」『和歌山大学教育学部紀要　教育科学』第36集，1987年，pp. 77-90 など。
32) 近年のアメリカ合衆国では，技術教育の教員養成に関し，機関数でみれば，教育系高等教育機関の占める割合は，全体の三分の一程度にとどまる。Pucel, D. J., The Current Status and Future of Industrial Teacher Education Programs in Institutions of Higher Education, *Journal of Industrial Teacher Education*, 34-4, 1997, pp. 64-79. 2006年段階でのアメリカ合衆国における工業技術教育の教員養成を実施している大学・学部に関する情報源としては，2006/07 Industrial Teacher Education Directory, CTTE が最も信頼できる。
33) 田中喜美「技術教育のための『大学における教員養成』の形成」佐々木享編『技術教育・職業教育の諸相』大空社，1996年，pp. 205-206。
34) Veysey, L. R., *The Emergence of the American University*, Chicago, University of Chicago Press, 1965.
35) Zaret, M. L., A Historical Study of the Development of the American Society for Engineering Education, Unpublished Doctoral Dissertation, New York University, Ph.D., 1967.
36) 新堀通也「アクレディテーションとアメリカの高等教育」天城勲・慶伊富長編『大学設置基準の研究』東京大学出版会，1977年，pp. 35-75。
37) その他には，ニューイングランド連盟（New England Association of Colleges

and Secondary Schools), 西北部連盟 (Northwest Association of Secondary and Higher Schools), 南部連盟 (Southern Association of Colleges and Schools), 西部連盟 (Western Association of Schools and Colleges) がある。

38) NCATE の現在の概要については, 赤星晋作『アメリカ教師教育の展開―教師の資質向上をめぐる諸改革―』(東信堂, 1993年) 第3章「アメリカ教師養成教育の最近の動向―NCATE 認定基準のカリキュラムを中心に―」(pp.53-70) を参照。

39) 船寄俊雄「教員養成史研究の課題と展望」『日本教育史研究』第13号, 1994年, pp.76-98.

40) 例えば, 田中孝彦「教師教育の再編動向と教育学の課題」『教育学研究』第73巻第3号, 2006年, pp.12-23 は, 今日の教師教育の教育と研究に関わる興味深い論点を整理しながらも, 教科指導の教育学およびその担い手の問題は, 「『教科専門』担当教員の模索」と「教育学者の役割」の間に埋没されており, それ自体の対象化は看過されている。

41) 田中喜美・白虹, 前掲論文。

42) 田中喜美「教員養成に携わる大学教員の養成―国立教育系大学院博士課程設置の意義を課題―」『日本教師教育学会年報』第9号, 2000年, pp.49-54。

43) 市川純夫は, 「高等教育としての教員養成教育の内容において現在最も大きな問題をかかえているのは, 教科教育の分野であろう。その分野は, 諸学問からなる教科内容についての専門教育と, 教育関連諸科学, 実習からなる教職に関する専門教育との間に位置しながら, どのようにすればその両者を結びつける場となりうるのか, そしてまた大学での教科教育の研究・教育が高等教育のないようにふさわしいものとして成り立ちうるのか, という問題について, 未だ明白な解答が見出されていない。」(p.1) とし, アメリカでの議論を紹介・検討している。「W. C. バグリーの教員養成カリキュラム論(一)―'教科内容の専門職業的取扱い'論について―」『和歌山大学教育学部紀要 教育科学』第28集, 1979年, pp.1-13。

44) The American Educational Association, *Encyclopedia of Educational Research*, 6th Edition, New York, Macmillan, 1992. 第5版 (1982年) を含め, professional education はなく, professions education が vocational education とともに採録されている。そして, 第6版での professions education の解説は「専門教育 (professional education) の第1の使命は, 学生をある特定の業務に準備することである。しかしながら, これでは職業訓練も大学院での学術の教育も同じように語られることになるゆえに, 3つの根本的に異なる教育事業のどれがそれにあたるのか, あるいは, それらを区別するものは何かといった問題が生じてしまう。」(第3巻, p.1056) という節で始められている。

45) 専門職の概念規定をめぐっては, Moore, W. E., *The Professions : Roles and Rules*, New York, Russell Sage Foundation, 1970 等を参照。

46) Dinham, S. M. & Stritter, F. T., Research on Professional Education, In Wittoch,

M. E. (ed.), *Handbook of Research on Teaching*, New York, Macmillan, 1983.
47) Bledstein, B. J., *The Culture of Professionalism : The Middle Class and The Development of Higher Education in America*, New York, W. W. Norton & Company Inc., 1976.
48) Matarazzo, J. D., Higher Education, Professional Accreditation, and Licensure, *American Psychologist*, 32-10, Oct., 1977, pp. 856-859.
49) 会議の名称は，① Mississippi Valley Manual Arts Conference（1909～47 年），② Mississippi Valley Industrial Arts Conference（1948～72 年），③ Mississippi Valley Industrial Teacher Education Conference（1973～95 年），④ Mississippi Valley Technology Teacher Education Conference（1996 年～現在）と変更されてきた。
50) Bennett, C. A., *History of Manual and Industrial Education up to 1870*, Peoria, Ill., The Manual Arts Press, 1926, *History of Manual and Industrial Education from 1870 to 1917*, Peoria, Ill., The Manual Arts Press, 1937.
51) ベネットの生涯に関しては，Hammer, G. H., Charles Alpheus Bennett: Dean of Manual Arts, Unpublished Doctoral Dissertation, University of California, Ph.D., 1962 を参照。
52) Industrial Arts Division of AVA, *Improving Instruction in Industrial Arts*, 1946, AVA, *A Guide to Improving Instruction in Industrial Arts*, 1953, Industrial Arts Policy and Planning Committee of AVA, *Industrial Arts in Education*, 1958.
53) 開設科目「美術・産業科教育の諸問題」が 1972 年度までおかれており，形式上は，このときまで続いていたとみることも不可能ではない。
54) Bennett, C. A., *The Manual Arts*, Peoria, Ill., The Manual Arts Press, 1917.
55) Selvidge, R. W., *How to Teach a Trade*, Peoria, Ill., The Manual Arts Press, 1924.
56) Selvidge, R. W., *Individual Instruction Sheets*, Peoria, Ill., The Manual Arts Press, 1926.
57) Selvidge, R. W. & Fryklund, V. C., *Principles of Trade and Industrial Teaching*, Peoria, Ill., The Manual Arts Press, 1930.
58) Allen, C. R., *The Instructor, the Man, and the Job*, Philadelphia, J. B. Lippancot Co., 1919.
59) 木下龍「アメリカ合衆国技術教育史における R. W. セルヴィッジの作業分析法の成立と展開」2001 年度東京学芸大学大学院教育学研究科修士論文，2002 年。
60) Fryklund, V. C., *Selection and Training of Modern Factory Worker*, Minneapolis, Minn., University of Minnesota Press, 1934.
61) Fryklund, V. C., *Trade and Job Analysis*, Milwaukee, WI., The Bruce Pub. Co., 1942.（長谷川淳訳『職業分析』実業教科書株式会社，1949 年）

第Ⅰ部　大学と教員養成

Charles Alpheus Bennett, 1864〜1942

第1章

コロンビア大学ティーチャーズ・カレッジの形成と展開

第1節　問題の所在

　19世紀末から20世紀20年代にかけては，アメリカ合衆国での教員養成の歴史においては，ティーチャーズ・カレッジの成立期ないしは師範学校制度からティーチャーズ・カレッジ制度への移行期としてとらえられている[1]。そして師範学校制度がコモンスクールの発達に伴う初等学校の教員の供給の必要から成立したのに対して，ティーチャーズ・カレッジの成立ないし師範学校からティーチャーズ・カレッジへの昇格は，19世紀末から急速に発達した高等学校教員の供給の必要が要因の1つであったといわれ，そのため伝統的に中等学校教員の供給源であった教養大学とティーチャーズ・カレッジとの対抗関係の問題が，教員養成のあり方をめぐり顕在化した。

　すなわち，教員を専門職とし，そのための専門職教育を目的的に与えようとする教育専門職性の理念と，教養優先の教員論にたつリベラルアーツの伝統とが，教員養成をめぐり対立したのだった。かつて，キャンデルが「アカデミックの内戦」[2]とよんだほど，教養大学や総合大学においてリベラルアーツを担当する「学者」と師範学校またはティーチャーズ・カレッジで教職専門教育を担当する「教育者」との間の対立は，厳しいものであったといわれる。

　しかし，こうした中にあって，この対立を克服し，2つの立場を統合しようとする試みも知られている。そして，これらのうちで特に興味深い事例の1つに，コロンビア大学ティーチャーズ・カレッジをあげることができる。

　というのもコロンビア大学ティーチャーズ・カレッジの成立と発展は，リベラルアーツの伝統と教職専門職性の理念とを統合しようとした「実践的な先駆」[3]とされているからである。

周知のように，教養大学や総合大学における専門職的な教員養成への接近は，アイオワ大学やミシガン大学等，東部諸州ほど師範学校制度が確固たる地位を占めてはいなかった中西部の州立大学において，多くの場合，今日でいう教育史や教育哲学を中心とする教育学講座や学科（chair or department of education）の設置から始まった。

これに対しコロンビア大学ティーチャーズ・カレッジは，東部の代表的な私立の総合大学であり，1754年キングズカレッジ，1784年コロンビアカレッジ以来のリベラルアーツの伝統が強いコロンビア大学のシステム内に，師範学校との連続性において「師範大学」とも訳されるティーチャーズ・カレッジを吸収することによって成立したものであった。まさに，総合大学と師範大学という2つの対立する立場の統合だったのである。

したがって，この点でコロンビア大学ティーチャーズ・カレッジは，アメリカ合衆国教育史上，1つの注目すべき「典型」であると考えられ，その成立と発展の過程を分析することには意味があると考えられる。

ところで，アメリカ合衆国での総合大学における教員養成の類型論として日本でも影響力をもつものに，モンローの見解がある。

彼は，全体を4類型にまとめ，コロンビア大学は，ハーバード大学やカリフォルニア大学とともに，第一類型に類別されている。すなわち，第一類型とは，教育学大学院のみか，あるいは，それが主要な部分を占めていて，教員養成のあり方に関しては，学部段階における「教養教育に大学院段階における教職専門教育を付け加える」[4]，いわゆる「付加理論」に基づいているものとされている。

事実，コロンビア大学ティーチャーズ・カレッジは，1898年，単科のティーチャーズ・カレッジであったものが，コロンビア大学という総合大学のシステムに入ることによって，MA学位（Master of Arts）およびPh. D学位（Doctor of Philosophy）取得の経路をもつや否や，学部教育よりも大学院教育へと重点を移し，後述のように，1925年度には一部例外的なものを除く全ての学部教育をとりやめ，基本的には大学院段階の「師範大学」となった。だからコロン

ビア大学ティーチャーズ・カレッジの成立と発展の主要な側面は，その大学院化にあったといえる。

しかしながら，このことをもって，リベラルアーツの伝統と教職専門職性の理念とを統合しようとした「実践的な先駆」であるコロンビア大学ティーチャーズ・カレッジの試行が，学部での一般的及び専門的な学問的・芸術的教養に，大学院での教職専門教育を付加するという方式に，いわば収束されていったとみることは一面的であり，再検討の余地があると考えられる。

本章では，第1に，コロンビア大学ティーチャーズ・カレッジの大学院化の過程と組織編成を概観し，その制度的な特質を明らかにするとともに，第2に，そこで学ぶ学生の動態を，学歴および就職先の分布の点から分析し，コロンビア大学ティーチャーズ・カレッジの社会的役割を検討，そして，第3に，発足当初からその重要な構成単位であり，かつ最も大きな変化をとげた部門である技術教育分野の機構と教育課程の変化を分析し，コロンビア大学ティーチャーズ・カレッジの成立と発展の内実の一面にせまる中で，アメリカ合衆国教員養成史に関わる上述のような分析の枠組とそれに基づく一定の見解に対して，若干の問題点を指摘することを試みる[5]。

なお，コロンビア大学ティーチャーズ・カレッジに関わる主な資料は，同ミルバンク図書館特別資料室所蔵のものを使用した。

第2節　コロンビア大学ティーチャーズ・カレッジの大学院化と組織編成の概要

コロンビア大学ティーチャーズ・カレッジは，1880年ニューヨーク市の移民の子女に対する社会事業団体として発足した台所園協会（Kitchen Garden Association）の活動に由来し，カレッジ開学後も多様なかたちで社会事業活動に携わった。そして，台所園協会を含めこの面での活動を支えたのが，富豪ウィリアム・ドッジ（Dodge, W. E., 1832～1903年）の長女であり，若い頃からセツルメント運動を指導したグレース・ドッジ（Dodge, G. H., 1856～1914年）であった。彼女は，コロンビア大学ティーチャーズ・カレッジの設立者の中でも最も重要

な人物の一人であるとされる[6]。

さて，台所園協会は，1884年「産業教育（industrial education）についての知見を収集・流布し，産業教育に対する世論の喚起を促す。」（規約第2条「目的」の第1項）[7] 等を目的とする産業教育協会（Industrial Education Association）に発展的に改組し，その活動の一部門として，家庭科教育と技術教育の教員養成を目的とする「師範学級（normal class）」を経営した。

さらに，産業教育協会理事会は，1887年，これを整備し，専門職養成学校（professional school）へ昇格させるべく，「教員養成大学（College for Training Teachers）」の設立を決定した。

『教員養成大学設立趣意書』[8] によれば，「教育専門職に入職を希望する者に体系的教授を与える」ことを目的とするこのカレッジは，教育史・教育制度教授，製図・木材加工教授，工業技術教授，および家庭科学教授で教授団（faculty）を構成し，入学試験に合格した，原則として18歳以上の男女を入学させ，男子学生には「教育史・教育科学」（週2時限，以下カッコ内は同様），「製図・木材加工」(4)，「工業技術」(3)，その他を課し，女子学生には，これらに加えて「家庭科学」(5) を課すというものであった。また，附属学校での教育実習も課されていた。そして，協会理事会は，その学長（president）としてコロンビアカレッジの哲学教授であったバトラー（Butler, N. M., 1862～1941年）を招聘したのであった。

他方，当時コロンビアカレッジの学長は，バーナード（Barnard, F. A., 1809～1889年）であった。彼は，科学としての教育学の必要性とそのための組織をカレッジ内に創設することを1864年，1881年，1882年の学長年次報告で理事会に提案し，学生にもこの信念を説いたといわれる。

そして，こうした学生の一人がバトラーであった。1884年，バトラーはベルリン大学に留学，ポールゼン（Paulsen, F.）の下で学び，帰国後コロンビアカレッジに戻るとすぐにバーナード学長とともに，教育の科学的研究と教員養成のための組織の樹立を，カレッジ理事会に要請した。

しかし，理事会は，学生の関心がうすいこと，およびバトラーらの構想が女

子学生を含んでいたこと——同カレッジは1983年まで女子の入学を認めなかった——等を理由に，再々にわたるこうした要請や提案を否決したのだった。教育史家クレミン（Cremin, L. A., 1925～1990年）等によれば，バトラーは，こうした状況から，1886年秋，コロンビア大学の外にまず師範大学をつくり，後に，それを総合大学内に吸収する方針を固めたといわれる[9]。したがって，1887年の産業教育協会からの要請は，バトラーにとってもまさに絶好の機会であり，彼はこれを受諾したのだった。

バトラーによる最初の「学長報告」（1888年5月）は，この教員養成大学にかける彼の熱意と開学直後のその実態の一端をうかがわせる[10]。その中でバトラーは，科学としての教育学を説くとともに，このカレッジは師範学校ではなく，法学校・医学校・神学校とならぶ専門職養成学校にすべきことを強い調子で主張している。

また，同報告によれば，この年度の学生は18名（内8名男子），聴講生86名であり，学生は中等教育を修了した18歳以上で入学試験に合格した者と師範学校および他のカレッジ修了者（この場合は入学試験免除）で構成されていた。これに対して，教育組織は，「教育史・教育制度」「教授の方法と歴史」「幼稚園の理論と実際」「製図・木材加工」「工業技術」「自然科学」「家庭科学」の7教授と2名の助手で構成され，2年課程が基本であった。

翌1889年には同カレッジに対して，ニューヨーク州立大学理事会から，基金を10万ドルに増額するという条件付きで暫定チャーター（provisional charter）が与えられ，「ニューヨーク教員養成大学」と改称，1891年正式なチャーター授与に伴い「ティーチャーズ・カレッジ」となった。

この段階での一定の到達点と考えられる1893年度の『ティーチャーズ・カレッジ案内』[11]は，カレッジ全体が12の学科（department），すなわち，教育史・教育心理学科，教授科学・技術学科，幼稚園学科，自然科学学科，家庭科学学科，機械技術学科，美術学科，音楽学科，体育学科，英語・英文学学科，古典語学科，歴史学科で成り立ち，順調な発展を示唆している。

しかしこの段階では，いまだ，コロンビア大学とは制度上関係をもたない，

単科のティーチャーズ・カレッジであった。

　総合大学のシステムの一環としてのコロンビア大学ティーチャーズ・カレッジの成立は，1897年から1927年までの30年間ティーチャーズ・カレッジの学部長（dean）であったラッセル（Russell, J. E., 1864～1945年）によるところが大きい。しかも，この過程は，ティーチャーズ・カレッジにとって，決して平坦なものではなく，同カレッジの大学院化は，コロンビア大学という総合大学のシステムへのその包摂の過程と不可分の関係にあったといえる。

　1892年1月のティーチャーズ・カレッジ理事会による編入（incorporation）提案，これに対するコロンビアカレッジ理事会の拒否以来，難行を重ねながらも，長期にわたる折衝の結果，1898年，コロンビア大学とティーチャーズ・カレッジとの間で最初の『協定』が合意された。換言すれば，この時点でティーチャーズ・カレッジは，コロンビア大学ティーチャーズ・カレッジになったわけであるが，その内容は，ティーチャーズ・カレッジ側の一方的譲歩に基づく合意であったことを示唆し，ティーチャーズ・カレッジにとっては，屈辱的でさえあった。

　すなわち，『協定』[12]の内容の骨子は，①コロンビア大学は，ティーチャーズ・カレッジを教員養成のための専門職養成学校と認定し，医学校・法学校と同等の総合大学内のランクを与える，としつつも，②学士号BS（Bachelor of Science），修士号MA，博士号Ph.Dの学位授与権ならびにこれらの学位につながる課程の管理運営権は，これをコロンビア大学が所管し，ティーチャーズ・カレッジは専門職教育の修了を証明する「修了証（diploma）」の発行権のみを認められたにすぎず，③大学の管理機構上の位置づけとしては，ティーチャーズ・カレッジの学長はコロンビア大学総長が兼任し，コロンビア大学評議会におけるティーチャーズ・カレッジの議席は，ティーチャーズ・カレッジ学部長と教授1名の2名に限られ，しかもティーチャーズ・カレッジに関する議案の議決権しかもたされず，さらに，④財政上は，独立採算制をとる，というものであった。

　つまり，1898年『協定』においては，ティーチャーズ・カレッジは形式上

総合大学内に「編入」されたが、しかし、総合大学内で独立した自治権をもつ「教授団 (faculty of university)」としては、認定されていなかった。

したがって、この側面からみるならば、ティーチャーズ・カレッジの大学院化の過程は、総合大学内での自治権の獲得、とくに、その教育研究条件を質・量ともに充実させながら、学位授与権およびこれにつながる課程の管理運営権を、コロンビア大学からティーチャーズ・カレッジへ委譲させる過程だったのである。

具体的にこの過程をたどると、学部段階の BS 学位授与とその課程に関する権限については、比較的早く、1900 年『協定』により委譲の合意が成立したのに対して、大学院での MA 学位授与とその課程に関する権限については、1915 年『協定』でいわばティーチャーズ・カレッジの半分に、10 年後の 1925 年『協定』で全体に委譲された。すなわち、1912 年度以降ティーチャーズ・カレッジは、「教育部 (School of Education)」と「実科部 (School of Practical Arts)」の 2 部制をとったが、1915 年に、これらのうちの「教育部」に MA 学位授与とその課程に関する権限が認定され、1925 年には残る「実科部」についても、それらが委譲された。そして、1915 年「教育部」、1925 年に「実科部」が学部教育を原則的に廃止し、大学院段階の「師範大学」になっていったのだった。また、この過程で、ティーチャーズ・カレッジは、コロンビア大学の「教授団」として承認されている (1915 年)。

他方、これと並行して、Ph. D 学位につながる課程への権限に関しても漸次獲得していったが、Ph. D 学位授与権は、形式上厳密にみれば、ティーチャーズ・カレッジは今日でも完全には委譲されていない。

さらに、ティーチャーズ・カレッジが学位授与権を獲得するに従い、当初から発行権を有していた「修了証」の社会的性格に変化がみられた。すなわち、ティーチャーズ・カレッジの課程を修了した者は、学問的能力の公証である学位をもち、かつ、教育分野の職業的能力の公証である「修了証」をもつことになったため、その社会的評価は高まり、ティーチャーズ・カレッジ「修了証」は、実態としては後の、Ed. D 学位 (Doctor of Education「教育博士」) や M. Ed

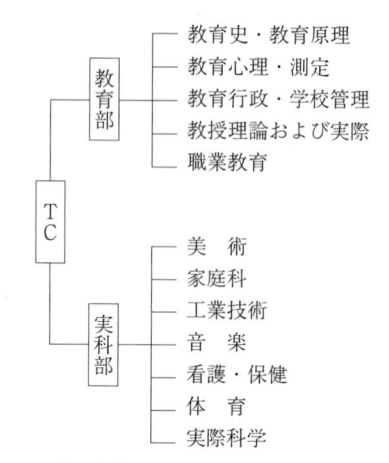

```
        ┌─ 教育史・教育原理
        ┌教┤── 教育心理・測定
        │育├── 教育行政・学校管理
        │部├── 教授理論および実際
        │ └─ 職業教育
T┤
C│        ┌─ 美　術
        │ ├── 家庭科
        │実├── 工業技術
        └科┤── 音　楽
         部├── 看護・保健
         ├── 体　育
         └─ 実際科学
```

図 1-1　コロンビア大学ティーチャーズ・カレッジの組織編成

学位（Master of Education「教育修士」）に近い機能を果たしていったと考えられる。ちなみに，Ed. D 学位は「教育学博士」（Ph. D in Education）とは性格が異なり，「教育専門職のより高度な職業遂行能力のための幅広い準備教育に重点」をおいた学位だと規定され[13]，ティーチャーズ・カレッジでは1934年度の『ティーチャーズ・カレッジ便覧』に授与学位の1つとして，初めて明記されている[14]。

ところで，このように教育課程とそれに関連する学位授与権の獲得の面からコロンビア大学ティーチャーズ・カレッジの大学院化の過程をたどってくると，1925年が1つの画期であることがわかる。そして，この時点でのティーチャーズ・カレッジの組織編成は，図1-1のようなものであった。

ここにみられる組織編成の特質はいくつか指摘できようが，ここではとくに，1890年代の単科のティーチャーズ・カレッジであった時期のものと比較した場合，職業教育（宗教教育・僻地教育を含む）学科や看護・保健学科等の新設や二部制をとるなどの変化はあるものの，組織の実態は，基本的には異なるものではない点に注目したい。

確かに，先述の1893年度における自然科学学科，英語・英文学学科，古典

語学科，歴史学科は，図1-1にはみられない。しかし，これらの学科は廃止されたのではなく，機構上「教授理論および実際」学科の中に位置づけられたためであって，専攻 (major) の数としては，従来の「自然科学」が「生物」「物理」「化学」になるなどして，増加されている。

また「実科部」の各学科に関しても，例えば家庭科学科は，「食物・調理」「栄養・食品経済」「繊維・衣料」「家庭経営」「家庭技芸一般」「家庭科教育」の専攻で構成され，教科専門教育の充実と教科教育専攻の独立が目をひく。

すなわち，端的に表現すれば，コロンビア大学ティーチャーズ・カレッジは，従来の学部段階の「師範大学」が，組織実態上，基本的にはそのままのかたちで，大学院段階の「師範大学」におし上げられたものだといえる。換言すれば，大学院化の過程においてコロンビア大学ティーチャーズ・カレッジは，教育学や教育心理学等いわゆる教職専門教育に関する部門のみの編成になったわけではなく，教科専門教育に関する部門もともに充実され，また，その中で教科教育が位置づけられながら，全体が構成されていたといえる。ちなみに，1916年度には，従来のMA学位だけではなく，MS学位 (Master of Science) の授与が可能になっている。

では，こうした大学院段階の「師範大学」は，いかなる社会的役割を果していったか。

第3節　コロンビア大学ティーチャーズ・カレッジの社会的役割

まず，ティーチャーズ・カレッジ入学生の入学までの学歴から分析する。表1-1がそれである。

1900年時点でのティーチャーズ・カレッジの教育課程を入学要件からみると，三段階で構成されていた。すなわち第1は，2年間の「学部基礎課程」であり，中等学校卒業を入学要件とした。第2は，第1のものに続く後半2年間の「学部専門課程」であり，「学部基礎課程」修了かまたは他のカレッジの2年課程修了か，師範学校や技術学校卒業を入学要件とした。そして，第3は，大学院課程であり，学士号取得を入学要件とした。

その後ティーチャーズ・カレッジは，1905年度に「学部基礎課程」を停止したが，1909年度に「家庭科部(School of Household Arts)」，翌10年度に「工業技術部(School of Industrial Arts)」の発足で，教員養成を目的としない課程も設置されるに伴い，この両部に関して中等学校卒業を入学要件とすることが復活され，1912年度両部が合併して「実科部」となっても，この措置は継続された。

これに対して，「教育部」は，1905年度の変更後，1915年度に入学要件をさらにひき上げた。すなわち，学士号取得者かまたは師範学校卒業後2年以上の教職経験を有する者としたのであった。しかも，後者はあくまで大学院入学のための学士号取得を前提にした措置であり，学士号取得までは「非公式入学生」として扱われた。つまり，この時点で「教育部」は大学院課程が基本になったといえる。

他方，「実科部」も入学要件を次第に向上させる動きが認められ，1923年度に中等学校卒業後1年間のカレッジまたは技術学校での教育をうけた者，1924年度には中等学校卒業後カレッジまたは技術学校で2年間の教育をうけた者と改め，1925年度には教員養成を目的とする学部課程，翌26年度には教員養成を目的としない学部課程を原則的に廃止した(ただし，大学院への予科的課程は存続)。

そしてこれらをふまえて表1-1をみると，入学要件の改訂により，かなり複雑な変化をしていることがわかるが，少なくともコロンビア大学ティーチャーズ・カレッジはすでにその発足当初から大学院課程に在籍していると考えられる学士号取得者が，全学生の3割前後に及び，1920年代に入ってからは4割以上にまで達しており，総体としてもコロンビア大学ティーチャーズ・カレッジの学生の入学以前の学歴が，比較的高かったといえる。

次に，学生の就職動向について分析しよう。現在のところ，1915年度以降におけるTC出身生の就職状況に関する統計資料は見出されていない。そこでそれ以前の動向をまとめたものが，表1-2である。これによれば，次のような傾向のあったことが認められよう。

第 1 章　コロンビア大学ティーチャーズ・カレッジの形成と展開

表 1-1　ティーチャーズ・カレッジ入学者の学歴（1897-1925）

学生／年度	カレッジ卒 (B 学位有)		カレッジ 経験者 (B 学位無)		師範学校・ 技術学校卒		中等学校卒		その他		合計	
	人数	%	人数	%	人数	%	人数	%	人数	%	人数	%
1897-98	30	18	25	15	6	3	47	28	61	36	169	100
1898-99	81	24	47	14	49	15	94	28	64	19	335	100
1899-00	100	21	45	10	108	23	128	28	85	18	466	100
1900-01	180	30	67	11	148	25	153	25	54	9	602	100
1901-02	222	30	77	11	191	26	167	23	72	10	729	100
1902-03	230	31	107	14	181	25	195	26	27	4	740	100
1903-04	315	37	156	18	184	22	181	21	16	2	852	100
1904-05	250	31	201	25	205	26	139	17	5	1	800	100
1905-06	(1)260	29	(1)274	31	245	27	111	12	3	1	893	100
1906-07	225	28	61	8	391	49	109	14	9	1	795	100
1907-08	262	27	114	12	442	45	149	15	6	1	973	100
1908-09	345	31	138	12	479	43	142	13	2	1	1106	100
1909-10	303	25	125	10	558	47	201	17	12	1	1199	100
1910-11	421	26	212	13	602	37	252	15	144	8	1631	100
1911-12	415	23	384	22	660	37	306	17	18	1	1783	100
1912-13	453	25	190	10	708	38	486	26	3	1	1840	100
1913-14	534	26	243	12	676	33	586	28	11	1	2050	100
1914-15	671	30	(2)277	12	467	21	(3)829	37	10	0	2254	100
1915-16	726	30	(2)291	12	454	18	(3)972	40	7	0	2450	100
1916-17	818	28	(2)487	17	537	19	(3)995	35	43	1	2880	100
1917-18	773	29	(2)434	16	895	33	(3)583	22	13	0	2698	100
1918-19	700	27	(2)450	17	566	22	(3)892	34	6	0	2614	100
1919-20	1148	35	(2)482	14	915	28	(3)758	23	8	0	3311	100
1920-21	1226	33	(2)511	14	1247	33	(3)726	20	9	0	3719	100
1921-22	1426	34	(2)1287	30	1219	29	(3)310	7	5	0	4247	100
1922-23	2051	42	(2)1305	27	1255	26	(3)275	5	10	0	4896	100
1923-24	2557	48	(2)1201	22	1323	25	(3)290	5	18	0	5389	100
1924-25	2452	45	(2)1670	30	1146	21	(3)196	4	6	0	5470	100

(1) コロンビアカレッジ，バーナードカレッジからの学生を含む。
(2) カレッジと師範学校両方経験者を含む。
(3) 卒業はしていないが，師範学校経験のある者を含む。
（出所）TC. Dean's Report 1915, p.20. 同 Report 1925, p.71 より作成

表1-2 ティーチャーズ・カレッジ出身生の就職動向

年度	1899-1900	1900-01	1901-02	1902-03	1904-05	1905-06	1906-07	1907-08	1908-09	1909-10	1910-11	1911-12	1912-13	1914-15
学生 大学関係	4(3)	11(8)	14(6)	18(7)	48(12)	41(9)	84(13)	71(10)	68(8)	81(9)	110(13)	127(10)	133(11)	105(10)
師範学校	16(12)	11(8)	11(5)	15(6)	15(4)	20(4)	47(7)	54(8)	94(11)	76(9)	71(8)	110(9)	113(10)	82(7)
教育長	5(4)	1(1)	3(1)	2(1)	4(1)	3(1)	5(1)	11(2)	15(2)	9(1)	9(1)	22(2)	16(1)	13(1)
指導主事・特別教員	28(22)	20(14)	41(18)	90(33)	107(26)	114(25)	208(31)	228(34)	291(35)	332(37)	369(43)	494(40)	502(43)	529(48)
(内訳)														
家庭科	10	7	26	42	41	37	77	72	109	130	163	230	260	199
技術	10	7	7	24	22	19	25	37	36	34	49	54	49	43
美術	8	3	4	11	19	16	21	19	31	46	32	48	34	18
音楽			1	2	4	4	6	3	5	4	6	9	14	7
体育				1	4	10	9	11	13	20	16	40	26	19
語学(英仏独等)			1		1		19	22	19	34	29	25	25	97
数学・自然科学				3	2	6	13	14	23	11	10	25	23	55
哲学・社会科学					2	1	4	13	13	7	14	9	10	27
教育学・心理学					1	11	26	20	33	23	29	35	51	59
その他		3		7	11	10	8	17	9	23	21	19	10	5
校長	11(9)	10(7)	15(7)	5(2)	12(3)	27(6)	26(4)	32(5)	32(4)	35(4)	28(3)	51(4)	51(4)	33(3)
(内訳)														
幼稚園	2	1	3	1	1	6	3	2	7	6	1	2	4	8
初等学校	4	3	4	1	2	13	10	16	10	17	15	22	22	15
中等学校	5	6	8	3	9	8	13	14	14	11	6	25	23	10
職業学校									1	1	6	2	2	
教員	60(47)	77(55)	131(59)	125(46)	190(47)	219(48)	233(35)	240(35)	274(33)	293(33)	214(25)	347(28)	279(24)	266(24)
(内訳)														
幼稚園	9	6	8	7	17	18	14	22	27	28	20	36	20	26
初等学校	14	25	41	55	47	57	64	71	63	85	55	78	74	68
中等学校	37	46	82	63	126	144	155	147	182	177	131	230	185	172
職業学校									2	3	8	3		
保健・医療関係		4(3)	3(1)	4(1)	9(2)	13(3)	20(3)	8(1)	14(2)	20(2)	23(3)	19(2)	21(2)	28(3)
その他	5(3)	6(4)	6(3)	12(4)	20(5)	24(4)	42(6)	34(5)	40(5)	43(5)	33(4)	70(5)	54(5)	53(4)
合計	129(100)	140(100)	224(100)	271(100)	405(100)	461(100)	665(100)	678(100)	828(100)	889(100)	857(100)	1240(100)	1169(100)	1109(100)

(出所) TC, Dean's Report, 1900-1915 より作成。但し, 1903年度と1913年度に関する数字は記載がなく不明。( )内は%。

第1に，全体として，学校教育関係への就職が大半を占めており，この点で，コロンビア大学ティーチャーズ・カレッジは，教育に関する専門職養成学校としての性格を，実態としても有していたといえる。

第2に，教育に関する専門職の内容であるが，1900年代前半においてすでに，幼稚園および初等・中等学校等の教員への就職率はそれ程高いものではなく，1901年度の59％を最高に，ほぼ全体の半分程度にとどまっている。これに対して，指導主事，校長，教育長，教員養成機関の教員等，後に教育指導職（educational leadership）とよばれるようになる職種——とりわけ指導主事——への就職率が相当高い。

さらに第3に，年が下るにつれ，この傾向は一層強まり，一般の教員への就職率は低下し，教育指導職への就職率は上昇している。すなわち，1910年代になると「教員」は全体の四分の一にとどまり，残る四分の三のほとんどが教育指導職への就職になっている。比率の上でみるならば，1900年代前半と1910年代半ばとでは，「教員」と「指導主事・特別教員」とが入れ替わったかたちになっているといえる。1914年度では，ティーチャーズ・カレッジ出身生の実に半分が指導主事になっている事実は，注目に値しよう。そして，1914年度とは，「教育部」が大学院を基本にする前年にあたり，これ以降は，大学院化の進行に伴い，教育指導職への志向は，さらに顕著になっていったと考えてよかろう。

ここで，こうした点での評価に関わり，「特別教員（special teacher）」とは何かが問題になると思われるが，その実態は詳かではない。

師範学校をティーチャーズ・カレッジへ格上げした要因の1つとして，19世紀末葉に顕著になってきた教科担任制の動向，すなわち，技術，美術，家庭科，体育科の新しい分野が，中等学校および初等学校の教科として設けられるようになり，かつ，これらが教科担任教員によって担当されるようになるにつれ，以前にもまして，初等・中等学校教員に，教科に関する高度な専門知識が必要とされるようになったことが指摘されている[15]。したがって，この見解に従うならば，「特別教員」とは一面では，従来にはなかった特別な教科を，

教科担任制で教える教員という意味をもったと考えられる。この点では上述のように，コロンビア大学ティーチャーズ・カレッジは，家庭科教育と技術教育の教員養成機関から出発しており，教養大学では養成していない，まさに新しい教科分野の教員養成の先駆者であった。

同時に，他面では，「特別教員」とは，特別な教科の専科教員という意味ばかりでなく，やはり「教員」の項目ではなく「指導主事」と一括して項目化されているところに反映された実態の存在を推定することも困難ではない。

例えば，当時の初等・中等学校での技術教育の教員は，手工高等学校や技術高等学校，あるいはスロイド学校や技術学校等の卒業生で占められていた。こうした中にあってティーチャーズ・カレッジは，技術担当の教員養成を大学教育としてアメリカ合衆国で最初に始めたのであって，学校現場では，ティーチャーズ・カレッジ出身者に指導的役割，すなわち，指導主事的役割を期待したと考えることには根拠があろう。また，家庭科に関しても同様な状況であった。したがって「特別教員」とは，新しい教科分野の専科教員という意味とともに，実態としては，指導主事的役割を担っていったと考えてよいように思われる。

そして，もしこのようにいえるのであれば，コロンビア大学ティーチャーズ・カレッジは教育に関わる専門職養成学校としての機能を現実に果たし，確かに中等学校教員ならびに家庭科，技術，美術等の新しい分野の専科教員を中心に教員養成という役割をもったということはいえるけれども，しかし，その割合は必ずしも高いわけではなく，コロンビア大学ティーチャーズ・カレッジの発足当初から相当程度，そして1910年代からは圧倒的ともいえる程，教育専門職養成の実態は，教員ではなくむしろ，教育指導職の養成に重点があったと判断できる。

つまり，遅くとも1910年代以降のコロンビア大学ティーチャーズ・カレッジの主たる社会的役割は，教員養成ではなく，教育指導職養成だったのであり，ティーチャーズ・カレッジの大学院化は，教員養成をより高度なものにするためというよりはむしろ，教員とは職種の異なる，教育専門職の別部門である教育指導職，しかも量的にみた場合，指導主事を中心としたその養成のためとい

う目的を客観的にもったといえる。

そして，このことを逆の面からとらえるならば，アメリカ合衆国では，いわゆる教育指導三職とよばれる指導主事，教育長，校長が，それぞれの免許制を含む専門職資格制度を伴いつつ，制度上教職とは並行するかたちで位置づけられ，文字通り教育専門職としての確固たる地位を築いてくるのであるが[16]，この過程と，教員養成機関の大学院化の過程とは，密接な関係があったとみることができよう。

さらにいえば，少なくとも1910年代半ばのコロンビア大学ティーチャーズ・カレッジは，機能上まさに指導主事養成機関だったのであって，教育指導三職の中でもとりわけ指導主事の比重が大きく，大学院段階の「師範大学」の性格の一面がうかがえる。そして，このことと，ティーチャーズ・カレッジの組織編成の特質，すなわち，教職専門教育のみでなく教科専門教育が充実・強化されながら，教科教育も位置づけられていることとが無関係であるとは考えられない。

第4節 技術教育分野の変遷――「工業技術部」構想挫折の意味

ところで，上述したコロンビア大学ティーチャーズ・カレッジの構成組織中，大学院化の過程において，教科に関するすべての学科が，教科専門教育を充実・強化されたわけではない。実は，技術教育に関する学科だけは，これに該当しないのである。次に，この経過を検討しよう。

1887年「教員養成大学」として発足以来，技術教育分野の中心的教授職に就いたのは，リチャーズ（1887～1888年）→ベネット（1891～1897年）→再度，リチャーズ（1898～1908年）→ボンサー（1910～31年，ただし10～12年は准教授）の3名であり，第2期リチャーズからボンサーへの交替期に，ティーチャーズ・カレッジの技術教育分野に関する方針に転換があったと考えられる。

すなわち，1900年代，コロンビア大学ティーチャーズ・カレッジ全体を三部構成とし，「教育部」「家庭科部」と並ぶ第3の部として「工業技術部」が構想され，1910年度には発足したが，2年後の1912年度には，「工業技術部」は，

「家庭科部」と合併されて,「実科部」になるというように,この分野は,短期間に大きな変化をとげる。そして,この変化は,事実上「工業技術部」構想の挫折であり,その結果として,コロンビア大学ティーチャーズ・カレッジの技術教育分野に関する方針は転換されていったとみることができる。

　第2期リチャーズまでのティーチャーズ・カレッジの技術教育分野の組織ならびに教育課程は,基本的には1890年代ベネットによって築かれた。機構上,それは1つの学科であり,組織的には,①技術教育(定員2,以下カッコ内は同様),②木材加工(2),③機械・金属加工(2〜3),④製図(1〜2),合計7〜9名の教員で構成され,学生からみれば,①〜④のそれぞれが,1つの専攻であった。そして,教育課程に関しても,木材加工,機械・金属加工,製図に関する教科専門教育とともに,技術教育の科目として,単なる各科教授法の類ではない,「技術教育の歴史と原理」「技術教授の理論と実際」「初等・中等学校の施設・設備計画とその経営」等がおかれていた[17]。ちなみに,「技術教育の歴史と原理」の講義内容を後に補充して公刊したのが,ベネットの古典的名著『手工・産業教育史』(History of Manual and industrial Education up to 1870 & 1870 to 1917)の二巻本である[18]。

　また,1894年には,こうした教育のための工作実習施設として,地下1階地上4階建ての「メイシー工芸実習館(Macy Manual Arts Building)」も完成された。これは,アメリカ合衆国の教育系大学における最初の工作実習施設として知られており,ティーチャーズ・カレッジの学生のみならず,コロンビア大学工学部の学生の実習も担当した。

　こうした技術教育の学科を抜本的に改組して,1つの部(School)にしようとしたのが,「工業技術部」構想であった。

　この構想に関しては,当該年度の『ティーチャーズ・カレッジ学部長年次報告』(TC Dean's Report)や『ティーチャーズ・カレッジ便覧』に公的なかたちで載っている。しかし,より詳細に,かつ,ラッセル学部長の個人的意向も含めて知りうる史料として,コロラド大学工学部長ケッチャム(Ketchum, M. S.)宛書簡(1908年12月16日付)が興味深い[19]。それらによれば,「工業技術部」

構想とは次のようなものであった。

　まず，その目的であるが，3項目掲げられた。すなわち，第1に，初等・中等学校における技術教育の教員養成，第2に，当時急増しつつあった職業学校（trade and vocational school）の教員養成，第3に，工業教育機関それ自体としての役割，の3点である。

　そして，これらの目的にそって現行制度を改組するのだが，その筋道として，第1の目的に対しては，現行の「学部専門課程」を一層充実させて，これに充てるとしている。「学部専門課程」は，BS学位につながる2年課程であり，当時約百名余の学生が在籍し，その大部分が，師範学校や技術学校の卒業生または2年間あるいはそれ以上のカレッジ教育をうけた者で占められていた。

　次に，第2の目的に対しては，現行の夜間課程の改組を通して実現するとしている。従来，この夜間課程は，大学拡張教育の一環であり，労働者に技術の理論教授を中心に与える向上訓練の課程であった。実際には，当時，在籍者は約500名に上った。彼らは，徒弟訓練の経験があり，その多くは熟練労働者であったが，ここでの教育によって，準技術者（assistant engineer）やフォアマンになるのが，彼らの主たるねらいであったとされる。スタッフは，工学部の協力をえながら，ティーチャーズ・カレッジの管理の下に運営されていた。「工業技術部」構想においては，この課程は重く位置づけられ，ここに教職課程を付設して第2の目的，すなわち，職業学校の教員養成にあたらせるとしたわけである。

　そして，ラッセルは，この新しい構想を担う指導者の資質を重視し，その人的要件に言及している。すなわち，「大学で工学教育をうけ，工業の現場に精通し，商工業問題全般にわたって関心があり，現場労働者への共感をもちうる人物」，すなわち，「社会的視野と使命観をもつ非常に有能な技術者」を招聘しようとした。

　1910年度，こうした「工業技術部」構想は実施に移される。1911年度版『ティーチャーズ・カレッジ便覧』には，ルーク（Lucke, C. E.）（機械工学），ノイズ（Noyes, W.）（工業技術），ボンサー（技術教育）3名の教授団構成員，アン

ドリュー博士 (Dr. Andrews) を事務局長とする，総数28名のスタッフと38の開設科目が掲載されている。

　しかし，「工業技術部」は，発足してこれからという時に，その発展の芽をつみとられてしまうことになった。すなわち，かたちの上では「家庭科部」との合併による「実科部」の発足である。しかし，その実態は，「工業技術部」以前の1つの学科規模の技術教育分野が，「家庭科部」に付設されたというものであった。

　その理由は多面的に検討されねばならない。しかし，少なくとも，主なものとしては，ティーチャーズ・カレッジ理事会内の派閥の均衡がくずれたことの影響であり，また，そうした影響に抗しきれなかった「工業技術部」内の主体的な脆弱性にあったと考えることができる。

　すでにふれたように，ティーチャーズ・カレッジは社会事業団体の活動分野の1つに起源をもち，社会事業団体を，逆に，吸収するかたちで発展してきた。そのため理事会は，いわば「社会事業派」対「大学教育派」[20]に二分され，その均衡のうちに運営されてきたが，ティーチャーズ・カレッジの重大な局面には，基本方針をめぐる対立が，しばしば表面化した。そしてここで，「社会事業派」の中心的存在が，ドッジであり，その活動の重要な分野が，大学拡張教育だったのである。「工業技術部」は，大学拡張の活動に足場をもっていたことが想起されねばならない。

　こうした中でティーチャーズ・カレッジ理事会は，1915年，ドッジの死に直面したのである。実はそれ以前，とくに1910年代に入ると理事会内での彼女の影響力は明らかに低下しており，それに比例して，「社会事業派」の影響力も下降線をたどった。その直接的結果の1つが，ティーチャーズ・カレッジの大学拡張教育をコロンビア大学の「大学拡張室」(1904年発足，1947年「一般教育部 (school of generel study) に改組)に移管し，ティーチャーズ・カレッジとしては，その活動を停止させるという事態に立ち至ったことである。つまり，「工業技術部」は，その足場を失うことになってしまったといえる。

　同時に，「工業技術部」自体の内的な脆さも否めない。というのも「工業技

第 1 章　コロンビア大学ティーチャーズ・カレッジの形成と展開　59

術部」は，結局のところ，工業技術部長の招聘に失敗し，その運営に直接責任を負う指導者を欠いたまま発足しなければならなかったからである。

　ティーチャーズ・カレッジのミルバンク図書館特別資料室には，この人事に関わり，1908年9月29日から10月23日にかけて，ラッセルによる工業技術部長の候補者推薦依頼への返書として，25通の書簡が保管されており[21]，それらによると，総数で30名が推薦されている。しかし，なぜかラッセルは，結果的にはこれらの中からは決定せず，かわりに，1910年，ボンサーを准教授として採用し，1913年には，彼を「実科部」の技術教育部門の主任に就任させた。ボンサーは，後に，「産業科教育の父」と称される著名な人物になるのではあるが[22]，「有能な技術者」という「工業技術部」部長の先の要件からすると，明らかに異なるタイプに属し，コロンビア大学ティーチャーズ・カレッジ出身の教育学者であった。

　このように，一方で，その依って立つ足場を欠き，他方で，予定した指導者を欠く「工業技術部」は，挫折せざるをえなかったといえよう。

　ところで，こうした「工業技術部」構想の挫折は，ティーチャーズ・カレッジの技術教育分野のあり方に重大な変更をもたらさざるをえないが，この問題に対するティーチャーズ・カレッジの具体的方針を策定するうえで無視できない影響を与えたものに，「職業教育論争」があった。

　20世紀初頭の職業教育運動の高揚に伴いながら，職業教育と一般教育とのあり方をめぐって戦わされた「職業教育論争」の内容についてここで詳述する余裕はないけれども[23]，本章の課題に関わり，次の2点を指摘しておくことは必要であろう。

　すなわち，第1に，この論争の中心的論者は，一方が，デューイ (Dewey, J., 1859～1952年) であり，他方が，スネッデン (Snedden, D., 1868～1951年) であって，両者とも，当時コロンビア大学ティーチャーズ・カレッジの教授であり，いわばティーチャーズ・カレッジ内の論争という面をもっていた点である。

　そして，第2に，この論争は，具体的次元では，総合制高等学校か単独制職業学校かという中等教育の標準的学校形態の問題に関わった点は比較的知られ

ているが，同時にそれが，職業教育の教員養成と一般教育の教員養成との関係をめぐっての論争にも関わっていた面については看過されがちであったように思われる点である。

　そして，後者の問題の主な論者は，一方が，かつてティーチャーズ・カレッジの教授として技術教育分野の基礎を築いたベネット（当時イリノイ州ブラッドレ総合技術大学教授）およびボウデン（ティーチャーズ・カレッジ技術教育学科出身者で当時合衆国教育局技術教育専門官）であり，他方が，ティーチャーズ・カレッジ部長ラッセルおよびボンサーであった。この面でもまた，「職業教育論争」は，ティーチャーズ・カレッジ内の論争という性格をもったのである。

　したがって，この論争は，ティーチャーズ・カレッジにおいては，単なる論議の次元にとどまらず，その組織編成に直接作用し，結果的には，スネッデン・ラッセル・ボンサーの見解，すなわち，職業教育の教員養成と一般教育の教員養成とは両立せず，分離させた異なる養成システムで実施すべきであるとする見解にそって，技術教育分野は再編されていくことになった。

　ティーチャーズ・カレッジにあっては，折しも「工業技術部」構想が挫折していた。そして，「工業技術部」構想の眼目は，上述のように，職業教育の教員養成にあったのであって，この構想の挫折は，ティーチャーズ・カレッジにおける職業教育教員養成の断念を意味した。そして，このことは，ラッセル等の先の見解とも関わって，反面では，ティーチャーズ・カレッジとしては，一般教育における技術教育の教員養成に専念することを意味した。ところが，スネッデン等の職業教育論者は，14歳以上の青年の技術教育は，本来，職業教育としてのものであるべきだとする見解をもっていたので，そこでの一般教育における技術教育とは，14歳以下の子どもの教育，具体的には，初等学校における技術教育が中心であり，それに加えて当時次第に発達しつつあった下級高等学校のそれであった。すなわち，ティーチャーズ・カレッジでの技術教育の教員養成は，初等学校と下級高等学校での担当教員の養成に限定されることになったのである。

第1章　コロンビア大学ティーチャーズ・カレッジの形成と展開　61

　このことは当然ながら，技術教育分野の教育課程に変化をもたらした。その中でも最も重要だと考えられるのは，それまでは，工学部の教育を担当するほど充実していた実習 (shop work) 関係諸科目が，1916年度に大幅に削減されたことであろう。というのも，これを境にして，技術教育分野は縮小の一途をたどることになったからである。

　すなわち，1920年度には，1890年代から4専攻で構成されていた技術教育学科は，「技術教育」のみ専攻として残り，他の3専攻のうち，「木材加工」と「機械・金属加工」は若干の科目の開設のみで専攻ではなくなり，「製図」は図画として性格を変えて美術教育学科に吸収されていった。つまり，技術教育学科では，実習を含む教科専門科目が，ほとんど削減され，実質上，教職専門教育だけになっていったとみることができる。

　ラッセル学部長は，このことについて次のように釈明している。

　技術教育「分野の発達，とくに職業教育への関心の高まりに伴って，実習担当教員は，教員であるとともに熟練工であることが期待されるように変わってきました。しかし，我々は，そうした施設・設備をもっていないし，さらにはまた，この分野における一般教室の教員の養成に専念するという我々の方針にもそっていません。そのため我々は，高度に技術的ないし職業的な性格の実習作業のすべてを断念することを決定しました。今後，教室や設備や資金は，初等学校や下級高等学校での産業科教育を強化するために」，そしてまた，大学院教育を充実させるために充てられるでしょう[24]。

　こうして技術教育学科は，ティーチャーズ・カレッジにおける他の教科に関する諸学科とは異なり，大学院において教職専門教育のみを実施することになったのである。「メイシー工芸実習館」は名称だけが残り，内部の実習設備等はとりはらわれ，他の目的のために使用されていった。

　以上，コロンビア大学ティーチャーズ・カレッジの技術教育分野がたどった経緯は，技術教育の教員養成論にとって興味深い問題を少なからず含んではいる[25]。しかし，そのことはここでの主要な関心ではない。本章では，技術教育の分野が，大学院において教職専門教育のみを実施するようになったことと，

ティーチャーズ・カレッジの大学院化との関係が問題なのである。しかも、ティーチャーズ・カレッジの組織構成上、教科に関するその他の学科との比較でみれば、大学院において教職専門教育のみで教科専門教育を専攻として位置づけていないのは、技術教育学科だけであって、その意味では例外的なのだが、しかし、技術教育の分野は、発足当初以来、ティーチャーズ・カレッジの中では家庭科教育とならぶ重要な位置を占めてきた点において、単なる例外以上の意味を含んでいる可能性が残されており、「付加理論」に基づいているとされるこれまでの通説との関わりで、分析の対象にしたのである。

しかしながら、すでに明らかになったと思われるが、ティーチャーズ・カレッジの技術教育分野が、大学院において「技術教育」のみ専攻として残り、教職専門教育だけを行うようになったこととティーチャーズ・カレッジの大学院化とは、無関係だとは断定しきれないかもしれないけれども、しかし、大学院化が主要因であるとの根拠はなく、むしろ、理事会内の派閥の動向や当該分野の主体的脆弱性、また、当時の技術・職業教育論の状況等の諸要因が複雑に作用した結果であるととらえた方が事実に即していると考えられる。そして、このようにいえるのであれば、これまでモンローによって説明されてきた「学部段階における教養教育に大学院段階における教職専門教育を付け加える」方式がコロンビア大学ティーチャーズ・カレッジの中で唯一該当する技術教育分野は、大学院化とは相対的に区別されるいくつかの要因の作用の結果であり、コロンビア大学ティーチャーズ・カレッジ内にあっては、あくまで例外的な存在であったとみなすことができると結論づけられる。

第5節　小　括

　コロンビア大学ティーチャーズ・カレッジは、その構成員であったデューイ、キルパトリック (Kilpatrik, W., 1871～1965年)、ソーンダイク (Thorndike, E., 1874～1949年) 等の名前とともに、日本でも比較的よく知られている。また、コロンビア大学ティーチャーズ・カレッジは、アメリカ合衆国を代表する伝統的な総合大学の部局として、学部はおかず、大学院のみであることから、ハー

バード大学やカリフォルニア大学等の教育学大学院と同種のものとして論じられてきた。そして，このこと自体は事実ではあるものの，同時に，このような見方は，コロンビア大学ティーチャーズ・カレッジの歴史がもつ重要な側面を見過させてきたきらいがあるように思われる。

すなわち，あえて象徴的に表現するならば，ハーバード大学やカリフォルニア大学等が「教育学大学院 (Graduate School of Education)」になっていったのに対して，コロンビア大学が，そのようにはしないで，あくまで「師範大学 (Teachers College)」の名称にこだわり続けてきた歴史的意味が，不問にされてはこなかったであろうか。

他方，コロンビア大学ティーチャーズ・カレッジは，教員養成をめぐって対立する2つの潮流，すなわち，教職のための職業教育を目的的に与えようとする師範学校や師範大学の「教育者」並びにその理念と，一般教養及び専門的な学問的・芸術的教養を優先しようとする教養大学や総合大学の「学者」並びにその理念とを，統合しようとした「実践的な先駆」であるといわれてきた。

確かに，コロンビア大学ティーチャーズ・カレッジは，リベラルアーツの強い伝統をもち学問研究の蓄積を誇るコロンビア大学に，教員養成を目的とする師範大学を吸収したものであり，まさにそれは，大学における教員養成の貴重な実験であったとみなすことができる。

では，その実験の結果は，どのようにとらえられるであろうか。

それはまず，ティーチャーズ・カレッジの大学院化として結実したのだった。そして，大学院化の主たる側面は，学位授与権ならびに学位につながる課程の管理運営権をその中心とする権限を，コロンビア大学からティーチャーズ・カレッジに委譲させる点にあったのであって，大学院化とは，この意味で，ティーチャーズ・カレッジの自治権の確立の過程であり，そのために教育・研究水準を向上させる内部努力の過程であったといえる。

しかも，この過程で注目されることは，ティーチャーズ・カレッジの大学院化とは，組織編成の面からみるならば，学部段階の「師範大学」としての編成の特質が，実質上，そのまま維持されながら大学院段階にまでおし上げられた

かたちで成り立っているのであって，コロンビア大学ティーチャーズ・カレッジはこの点で，「教育学大学院」というよりも，まさに，大学院段階の「師範大学」だったのである。

そこでは，教職専門教育ばかりでなく，教科専門教育も充実・強化され，また，教科教育も独立した専攻として位置づけられていた。確かに，その中には，技術教育学科のように，大学院での教職専門教育のみを実施した部門がないわけではなかったが，やや詳しくみてきたように，それは，ティーチャーズ・カレッジの中では，あくまでも例外的なものであった。

ただ，ここで問題にされるべきは，こうした大学院段階における「師範大学」が，現実に果した社会的役割の点である。その当時，大学院水準の教育を教員に求める社会的要請が強くあったとは考えにくい。そして，本章だけでは，いまだ論証の不十分さは否めないけれども，少なくとも1910年代半ばのコロンビア大学ティーチャーズ・カレッジの現実的役割が，主要にはいわゆる教員養成ではなく，教育指導職養成，しかも，教育指導職一般ではなく，より直接的には，指導主事養成であったことは刮目されてよい。「教育学大学院」ではなく，大学院段階の「師範大学」の社会的存立基盤が，奈辺にあったかを探る上で有力な手がかりの1つになると思われる。

また，視点をかえれば，教員養成機関としての組織編成を維持しつつ大学院化したコロンビア大学ティーチャーズ・カレッジが，いくつかの課題を内包しつつも順調に発展してきたことは，いわばその内部努力だけで説明できるはずはなく，教育指導職，より直接的には，指導主事を中心とするそれが，アメリカ社会において，教育専門職として制度的に確固たる地位を築いてくる過程が背後にあるのであって，このことを看過して，アメリカ合衆国における教員養成機関の大学院化を理解することは不可能であると考えられる。

注
1) 小野次男『アメリカ州立師範学校史』学芸図書，1987年，序章。同「American Teachers collegeの成立について」『日大人文科学研究所研究紀要』第8巻，1965年等。

2) Kandel, I. L., *American Education in the Twentieth Century*, 1957, p.208.
3) 三好信浩『教師教育の成立と発展』東洋館出版, 1972年, p.7。
4) Monroe, W.S., *Teaching-Learning Theory and Teacher Education 1890 to 1950*, 1952, p.317. なお4類型のうちの第2類型とは, 教員教育を目的とする大規模な4年制の独立した教育学部 (カレッジ) が主要な部分を占め, 大学院段階は1つの学科規模にとどまり, 教育学部の管理下で教養教育と教職専門教育を結合させるという理念に基づくもの。オハイオ州立大学やミネソタ大学等が該当する。また第3類型とは, アイオワ州立大学の教育部に代表され, 実態としては独立したカレッジというよりむしろ教養カレッジ内の1つの部であり, 学位授与権をもたず専ら教職課程として機能しているもの。そして第4類型とは, ミシガン大学等の場合であり, 第2類型と第3類型の中間形態として位置づく。
5) コロンビア大学ティーチャーズ・カレッジの通史としてはCremin, L. A., Townsent, M. E., & Shannon, D. A., *A History of Teachers College, Columbia University*, 1954, 人物に焦点をあてたものとしてWhittemore, R. W., *Nicholas Murray Butler and Public Education*, 1970, や Toepfer, K. H., *James Earl Russell and the Rise of Teachers College 1897-1915*, 1966, 技術教育分野に関してはWygant, F. L., A History of the Department of Fine and Industrial Arts of Teachers College, Columbia University, 1959 等がある。また当事者の執筆したものに Dodge, G. H., A Brief Sketch of the Early History of T. C., 1899, Butler, N. M., The Origins of Teachers College and Horace Mann School, 1927, Russell, J. E., Founding Teachers College, 1937 等がある。
6) Cremin, Townsent & Shannon, *A History of Teachers College, Columbia University*, New York, NY., Columbia University Press, 1954, pp.10-18
7) 1st Annual Report of Industrial Education Association, 1885, p.25.
8) 3rd Annual Report of Industrial Education Association, 1887, pp.16-18.
9) Cremin, Townsent & Shannon, *op. cit.*, p.21.
10) 4th Annual Report of the President and Treasurer of IEA., 1888, pp.10-15.
11) TC Circular of information 1893/94, 1893, pp.19-32.
12) Columbia University, Agreement between the Trustees of Columbia College and Teachers College, New York City, 1898, p.6.
13) TC Announcement, 1938/39, p.15.
14) TC Announcement, 1934/35, p.6. なお, M. Ed 学位については1963年度に初めて明記。
15) 小野次男, 前掲論文, pp.294-289.
16) 岩下新太郎編者『教育指導行政の研究』第一法規, 1984年。木村力雄編著『日米教育指導職の比較史的研究』1987年。伊藤敏雄「1920年代におけるアメリカの教育指導行政と指導主事制度」『皇学館大学紀要』第22号, 1984年。

17) TC Circular of information, 1893〜1898, TC Announcement, 1899〜1908, TC Extension Syllabi, Series A, No. 26.
18) 田中喜美「C. A. Bennett の技術教育論に関する一考察」日本教育学会 46 回大会, 1987 年, 発表資料。
19) J. E. Russell Papers, Series 6, No. 4.
20) Cremin, Townsent & Shannon, op. cit., Part 1.
21) J. E. Russell Papers, Manual Training (Head of), Series 6-539.
22) Ohles, J. T. (ed.), *Biographical Dictionary of American Educator*, 1978, Vol.1, p.149.
23) Wirth, A. G., *Education in the Technological Society : The Vocational-Liberal Studies Controversy in the Early 20th Century*, 1980, 草谷晴夫『職業教育の社会基底』雇用問題研究会, 1976 年等参照。
24) Quoted by McPherson, W. H., Frederick Gordon Bonser, Unpublished Doctoral Dissertation, U. of Maryland, 1972, p.265.
25) この点では Buffer, J. J., Graduate Education in Industrial Arts, *28th Yearbook of ACIATE*, 1978, pp.290-325, Smith, D. F., Industrial Arts Founded, *30th Yearbook of ACIATE*, 1981, pp.165-204 等参照。

第2章

コロンビア大学ティーチャーズ・カレッジにおける技術教育教員養成の挑戦と挫折

第1節　問題の所在

　本章では，コロンビア大学ティーチャーズ・カレッジの形成過程をたどった前章での内容を前提にして，同カレッジにおいて営まれた技術教育の教員養成の問題に焦点を絞って検討したい。

　ニューヨーク市のコロンビア大学ティーチャーズ・カレッジが，19世紀80年代から，技術教育のための教員養成のシステムを整備していき，1898年に，技術教育の教員養成システムを，大学における教員養成として世界で最初に成り立たせたことは，その先駆性や役割の重大さの点で，世界教育史的意義をもつものと考えられる。この年，同カレッジは，それまで単科のティーチャーズ・カレッジであったものが，コロンビア大学という総合大学のシステムに入ることによって，従前は，「修了証」のみであったものが，これに加えて，順次，学士号 (B.S.)，修士号 (M.A.)，博士号 (Ph.D.) の学位も取得可能にしていった。実際にも，1910年から学士号取得者が技術教育分野で登場し，1914年には博士号取得者もでている[1]。

　他方，技術および労働の世界への手ほどきとされる普通教育としての技術教育の概念は，近代社会が産みおとしたものである。また，それは制度的にも19世紀第4四半期から，北欧や西欧，北米，日本などの諸国で，公教育として実現されてくる。同時に，近代社会の現実にあっては，学校教育と教養とは何よりも労働からの脱出のパイプ役を果たす一面をもつので，技術および労働の世界への手ほどきである普通教育としての技術教育は，つねに矛盾をはらみ，「初等・中等・高等教育のいずれの段階でも，公教育と近代社会ではひとつの鬼子である」[2]とさえいわれる。そして，普通教育としての技術教育のこの矛

盾的性格は，それを担う教員の養成のあり方にも反映せざるをえない。コロンビア大学ティーチャーズ・カレッジも，これを免れることはできなかった。

本章は，技術教育のための大学における教員養成を世界に先駆けて実現したアメリカ合衆国のコロンビア大学ティーチャーズ・カレッジでの技術教育教員養成の営みの生成・展開・消滅過程を分析することによって，近代社会における普通教育としての技術教育の教員養成がはらむこの歴史必然的な問題構造の特徴とその教育史的意味を検討しようとするものである。

ところで，もちろん，アメリカ合衆国でも，技術教育の教員養成が，最初から大学で行われたわけではない。他の分野同様，それは師範学校で着手された。ニューヨーク州立オスウィーゴ師範学校（1880年から），マサチューセッツ州立ブリッジウォータ師範学校（1881年），ウィスコンシン州立ホワイトウォータ師範学校（1883年）等が，先駆的事例として知られている。

ただし，これらの取り組みは，初等学校教員の養成教育の一部として，道具の使用法や工作教授等を位置づけたものであって，技術教育の専科の教員養成を行っていたわけではない[3]。

この当時，技術教育の専科の教員養成を担ったのは，技術学校や手工高等学校等であった。ウースタ総合技術学校（マサチューセッツ州，1868年開校），マサチューセッツ工科大学附属機械技術学校（1876年），ワシントン大学附属セントルイス手工高等学校（ミズーリ州，1880年）等が代表例である。これらの学校の卒業生の相当部分が，主に中等学校での技術教育の教員になっていった。また，ボストン・スロイド養成学校（1888年）は，とくに初等学校での技術教育の教員養成という点で小さくない役割を演じた[4]。

しかし，これらの学校は，技術教育の教員の供給源としては，教員養成の制度が整備されてくるまでの過渡的なものであった面は否めない。

他方，1917年にスミス＝ヒューズ法が制定される以前であっても，総合大学での技術教育の教員養成は，コロンビア大学が唯一であったわけではない。その創基をデューイの在任中にまでさかのぼることができるシカゴ大学での取り組みや，1912年に技術教育のための4年制課程を発足させたマイアミ大学（オ

ハイオ州）等が知られている。

　しかしながら，アメリカ合衆国での大学における技術教育教員養成の発展，中でもその形成期にあたる1930年代[5]までの時期における，コロンビア大学ティーチャーズ・カレッジの役割の重大さは，他の追随を許さなかった。

　アメリカ合衆国では，1930年代に入ると，ミシシッピヴァリ会議[6]において産業科教育の教育課程指針が定められる等に示唆されるように，技術教育の研究と教育の中心が，ニューヨーク州やマサチューセッツ州等のいわゆる東部地域から，イリノイ州（例えばブラッドレ総合技術大学等），ウィスコンシン州（例えばスタウト大学等），オハイオ州（例えばオハイオ州立大学等）あるいはミズーリ州（例えばミズーリ大学等）などの中西部の地域に移っていったとみられる。

　しかし，ブラッドレ総合技術大学における技術教育の教員養成の基礎を築いたベネットをはじめ，スタウト大学での同様の基礎を築いたメイソン (Mason, J. M.)，オハイオ州の技術教育の基本計画としてよく知られるオハイオプランを策定しオハイオ州立大学技術教育部の基礎を築いたウォーナー (Waner, W. E.)，技術教育のための作業分析で著名なミズーリ大学のセルヴィッジ (Selvidge, R. W.)，ミシシッピヴァリ会議の重鎮ボウデン (Bawden, W. T.)，あるいは上記マイアミ大学での営みの中心ホワイトコム (Whitecomb, F. C.) 等々，そこでの中心的役割を担った人物の多くが，コロンビア大学ティーチャーズ・カレッジの出身者や関係者であった。こうして，コロンビア大学ティーチャーズ・カレッジは，アメリカ合衆国での大学における技術教育教員養成の形成過程で，そのパイオニアとして指導的役割を果たし，技術教育のための大学における教員養成をアメリカ社会に定着させる基盤を構築したといって過言でない[7]。

　しかしながら，こうしたコロンビア大学ティーチャーズ・カレッジにおける技術教育の教員養成は，1930年代に入るや否や急転し，消滅の途をたどることになった。現在では，学位 (M.A. と Ed.D.) の分野として，大学便覧にかろうじてその痕跡を留めるのみである。家庭科や音楽科や美術科等，他の教科教育分野の関係学科・講座は，今日でも維持され続けているのに，技術教育のみが

浮沈を経験した。

　このコロンビア大学ティーチャーズ・カレッジでの技術教育分野がたどった経緯を分析するとき，そこには，一大学での経験を越えた，技術教育の教員養成がはらまざるをえない問題構造の1つの典型が表出していると考えられる。

　そこでまず，同カレッジが樹立した技術教育の教員養成のシステムからみていこう。

第2節　技術教育教員養成システムの原型の樹立

1　ティーチャーズ・カレッジの形成過程

　ここで再度，コロンビア大学ティーチャーズ・カレッジの形成過程を振り返っておこう。

　同カレッジは，1880年に，ニューヨーク市の移民の子どもたちに対する社会事業団体として発足した台所園協会の活動に由来する。そして，1885年同協会は，「産業教育についての知見を収集・流布し，産業教育に対する世論の喚起を促す」（規約第二条「目的」の第一項）[8] 等を目的とする産業教育協会に発展的に改組，その活動の一部門として，家庭科教育と技術教育の教員養成を目的とする師範学級を経営した。さらに，産業教育協会理事会は，1887年，これを整備して専門職養成学校へ昇格させるべく，教員養成大学設立を決定し，その学長に，コロンビア・カレッジの哲学教授バトラー（Butler, N. M.）を招聘した。

　バトラーは，1888年の『学長年次報告』[9] で，同カレッジに関し次のように宣言した。

　第1に，カレッジは，その本来の課程，附属模範学校（model school），および労働者のための特別学級の三部門の教育活動を行う。

　第2に，カレッジは「師範学校ではなく，法学校・医学校・神学校と並ぶ厳密なる専門職養成学校である。」

　第3に，カレッジの教育課程は2年制であり，それは「心理学に基づき，教育の科学と歴史，手工科（manual training）を含む教科の教授法，模範学校での

観察と教育実習，幼稚園の理論と実践，簡単な説明用装置の製作を含む自然科学，ならびに歴史学を含んでいる。」

第4に，カレッジへの入学資格は，18歳以上で正規の高等学校ないしアカデミーを卒業し，入学試験に合格した者か，師範学校ないし他のカレッジを修了した者である。

こうしたカレッジに対して，翌年ニューヨーク州立大学理事会から，基金を10万ドルに増額するという条件づきで暫定憲章が与えられ，ニューヨーク教員養成大学と改称，1891正式な憲章授与に伴い，ティーチャーズ・カレッジとなった。さらに1898年，コロンビア大学との間に編入の協定が結ばれてコロンビア大学ティーチャーズ・カレッジとなり，その後は次第に，大学院教育を充実させながら，1925年には，大学院段階を基本にした専門職養成学校へと展開していった。

そして，技術教育の教員養成の教育システムは，ベネットがその基本を構築し，それを再度着任したリチャーズが学士号授与課程として整えたとみることができる。

2 ベネットによる教員養成の教育課程

単科のティーチャーズ・カレッジ段階(1891〜1897年)での同カレッジの組織は，名称の若干の変更はあるものの，基本的には，(a)教育史・教育心理，(b)教授科学・教授法，(c)幼稚園，(d)自然科学，(e)家庭，(f)手工，(g)美術，(h)音楽，(i)体育，(j)英語・英文学，(k)ラテン語・ギリシャ語，(l)歴史の12学科で構成されていた。

そして，この段階の到達点とみられる1894年度『ティーチャーズ・カレッジ案内』[10]によれば，同カレッジの教育課程は変則的な四年制であり，その基本は後半二年間の専門課程(professional course)にあった。前半2年間は予備課程(introductory course)とされ，入学試験は専門課程に入る時点で行われた。カレッジや同水準の技術学校等の学生は，予備課程を履修しなくても試験に合格すれば専門課程への入学が許可された。

技術教育分野に問題をしぼれば，手工の修了証を取得するためには，学生は，専攻Aまたは同Bに属し，指定された科目を修得しなければならなかった。専攻Aは，初等学校や中等学校低学年の手工の教員養成のための課程，同Bは，高等学校または同程度の学校での手工の教員養成のための課程とされた。

専攻Aの場合，予備課程第1学年は，英語（週3単位時間，1単位時間は40分，1年34週で2期制，以下カッコ内は同様），数学（3），歴史（3），物理・化学（7），体育・音楽（5），外国語（4），製図（4）の7科目，第2学年は，英語（3），美術史（2），体育（2），フリーハンド図（4），粘土工作（4），陰影法（4），①製図（4），③中等学校用製図・木材加工（8），⑥木彫［選択］（4）の9科目が指定された。

そして専門課程に入ると，第3学年では，全学生が履修する学科共通科目の心理学（3），教育史（2），教授法（2）の3科目に加えて，体育（2），装飾史（2），上級粘土工作［選択］（4），②初等学校用製図・木材加工基礎（4），⑤上級製図［①の発展］（4），⑦上級木材加工［③の発展］（4），学科協議会（2）[11]の7科目，計10科目，第4学年では，体育（2），上級心理学（1），上級教授法（1），上級陰影法［選択］（4），デザイン（2），彩色［選択］（2），⑥木彫（4），⑫建築製図（4），⑬手工教育の歴史と原理（1），⑭初等・中等学校のための施設設備とその設計（1），⑮観察・教育実習（2）～（6），学科協議会（2）の12科目が指定された。

専攻Bの場合，予備課程第1学年は，上記Aと共通，第2学年は，英語（3），歴史（3），美術史［選択］（2），数学（3），体育（2），フリーハンド図（4），粘土工作［選択］（2），①製図（4），⑥木彫［選択］（4），⑧木工旋削・木型製作・鋳造（4），⑨金属加工［手加工：選択］（6）の11科目が指定された。

そして専門課程に入ると，第3学年では，学科共通科目の心理学（3），教育史（2），教授法（2）の3科目に加えて，体育（2），装飾史（2），⑤上級製図［①の発展］（4），⑦上級木材加工［③の発展］（4），⑨金属加工［手加工］（6），⑩金属加工［機械加工：選択］（6），学科協議会（2）の7科目，計10科目，第4学年では，体育（2），上級心理学（1），上級教授法（3），デザイン（2），⑥木彫

［選択］(4)，⑩金属加工［機械加工］(6)，⑪機械製図［選択］(4)，⑫建築製図 (4)，⑬手工教育の歴史と原理 (1)，⑭初等・中等学校のための施設設備とその設計 (1)，⑮観察・教育実習 (2)～(6)，学科協議会 (2) の 12 科目が指定された。

なお，上記指定科目の内，①～⑮の 15 科目が，手工学科が開設したものである。また，これらを担当する手工学科のスタッフは，教授ベネット，准教授メイソン (Mason, J. H.)，木材加工指導員 (Instructor)，製図指導員，木彫指導員，手工指導員の 6 名だった。

専門課程に着目すれば，「修了証」取得のためには，単位時間換算（選択は二分の一で換算）で，専攻 A が 53 単位時間，同 B が 58 単位時間となる。専攻 B の方が 5 単位時間多い。また，内容をみると，A・B とも体育以外は全ていわゆる専門科目で編成されている。

この内，教職専門科目 (professional subject) は，両専攻とも共通であり，19 単位時間である。これに対して，教科専門科目 (technical subject) は，製図，木材加工，機械・金属加工，美術の 4 分野で構成され，製図と木材加工に関しては，概ね共通しているが，これに加えて，専攻 A では美術に，専攻 B では，機械・金属加工に，相対的に重点かおかれている。

そして，ここでとくに注目すべきは，手工専攻固有の教職専門科目として設けられている 2 科目であろう。

第 1 は，「⑬手工教育の歴史と原理」である。ここには，単なる教授法の指導に止まらないで，技術教育の営みを学問的に整え，それに基づく教員養成を構築しようとするベネットの姿勢が示唆されていると考えられる。

科目「⑬手工教育の歴史と原理」は，ベネット自身が担当し，その 1894 年度の内容は，「手工教育の理念の起源と発展，スウェーデン・ドイツ・フランス・イギリス・アメリカでの手工教育の諸特徴，初等・中等学校のための教育課程と施設設備の研究，アメリカの教育制度における手工高等学校の位置とその顕著な特徴」で構成された。

また，同年の公開講座では，「手工教育思想の 6 つの発展段階，手工教育に

おけるロシア法，スウェーデンのスロイド，手工教育におけるグループ法」12)の内容であった。

　ちなみに，ベネットは，ブラッドレ総合技術大学に転出後も同様の科目を担当し続け，こうした講義内容を基礎に，古典的名著『手工・産業教育史』上下二巻本を公刊した。その上巻の序文でベネットは，「今日に到る手工・産業教育の発展の歴史的背景を学生に適切に理解させる上で長年直面してきた困難と，こうした歴史的背景は現在の公教育が抱える諸問題を適切に把握させる上で不可欠であるという信念が，本書の準備に着手させた。」13)と述べ，技術教育の教員養成にとって，技術教育史の重要性を指摘している。

　第2は，「⑭初等・中等学校のための施設設備とその設計」である。ここには，上記科目ともあいまって，広い視野に基づき，施設設備や経費等を含む技術教育の全職域を自律的に管理運営できるような教員養成が志向されていたことが示唆されている。いいかえれば，専門職養成としての教員養成がめざされていたといえる。

　科目「⑭初等・中等学校のための施設設備とその設計」の1894年度の内容は，「敷地・配置・区割・必要な部屋・使用目的・採光・換気・熱効率・動線・利便を考慮した各部屋の規模と配置に関わる設計，教育活動に必要な道具と機械，道具・機械類の購入時期と購入方法，および用途・便利さ・安全な操作に関するそれらの取り扱い，原動機の選択・シャフトの配置・つり材の種類・ベルトその他の必要物，責任の明確化・座学と実習の時間配分・技師と管理人と教員の責務，座学や実習での使用材料の経済的で効率的な経営」というものであった。

　こうしてベネットは，技術教育の教員養成における教科固有の教職専門科目を，教授法に加えて，技術教育の歴史・原理論，ならびに施設設備論の三本柱で構成するという教育課程の基本的枠組みを整えていった。

　ただし，技術教育の教員養成の教育システムに関して，ベネットの貢献としてもう1つ見過ごしてはならないものがある。それは，技術教育の教員養成のための実習室（shop）の整備である。彼は，1894年，自らの設計に基づいて，

地下1階，地上4階建てのメイシー工芸実習館を完成させた。すでに言及したが，これは，アメリカ合衆国の教育系大学における最初の工作実習施設として知られる。

この実習館の地下には，鍛造実習室，鋳造実習室の外に，原動機室，材料・修繕室，1階には，機械工作室，木工旋削・木型製作室，講義室，図書室，事務室，2階には，木材加工室，木彫室，初等学校で使用する作業台を備えた教室，高等学校用の製図室，3階には，大学用の製図室，粘土工作実習室，講義室，4階には，美術学科関係の事務室，講義室，図画と絵画のためのスタジオが配置された。そしてこうしたメイシー工芸実習館は，「施設設備の構成や配置の点で多くの教育機関のモデルになった」とされている[14]。

3 リチャーズによる教員養成の教育課程

コロンビア大学ティーチャーズ・カレッジとなった同カレッジの最初の10年間(1898〜1907年度)，技術教育分野を中心的に担ったのは，ベネットのブラッドレ総合技術大学への転出に伴い，プラット工科大学(ニューヨーク市)から再度着任したリチャーズであった。

この段階の到達点とみられる1907年度『ティーチャーズ・カレッジ学報』[15]によれば，前節の専門課程にあたる2年課程が，学士号(B.S.)授与課程になっており，予備課程は営まれなくなった。中等学校修了後，カレッジ，理学校，師範学校，技術学校等における認証された少なくとも2年間の課程を修めた者が，書類審査によって入学を許可された。

入学学生(matriculated student)は，学士号および「修了証」を取得するためには，基礎課程，専攻必修科目，選択科目の合計で60単位の修得が必要であり，学士号と「修了証」の取得要件は同一であった。またこの課程への入学要件を欠く者でも，基礎課程および専攻必修科目の全単位を修得した場合には，「当該分野の能力を証明する」特別修了証が授与された。

教育課程は，単位制が採用され，講義は15時間(1時間は60分)で1単位，実験や実習は30時間で1単位とされた。入学学生は，年間最低24単位の修得

が義務づけられていた。

　基礎課程は，「一般・教育心理学」(6単位，以下同様)，「教育の歴史と原理」(6)の2科目12単位であった。専攻は，全体で29あり，手工学科関係は，第23専攻「初等学校における手工教育」，第24専攻「中等学校における手工教育」，第25専攻「手工教育の管理(supervision)」の3専攻が設けられていた。

　また，この段階での手工学科は，次の18科目を，教授リチャーズを含め，8人のスタッフで開設していた。①手工教育の理論と実際(6)，②産業教育行政(4)，③初等学校低学年の工作教育(6)，④初等学校のための木材加工(8)，⑤基礎製図(4)，⑥基礎製図［美術学科学生向け］(2)，⑦応用デザイン(4)，⑧施設設備の設計と費用(2)，⑨産業史(6)，⑩中等学校のための木材加工(8)，⑪設計(2)，⑫木工旋削・木型製作(7)，⑬鋳造(3)，⑭鍛造(10)，⑮機械工作(10)，⑯上級製図(4)，⑰木彫(4)，⑱金属加工［打出し・塗装］(4)である。

　そして，第23専攻「初等学校における手工教育」は，①③④⑤⑦の5科目28単位と美術学科の開設する「デザイン原理」2単位，計6科目30単位が専攻必修科目であった。

　第24専攻「中等学校における手工教育」は，①，③の2単位分，⑤⑩⑪⑫⑬，⑭か⑮の内1科目，と美術学科の開設する「デザイン原理」2単位，計9科目44単位であった。これと基礎課程を合わせると56単位になり，選択科目は4単位にすぎない。

　第25専攻「手工教育の管理」は，①②，③の2単位分，⑦⑨⑪と美術学科の開設する「デザイン原理」2単位および教育学科の開設する「教授の批判と管理」4〜6単位，計8科目30〜32単位が専攻必修科目であった。

　残り4〜18単位が選択科目ということになる。文字通り，学生の選択によったが，「選んだ専攻の上級科目を履修すべきである」や「手工専攻学生は，家庭科や美術科の開設科目を選択することを勧める」等の但し書きは認められる。

　こうしたリチャーズによる教育課程を，ベネットの時期の専門課程と比べると，学位授与課程となったこと，単位制の導入により教育課程の形式的な単純化が図られたこと，教育指導職関連の専攻がたてられたこと等の重要な変化は

認められるけれども，技術教育の教員養成としての教育課程の内容構成の点では，実質上，基本的な変更はみられない。見方をかえれば，教員養成の専門課程の学位授与課程化は，同カレッジの場合，それまで練りあげてきた教育課程の内容を単位制に置換し，コロンビア大学の他の学位授与課程と同等であるという整合を図ることで実現されたのであって，専門課程の目的や性格の変更を伴うものではなかった。むしろ，各専門科目の時間数の拡大による内容の広がりや新科目の増設等によって，専門職養成の性格が一層強化されたといえる。

例えば，手工の3専攻に固有の教職専門科目をみると，科目名等の変化はあるものの，内容構成上の変更は少ない。従前の「⑮観察・教育実習」は廃止されたかにみえるけれども，「①手工教育の理論と実際(6)」の2単位分として位置づけられている等である。そして，同科目の1907年度の観察・教育実習を除く4単位分の内容は，「教育における手工科の位置，手工科と社会生活・子どもの本性・教育課程との関係，教育内容と方法をめぐる課題，指導計画の開発，初等学校の各学年での工作実習，高等学校における手工科，その教育課程と方法をめぐる問題，手工科と産業生活の関係」で構成された[16]。

同時に，「②産業教育行政(4)」の内容は，「初等学校の手工科の編成，初等学校の施設設備・経費・設計，合衆国における手工科の歴史と実践，スウェーデン・フランス・ドイツ・ロシアにおける手工科の歴史と実践，高等学校での手工科・その教育課程編成・教育方法と実践，教育的観点および経済的観点からの産業教育，職業学校の役割と組織・補習学校の実際，少年鑑別所での産業訓練，欧州の産業・職業教育」で構成された。

さらに，「初等学校および中等学校での手工科の施設設備と材料に関する経費の研究を行う」とされた「⑧施設設備の設計と費用(2)」の内容，加えて，技術と産業の社会的側面を扱う「⑨産業史(6)」の科目新設等をみるとき，専門職養成という面での教育課程の充実は明らかであろう。

こうしてコロンビア大学ティーチャーズ・カレッジは，1907年までに，ベネットとリチャーズによって，アメリカ合衆国での大学における技術教育教員養成システムの原型を樹立したといえる。ちなみに，1918年全米調査によれば，

学士号授与課程として技術教育教員養成を実施している事例とされたコロンビア大学ティーチャーズ・カレッジはもちろん，他の8大学（オハイオ州立，マイアミ，スタウト，ウィスコンシン，ミズーリ，ペンシルヴァニア州立，インディアナ州立，ブラッドレ総合技術）全てにおいて技術教育固有の教職専門科目は，技術教育の教授法，歴史・原理論，施設設備論で構成されていた[17]。

第3節　産業技術部から実科部へ

1　ラッセルによる産業技術部の構想

ところで，すでに指摘したように，ベネットやリチャーズのもとに整備されてきたティーチャーズ・カレッジの技術教育分野は，1910年代，劇的な変化を被る。それは，1910年度，教育部および家庭科部とならぶ産業技術部 (School of Industrial Art) へと改組，1912年度には家庭科部と統合して実科部 (School of Practical Arts) の一学科となり，さらに，1915年には，技術教育分野に関する同カレッジの方針転換に遭遇することになる。そして，この過程には，1897年以来の学部長であったラッセルが少なからず関与していた。

産業技術部の構想は，まさにラッセル学部長の意向によるものであった。1908年12月16日付けで，コロラド大学工学部長ケッチャム (Ketchum, M. S.) に宛てた彼の書簡は，ラッセル構想を知る上で興味深い[18]。彼は，産業技術部について以下のように述べている。

「私は，いま，手工教育と産業訓練の活動に関連して，産業技術部の設立を考えています。それは，公立学校の全ての段階における手工教育の教員養成とともに，全国的に急増している新しい学校のために産業技術や職業教育の教員の養成も行おうとするものです。現在，われわれの手工教育の課程には，百数十名の学生がおり，その大部分は，師範学校や技術学校の卒業生か2年ないしそれ以上カレッジ教育を受けた学生です。この課程は2年制です。他方，ほぼ500名の学生が，夜間課程で，蒸気機械や電気機械，建築や建設に関わる職業を補う科目を学んでいます。彼らの主要な目標は，準技師やフォアマンといった職位に昇格することです。工学分野の実際の授業は，コロンビア大学工学部

の指導員が行い，補足的な教養科目を我々が担当していますが，この活動の全てをティーチャーズ・カレッジが専管しています。これまで，われわれは，これらの青年に対して教職に誘うような努力はしてきませんでした。しかし，彼らの様子や授業でのすぐれた成績から判断すれば，彼らは，様々な種類の産業技術や職業教育の教員のための最も可能性に富む供給源であると確信します。彼らは，徒弟経験をもち，多くは熟練労働者です。彼らは皆，熱心で野心的です。それゆえ，われわれは，比類ないようなすぐれた産業技術の学校を樹立し，全国に広く教員を供給するためのまたとない条件と機会を携えているといえます。」

前述のように，ティーチャーズ・カレッジは，その前身から，大学拡張教育として労働者に対する夜間課程を重視し営んできた。ラッセルは，これを基礎に，主に普通教育としての技術教育の教員養成を目的とした既設の二年制の専門課程に加えて，当時需要が高まってきていた職業教育としての技術教育の教員養成をも行う組織として，産業技術部を構想していたことがわかる。

そして，ラッセルは，この新たな産業技術部を担う指導者の人選を重視し，「工学教育をうけ，産業の現場に精通し，商工業問題に広く関心があって，現場労働者への共感をもちうる人物」，すなわち「社会的視野と使命観をもつ非常に有能な技術者」(同書簡)を招聘しようとした。いわば，ウースタ総合技術大学出身のベネットやマサチューセッツ工科大学出身のリチャーズのようなタイプの人物を求めていたといえ，その候補者がケッチャムであった。

他方，ラッセルは，『1910年度学部長年次報告』(1910年11月28日付)[19]で，産業技術部に関し，次のように，その設置経緯を述べている。

「手工学科は，カレッジに最初に置かれたものの一つであり，設立時から理事会による強い支持と熱心な奨励を受けてきた。しかしその成果は，この学科のために費やされた経費に相応しくないし，教育効率の点で，設立者達の期待を実現していないことも指摘しなければならない。常に，手工教育に在籍する学生は少ないし，手工の分野で顕著な成功を達成した者は，ほとんど取るに足らない数である。……(中略)

ところで,ティーチャーズ・カレッジは,産業や職業の教員を養成するすぐれた学校の核になるものをすでにもっている。すなわち,われわれには,500人の青年が学ぶ夜間学校がある。……教員の養成には,現在提供しているものに若干加えるだけでよい。それは,職業を教える理論と教育実習を含んだ教育課程を編成することである。われわれは,大きな出費を伴うことなく,これを行うことができる。現在遂行されている計画が完成した時,われわれは,産業技術部が,カレッジの他の部局と肩を並べているのをみるであろう。」

このように学部長ラッセルは,ベネットやリチャーズのもとでの手工学科に対して,経費の割には在籍学生や卒業生の数が少ないとその実績を問題視し,この問題を解決する手段として,既存の夜間課程の活用を柱にした産業技術部の設置に踏み切ったといえる。ラッセル自身が先の書簡で述べるように,手工教員養成のための2年制の専門課程には当時100人余の学生が在籍しており,これを少ないとして問題視するかはともかく,大学拡張の夜間課程に学ぶ青年労働者に,教授の原理や方法に関する内容を提供することによって職業教育の教員養成を行う方式は,ウィスコンシン大学で着手され,スミス゠ヒューズ法の制定後は,同法によりながらインディアナ大学等に拡がっていったものであり,根拠のないものではなかった[20]。

それでは,こうした産業技術部構想の現実はいかなるものであったか。前章で言及した内容を敷衍しながらみていこう。

2 産業技術部の現実

1911年度『ティーチャーズ・カレッジ学報』によれば[21],リチャーズの時期の手工学科と比較した産業技術部の第1の特徴は,人的条件の整備が格段に進んだことである。

産業技術部には,教授団構成員として,教授ルーク(機械工学),准教授ボンサー(産業教育),准教授ノイズ(加工技術)の3名の他に,指導員が24名所属していた。これ以前は,6〜8名の構成員であり,この点では拡充されたといえる。

同時に注意すべきは，教授ルークの存在である。なぜなら彼は，機械技師であり，先にみたラッセルによる産業技術部の指導者像である「有能な技術者」に該当はするけれども，彼は，コロンビア大学工学部教授でもあった。すなわち，学部長ラッセルは，ケッチャムを含め，彼の求めた要件に合う専任の教授の招聘に失敗し，産業技術部は，運営を直接担う指導者を欠いて発足したことになる。

　産業技術部の第2の特徴は，リチャーズの時期の3専攻に加えて，「職業学校および産業学校での教員資格」を取得するための課程が新設されたことである。

　この課程は，「実習教諭になることを望む専門の機械工や職工を対象に，全日1年制の特別カレッジ課程ないし3年制の夜間課程で行われる」とされ，大学拡張の夜間課程を活用した職業技術教育の教員養成を目的とするもので，ここにラッセルによる産業技術部構想の眼目があった。そこでは原則として30単位（熟練労働者は6単位までの控除措置があり最低では24単位）の修得が必要とされ，教育課程に関しては，必修科目として，①中等・職業学校での産業科教育の理論と実際(3)，②商業英語または英語(3)，③製図(4)，④三角法・上級代数・幾何(3)または産業数理(4)，⑤産業史または産業地理(3)，⑥専門分野の実習(4)，計6科目20～21単位，選択科目として，木材加工，金属加工，機械，電気の4分野の中のいずれかの科目を履修するとされた[22]。

　これに対し既設の3専攻は，「初等学校での産業科教育」「中等学校での産業科教育」「産業科教育の管理」と，名称が手工教育から産業科教育に変わっているが，内容的には従来のままであったといえる。教育課程も，リチャーズの時期のものと科目構成や内容等の点で基本的な違いはなく，60単位の修得が必要とされた。

3　実科部への統合

　こうして発足した産業技術部は，すぐに再編されることになる。1912年，産業技術部は家庭科部と統合されて実科部の中の一学科となり，ティーチャー

ズ・カレッジ全体としては，教育部と実科部の二部制（1932年度まで）となった。

実科部は，産業技術学科をはじめ，家庭科，美術，音楽，体育，看護・保健，実践科学の全7学科からなり，これらの分野の「高度な種類の職業準備」とともに，「教育部と連携して」当該分野の教員養成を行う4年制の大学教育機関として設立された[23]。

すなわち，この再編は，一方で，教員養成とともに，技術や看護等の職業分野への準備教育それ自体を目的に加え，他方で，4年制にして予備課程を復活させる措置であった。学士号取得には，一般科目，専攻の専門科目，選択科目の合計で124単位の修得が必要とされた。

この再編に伴い，技術教育分野でも，既存の3専攻に加えて，教員養成ではない専攻を3専攻増設した。設計製図，木材加工，金属加工の3専攻である。

設計製図専攻は，一般科目40，専門科目50，選択科目34単位の修得が要件とされ，同様に，木材加工専攻は，46，52，26単位，金属加工専攻は，38，47，45単位の修得が要件とされた[24]。

同時に，教員養成に関わる既設の3専攻は，形式上では，教育部に位置づけられたが，入学要件，学士号取得要件，教育課程等は，従前のものがそのまま維持された[25]。

そして，人的には，産業技術学科は，教授団の構成員として，教授ルーク，准教授ボンサー，准教授ノイズに加えて，准教授スレッフェル（Sleffel, C. C.）と准教授ウエイク（Weick, C. W.）の2名が増員された。設計製図専攻をウエイク，木材加工専攻をノイズ，金属加工専攻をスレッフェルが担当，教育関係の三専攻をボンサーが担当した。ただし，教授団は，こうして5名に拡充されたが，指導員は，24名から7名に削減された。

ところで，実科部への統合に伴い，産業技術部構想の眼目であった夜間課程の活用による職業教育としての技術教育の教員養成は，事実上，棚上げされたとみられる。

というのも，1912年度『実科部学報』には，夜間課程用の記号の付記された科目が，設計製図等の3専攻ごとに掲載され，職業教育としての夜間課程そ

のものは運営されていたと思われるものの，産業技術部における「職業学校および産業学校での教員資格」取得の課程に該当するものは，『実科部学報』および同年度『教育部学報』では，「1年制専門課程」(74頁と106頁)とされているからである。前掲の「実習教諭になることを望む専門の機械工や職工を対象に，全日1年制の特別カレッジ課程か，あるいは，3年制の夜間課程で行われる」との産業技術部規程のうち，夜間課程の部分が削除されたと考えられる。

　この理由等に関し公式な見解は見出せない。しかし，1915年までにティーチャーズ・カレッジの夜間課程をコロンビア大学拡張室の権限に移管する措置がとられることと無関係だとは考えられない[26]。そして，これらは，技術教育分野をめぐって，これまでとは異なる一連の政策が採用される兆候であった。

第4節　1915年の方針転換の意図と結果

1　1915年の方針転換問題

　ティーチャーズ・カレッジの技術教育分野にとって，産業技術部への改組および実科部産業技術学科への再編は，表面上は，その拡充過程とみなせないわけではない。

　しかし，リチャーズがクーパーユニオンの学長として転出した1908年からのこの急変過程は，学部長ラッセルにとっては，いわば試行期間であったといえ，彼が大学管理者として一定の結論を導きだす過程であったといえる。そして，その結論は，合衆国教育局技術教育専門官ボウデンの質問(1915年12月2日付書簡)への返信(12月15日付)で表明された[27]。

　ボウデンの質問とは，貴校産業技術学科の「ノイズ教授が，実習室部門をめぐって，ティーチャーズ・カレッジでもくろまれている改変について手紙をくれました。」その意図は如何というものであった。

　これに対し，学部長ラッセルは，次のように説明した。

　「ティーチャーズ・カレッジが，手工教育の点で重要な処置をとっていることは本当です。この学科が設立された当時，手工教育の教員は，多少，加工実習の専門家であることが期待されました。ところが，この分野の発展，とくに

職業教育への関心の高まりに伴って，実習担当教員は，教員であるとともに熟練工であることが期待されるように変わってきました。しかし，我々は，そうした施設・設備をもっていないし，さらにはまた，この分野における一般教室の教員の養成に専念するという我々の方針にもそっていません。そのため我々は，高度に技術的ないし職業的な性格の実習作業のすべてを断念することを決定しました。今後，教室や設備や資金は，初等学校や下級高等学校での産業科教育を強化するために，そしてまた，訓練や現場経験によってすでに有資格者であり職業教育の管理的・経営的職位をめざして勉学に従事している大学院生への提供物を洗練するために充てられるでしょう。要するに，我々の行っていることは，専門技術的科目の提供を切り詰め，職業教育の教育学的側面や管理的側面を学ぶ機会を増やすことです。」

このように，ここに表明されたラッセルの結論とは，教員養成としては普通教育としての技術教育に限定し，併せて，大学院教育の充実を見通しながら，職業教育としての技術教育に関しては，その分野の行政や管理の専門職の養成を基本にするというものであった。

つまり，ラッセルの結論の主たる側面は，職業教育としての技術教育の教員養成の放棄という点にあったと考えられる。そこには，同じ技術教育であっても，普通教育としてのその教員養成と職業教育としてのそれとは両立せず，分離させた異なる養成システムで実施されるべきであるとの論理が暗黙の前提になっていた。

ところが，ベネットとリチャーズにあっては，専攻や開設科目の構成，講義内容等からみて，初等学校教員養成と中等学校教員養成という区別は認められるものの，普通教育としての技術教育の教員養成と職業教育としての技術教育の教員養成とを異質のものとはしないで，ともに養成の対象にしており，したがって，かかるラッセルの結論は，技術教育の教員養成観をめぐるティーチャーズ・カレッジの方針の転換を意味した。

当然ながらそれは，ベネットをはじめとする技術教育関係者の反発を招くことになる。ボウデンの質問状も，同カレッジ手工学科出身者としての彼の批判

を暗に込めたものであった。そして,「東部の考え方に対する中西部の反作用」[28]とされるこの反発の結果を,現時点でふりかえれば,コロンビア大学ティーチャーズ・カレッジでベネットやリチャーズが育てようとした技術教育の教員養成システムの若木は,ベネット,ボウデン,セルヴィッジ,フリックランド等,ミシシッピヴァリ会議に集う関係者によって,中西部の地域の諸大学に成功裡に移植されたのに対して,ティーチャーズ・カレッジでは立ち枯れてしまったといえる。

2 技術教育教員養成の消滅過程

もっとも,1915年末に表明された上の方針転換は,直接,技術教育分野の縮小につながったわけではない。現実には,複雑な経過と時間を経ながら,技術教育分野は,四半世紀以上をかけて,最終的には,美術教育への吸収というかたちで,消滅するに至った。

その第1の転機が,1915年度であったことはまちがいない。この時,教育部は学部教育を停止して大学院教育のみになり,実科部も大学院教育を開始した[29]。学部では,産業技術学科の学士号授与課程である専門課程は,全て実科部所管となり,設計製図,木材加工,金属加工の教科専門3専攻は維持されつつ,産業科教育3専攻は,「初等学校での産業科教育」,「中間・中等学校での産業科教育」,「師範学校での産業科教育」,「産業技術ないし職業学校の管理と経営」の4専攻に増加された。

これに対し,大学院では,教育部に,職業教育の専攻が新設され,①職業教育の諸問題,②職業教育行政の2科目が開設された。実科部にも,産業科教育の専攻が置かれた。しかし,特徴的なのは,家庭科や美術等,他の学科は学部専門課程の専攻が教科専門も含めて全て,大学院にも置かれたのに対して,産業技術学科だけは,大学院は産業科教育専攻のみで,設計製図等,教科専門の3専攻が置かれていない点である。「高度に技術的ないし職業的な性格の実習作業の全てを断念する」というラッセルの方針は,まずこうしたかたちで実施されたといえる。

第2の転機は，翌1916年度である。実科部産業技術学科の学部専門課程における教科専門3専攻が，設計製図はそのままだが，木材加工と金属加工が統合されて「加工技術」となり，2専攻になった。そして，なによりも，加工技術専攻の責任者をボンサーが兼任し，木材加工担当のノイズと金属加工担当のスレッフェルが転出している点が注目される[30]。

　第3の転機は，1920年度である。実科部産業技術学科の学部専門課程での教科専門2専攻が，関係の科目はそのまま開設されているが，専攻としては立てられなくなった。すなわち，産業技術学科の専攻は，産業科教育の4専攻のみとなり，教科専門の専攻は，大学院ばかりか学部でもおかれなくなった。教科専門の各科目は，産業科教育4専攻の学生が専門課程の要件である60単位を修得するための科目として開設されていた[31]。

　第4の転機は，1923年度である。教科専門科目の内，設計製図関係は開設されたが，加工技術関係の科目が，産業技術学科としては開設されなくなった。産業科教育4専攻の学生は，美術学科が開設する工芸的な木工や金工の科目を履修することになった[32]。

　第5の転機は，1930年度である。設計製図関係の科目が，科目名は変わっていないが，全て，美術学科による開設になる。そして，とりわけ重要なのは，1910年度から一貫して産業科教育専攻の担当責任者であった教授ボンサーが，この年度末に急逝したことである。以来，彼の後任は不補充の措置がとられ，職業教育の担当教授スネッデンが兼務した[33]。

　第6の転機は，1939年度である。1933年度，ティーチャーズ・カレッジは，教育部と実科部を統合して全体を5部門編成とし，産業技術学科は，職業教育学科や美術教育学科とともに，第4部門の教科教育部門に位置づけられていた。そして，この1939年度に，一方で，職業教育学科が学科としておかれなくなるとともに，他方で，産業技術学科は美術学科と統合されて美術・産業技術学科とされた。そして当初は，産業科教育として維持されていた専攻も，1942年度には美術・産業科教育とされ，さらに，1962年度には，「アートと教育」学科となり，唯一残っていた開設科目「美術・産業科教育の諸問題」も1973

年度に停止されて，ティーチャーズ・カレッジでの技術教育分野は消滅した[34]。

第5節　小　括――大学における技術教育教員養成の問題構造

　以上のような経過をたどったコロンビア大学ティーチャーズ・カレッジにおける技術教育分野の営みの生成・展開・消滅過程を，技術教育教員養成論の観点からとらえかえすならば，そこには相互に関連している3つの問題群の存在が確認される。

　すなわち，第1は，普通教育としての技術教育の教員養成と職業教育としての技術教育の教員養成との関係をめぐる問題，第2は，技術教育教員養成における技術教育と美術教育との関係をめぐる問題，第3は，大学での技術教育教員養成における生産技能の教授の位置づけをめぐる問題である。

　そして，これらの問題群は，コロンビア大学ティーチャーズ・カレッジでの経験の事実に即するならば，次のような意味をもったと考えられる。

　コロンビア大学ティーチャーズ・カレッジにおける技術教育分野の展開・消滅過程の転換点は，1915年に学部長ラッセルがとった方針にあり，その核心は，技術教育の教員養成観をめぐる方針転換にあった。普通教育としての技術教育の教員養成と職業教育としての技術教育の教員養成とは異なる養成システムで実施すべきとする，それ以前のベネットやリチャーズとは異なる論理を採用，これを前提に，一方で，職業教育としての技術教育の教員養成を放棄して普通教育としての技術教育の教員養成に専念する政策をとり，他方で，そのためとして，加工技術の教育，中でも生産技能の実習関係の教育を軽減させる政策をとった。そしてこれが，結果として，ティーチャーズ・カレッジにおける技術教育の教育・研究の営み全体を消滅させることにつながっていった。

　留意すべきは，ラッセルは，自らの意図としては，技術教育を軽んじ，その営みを縮小するために，1915年の方針をとったのではなかった。それにもかかわらず，技術教育の教員養成に関する上のような論理と政策の採用が，大学という一定の教育システムをめぐる理念的・現実的諸条件の中で，結果として，

技術教育の消滅に導いていったことが、まず確認されなければならない。普通教育としての技術教育の教員養成への専念が、大学におけるその営みの消滅を結果したとみることも不可能ではなく、その矛盾的性格の一端がうかがわれる。

他方、コロンビア大学ティーチャーズ・カレッジでの技術教育分野の消滅が、技術教育 (industrial arts 産業に従事するアーツ) の美術教育 (fine arts 美しくするアーツ) への吸収というかたちで結果したことも意味深長である。この事実が、学校教育と教養とは近代社会の現実にあっては労働からの脱出のパイプ役を果たすことと無関係であるとは考えられないからである。けだし、その過程は、普通教育としての技術教育の教員養成が、一面で、職業教育としての技術教育の教員養成から分離されることによって、その依って立つべき社会的存在理由を不安定にしなから、美術教育へと接近させられ、結局は、それに吸収されていったとともに、他面では、職業教育としての技術教育の教員養成を放棄することによって、取り組むべき対象範囲を初等教育教員養成に傾斜させながら、美術教育へと接近させられ、結局は、それに解消されていったととらえられる。

同時に、こうした技術教育分野がたどった過程は、直接には、つねに、生産技能の教授の縮小を旋回軸にして展開された事実は着目されてよい。すなわち、職業教育としての技術教育の教員養成を分離し放棄する政策の採用は、直接には、教員養成の教育課程における生産技能の教授の縮小およびそれを担う施設設備や教授陣の削減として現出した。そして、これを契機にして、コロンビア大学ティーチャーズ・カレッジにおける技術教育分野は、美術教育へと吸収・解消されて消滅していったといえる。

換言すれば、教育史の脈絡からみた場合、生産技能の教授の位置づけの問題は、大学における技術教育教員養成のあり方をめぐる問題群の結接点に位置づいている問題であるととらえられる。それゆえまた、生産技能の教授の位置づけ如何が、そこで営まれる大学教育としての技術教育教員養成の性格をもっとも的確に表示することにつながっていくと考えられる。この意味で、コロンビア大学ティーチャーズ・カレッジで形成された技術教育の教員養成のシステム

第2章 TC, CU における技術教育教員養成の挑戦と挫折　89

を成功裡に移植・発展させていった中西部の主要な大学の少なくない部分が，1920年代から，技術教育のための作業分析の研究と教育およびそれに基づく教育課程の開発に尽力していた事実は示唆に富む。技術教育教員養成史研究の一環として，次の重要な課題としなければならない。

注

1) Wygant, F. L., A History of the Department of Fine and Industrial Arts of Teachers College, Columbia University, Unpublished Doctral Dissertation, TC, CU, 1959, pp.293-294.
2) 中内敏夫『教育学第一歩』岩波書店，1988年，p.94。
3) Bennett, C. A., *History of Manual and industrial Education 1870 to 1917*, Peoria, Ill., Chas. A, Bennett, 1937, p.466.
4) 田中喜美『技術教育の形成と展開―米国技術教育実践史論―』多賀出版，1993年，第2～3章を参照。
5) Sykes, G., Teacher Licensure and Certification, *Encyclopedia of Educational Research*, 6th ed. New York, NY., Macmillan, 1992, p.1353.
6) 1909年ベネットの呼びかけによるブラッドレ総合技術大学での第一回会議開催以来，現在も継続している中西部の技術教育教師養成機関の代表者を中心とした協議会。東部中心の全国産業教育振興協会への対抗として結成された面をもつ。アメリカ合衆国の技術教育の目的や教育課程のあり方に最も影響力をもつ組織の1つといわれる。
7) Buffer, Jr., J. J., Graduate Education in Industrial Arts, *Industrial Arts Education* : Retrospect, Prospect, 28th yearbook of American Council on Industrial Arts Teacher Education, 1979, p.293.
8) The 3rd Annual Report of industrial Education Association, 1887, pp.16-18.
9) The 4th Annual Report of President and Treasurer of IEA, 1888, pp.10-15.
10) Teachers College, Circular of information 1894-95, 1894, p.91.
11) 手工学科所属の「教授，指導員，専攻学生全員によって，手工教育に関する諸問題や最新の文献を検討し合う協議会」毎週月曜日2時30分～4時開催。*ibid.*, p.81.
12) Teachers College, *Bulletin*, 4, 1894, p.17.
13) Bennett, C. A., *History of Manual and Industrial Education upto 1870*, Peoria, Ill., Chas. A. Bennett, 1926, p.3.
14) Siepert, A. F., Courses of Study for the Preparation of Teachers of Manual Arts, Bureau of Education, *Bulletin, 1918, No. 37*, Washington, GPO., 1919, p.5.
15) Teachers College, *Announcement 1907-1908*, 1907.

16) Richards, C. R., A Syllabus of a Course on The Theory and Practice of Teaching Manual Training, Teachers College, *Extension Syllabi, Series A, No. 26*, 1908, p.12.
17) Siepert, *ibid.*, pp.21-28.
18) J. E. Russell Papers, Manual Training (Head of), Series 6-539-4, ミルバンク図書館特別史料室所蔵。
19) Dean's Report 1910, *Teachers College Bulletin*, 2-6, 1910, pp.7-9.
20) Siepert, A. F., *ibid.*, pp.8-9.
21) Teachers College, *Announcement 1911-1912*, 1911, pp.8-23.
22) Teachers College, *Bulletin : Evening Technical Courses, Courses in Commerce, Special Classes 1911-1912*, 1911, p.5.
23) Teachers College, *Bulletin : Preliminary Announcement of The School of Practical Arts 1912-13*, 1912, p.3.
24) School of Practical Arts, *Announcement 1912-13*, 1912, pp.65-72.
25) School of Education, *Announcement 1912-13*, 1912, pp.103-106.
26) Cremin, L. A., Townsent, M. E. & Shannon, D. A., *A History of Teachers College, Columbia University*, New York, NY., Columbia University Press, 1954, p.66.
27) ボウデンとラッセル間の書簡3通は，Mcpherson, W. H., Fredrick Gordon Bonser, Unpublished Doctoral Dissertation, University of Maryland, 1972 の付録に転載されている。
28) Smith, D. F., Industrial Arts Founded, *An Interpretive History of Industrial Arts*, 30th Yearbook of American Council on Industrial Arts Teacher Education, 1981, p.197.
29) School of Education, *Announcement 1915-1916*, 1915, pp.22-23, School of Practical Arts, *Announcement 1915-1916*, 1915, p.26 & p.89.
30) School of Practical Arts, *Announcement 1916-1917*, 1916, pp.91-98.
31) School of Practical Arts, *Announcement 1920-1921*, 1920, pp.95-98.
32) School of Practical Arts, *Announcement 1923-1924*, 1923, pp.66-69.
33) School of Practical Arts, *Announcement 1930-1931*, 1930, pp.67-70.
34) 各年度の『学報 (Announcement)』による。

第Ⅱ部　技術教育の研究と教育

Robert Washington Selvidge, 1872〜1941

第3章

ベネットによる技術教育研究の学的整備と教員養成

第1節 問題の所在

第Ⅰ部でとりあげたように,アメリカ合衆国での大学における技術教育の教員養成の形成にとって,コロンビア大学ティーチャーズ・カレッジは,20世紀転換期,その立ち上げに大きな役割を果たした。同カレッジは,19世紀80年代から,技術教育のための教員養成のシステムを整えていき,1898年,これを大学における教員養成として,世界で最初に成り立たせ,技術教育のための大学における教員養成をアメリカ社会に定着させる上でパイオニアとして指導的役割を果たしていった[1]。

その後,1917年には工業・農業・家政の職業教育の教員養成に連邦補助を行うこと等を規定したスミス=ヒューズ法[2]が連邦法として成立,同法によって,とりわけ職業教育としての技術教育の教員養成は,そのための財政的基盤が強化され,普及が図られた。

さらに,アメリカ合衆国においては,1930年代までには,一方で,中等学校教員資格が先導するかたちで,4年制の学士号授与課程修了を教職に就くための第一要件とする法制度が樹立されていったといわれる[3]。

また,他方では,1930年代までに,アメリカ的な大学設置および課程認定の制度である認証制の前提条件としての技術教育の専門職団体の活動が全国規模で展開されていく。全国産業教員養成協会(NAITT),アメリカ産業科教育協会とともに,ミシシッピヴァリ会議[4]は,その代表的なものである。

そして,こうした時期,すなわちアメリカ合衆国での技術教育のための大学における教員養成が形成されてくる時期に,その方向での多大な貢献をなしたとみられるのが,ベネット(Bennett, C. A., 1864~1942年)であった。

彼は，第1に，上述したコロンビア大学ティーチャーズ・カレッジにおいて技術教育部門およびそこでの教員養成システムの基礎を構築し，第2に，その後，ブラッドレ総合技術大学に転出し，そこで，工科系高等教育機関における技術教育の教員養成システムを発展させ，第3に，アメリカ手工教員協会，中西部職業教育協会，ミシシッピヴァリ会議等々，技術教育関係の専門職諸団体の設立と運営に尽力し，第4に，技術教育関係の本格的専門ジャーナル『手工教育雑誌』(Manual Training Magazine, 1899~1939年) の編集・発行およびこれを含め技術教育関係の研究書等を普及するための出版社として工芸教育出版 (Manual Arts Press 1903年設立，後にベネット出版と社名変更) を設立し経営にあたりながら，総じて，技術教育研究の学的整備に努めた。

ベネットは，19世紀末から今世紀前半にかけてのアメリカ合衆国における技術教育研究運動の中心的指導者であり，とくに技術教育の教員養成を大学における専門職教育として位置づけさせていくことが，彼の教育研究活動の主要な動因になっていたとみられる[5]。

本章では，こうしたベネットによる技術教育の教育研究の営みを，1つには，ブラッドレ総合技術大学において彼が開発・発展させていった技術教育の教員養成システムを，コロンビア大学ティーチャーズ・カレッジと対比させて分析しつつ，2つには，技術教育をめぐるベネットの研究活動に焦点をあて，その深化の過程をたどることによって，大学における教員養成の成立要件としての技術教育研究の学的整備をめぐる問題を検討したい。

アメリカ合衆国における技術教育の教員養成は，量的には教育系とともに工・農科系を主とする高等教育機関の役割が大きい (表3-1)[6]。そして，逆に，教養大学は，技術教育の教員養成にほとんど関与していない。技術教育の教員養成の歴史像に関わっては，師範学校制度からティーチャーズ・カレッジ制度への移行，そして，教養大学とティーチャーズ・カレッジとの対抗といったアメリカ教員養成史像をめぐる一般的な見方はできない。視点をかえれば，そうした歴史像は，工科系など教育系以外の高等教育機関の関与という重要な問題を捨象してしまうおそれがある。

第3章　ベネットによる技術教育研究の学的整備と教員養成　95

表 3-1　アメリカ合衆国における技術教育教員養成実施機関（1918 年）

州	所在地	教育機関名	備考
DC	ワシントン	ハワード大学（非白人）	
アーカンソ	ファイエットビル	アーカンソ大学	
アイオワ	アイオワシティ	アイオワ州立大学工芸学科	
	シーダーホール	州立ティーチャーズ・カレッジ	2年課程
	シェナンダー	西部師範学校	
	デモイン	デモイン・カレッジ	
アイダホ	アルビオン	州立師範学校	
	モスコウ	アイダホ大学	
	ルイストン	（実施）	
アラバマ	オーバーン	アラバマ総合技術インスティチュート	
	ジャクソンビル	（実施）	
	タスカルーサ	アラバマ大学	
	タスケギー	産業・師範インスティチュート（非白人）	
	トロイ	州立師範学校	
	ノーマル	州立黒人師範学校	
	フローレンス	州立師範学校	
	モンゴメリー	黒人農工カレッジ	
	リビングストン	（実施）	
アリゾナ	タクソン	アリゾナ大学	
	テンペ	（実施）	
	フラグスタッフ	州立師範学校	
イリノイ	カーボンデイル	南イリノイ州立師範大学	
	シカゴ	F. W. パーカー学校	
	シカゴ	シカゴ技術カレッジ	
	シカゴ	シカゴ師範カレッジ	
	シカゴ	シカゴ大学	
	シカゴ	ルイス・インスティチュート	
	チャールストン	州立師範学校	
	デカチュール	ジェームス・ミルキン大学	
	デカル	州立師範学校	2年課程
	ノーマル	州立師範学校	
	ピオリア	ブラッドレ総合技術インスティチュート	学位・特別・2年・3年課程
	マコム	州立師範学校	3年課程
	ムースハート	職業・産業インスティチュート	
インディアナ	テルホート	インディアナ州立師範学校	
	バルバレーソ	バルバレーソ大学	
	プリンストン	プリンストン産業・師範大学（非白人）	
	ブルーミントン	インディアナ州立大学	学位課程
	ラファイエット	パデュー大学	
ヴァージニア	ウィリアムバーグ	ウィリアム＆メアリ大学	
	ハンプトン	ハンプトン農科師範インスティチュート（非白人）	

ウィスコンシン	オシュコッシュ	州立師範学校	2年・3年課程
	マディソン	ウィスコンシン大学	学位・定時制課程
	メノモニー	スタウト・インスティテュート	学位課程
ウエストヴァージニア	モーガンタウン	ウエストヴァージニア大学	
オクラホマ	アダ	州立師範学校	
	アルバ	（実施）	
	ウェザーフォード	（実施）	
	エドモンド	（実施）	
	スティルウォータ	オクラホマ農工カレッジ	
	タルコ	州立師範学校	
	ノーマン	オクラホマ大学	
オハイオ	アテンズ	オハイオ大学	2年課程
	オックスフォード	マイアミ大学	学位・2年課程
	クリーブランド	クリーブランド教育学校	
	ケント	州立師範カレッジ	2年課程
	コロンバス	オハイオ州立大学	学位課程
	シンシナチ	シンシナチ大学	
	デイトン	セントジョン師範学校	
	デラウェア	オハイオ・ウエスリアン大学	
	トレド	トレド大学	
	ボーリンググリン	州立師範学校	
オレゴン	コーバリス	オレゴン農科カレッジ	
カリフォルニア	サンジョゼ	州立師範学校	
	サンタバーバラ	州立手工・家政師範学校	
	サンディエゴ	（実施）	
	サンフランシスコ	カリフォルニア加工技術学校	
	スタンフォード	リーランドスタンフォードJr.大学	
	チコ	州立師範学校	
	バークレー	カリフォルニア大学	
	フレスノ	（実施）	
	ロサンゼルス	（実施）	
カンザス	エンポリア	州立師範学校	
	ピッツバーグ	州立手工師範学校	
	ヘイズ	フォートヘイズ・カンザス師範学校	
	ローレンス	カンザス大学	
ケンタッキ	フランクフォート	ケンタッキ産業・師範インスティテュート	
	ベレア	ベレア・カレッジ	
	リッチモンド	州立師範カレッジ	
	リンカーン	リンカーン・インスティテュート（非白人）	
	レキシントン	ケンタッキ大学	
コネチカット	ハートフォード	ハイリア・インスティテュート	
コロラド	ガンニソン	州立師範学校	
	フォートコリンズ	州立農業カレッジ	

第３章　ベネットによる技術教育研究の学的整備と教員養成　　97

サウスカロライナ	オレンジバーグ	クラフリン大学（非白人）	
	オレンジバーグ	サウスカロライナ農工師範カレッジ（非白人）	
	コロンビア	サウスカロライナ大学	
サウスダコタ	アバディーン	州立北部産業師範学校	３年課程
ジョージア	アトランタ	アトランタ大学（非白人）	
テキサス	オースティン	テキサス大学	
	カレッジ地区	テキサス農工カレッジ	
	キャニオンシティ	州立師範カレッジ	
	コマース	東部テキサス州立師範カレッジ	
	サンマルコス	州立師範学校	
	デントン	産業技術カレッジ	
	デントン	北部テキサス州立師範カレッジ	
	ハンツビル	サムホーソン師範インスティチュート	
	プレーリーヴュー	州立産業師範カレッジ（非白人）	
テネシ	ジョンソンシティ	東部テネシ州立師範学校	
	ナッシュビル	州立黒人農工師範学校	
	ナッシュビル	ジョージ・ピーボディ教員養成学校	
	ノックスビル	テネシ大学	
	ノックスビル	ノックスビル・カレッジ（非白人）	
	マーフリーズボロ	中部テネシ州立師範学校	
	メンフィス	西部テネシ州立師範学校	
ニュージャージー	トレントン	州立師範学校	
	ニューブランズウィック	州立農科カレッジ	
ニューハンプシャー	キーン	州立師範学校	
	ダーラム	ニューハンプシャー農工カレッジ	
	プリマス	（実施）	
ニューメキシコ	イストラスベガス	州立師範大学	
	シルバーシティ	州立師範学校	
ニューヨーク	アルバニー	州立ティーチャーズ・カレッジ	
	アルフレッド	アルフレッド大学	
	オスウィーゴ	州立師範学校	
	シラキュース	シラキュース・カレッジ	
	ニューヨーク	コロンビア大学ティーチャーズ・カレッジ	学位課程
	ニューヨーク	ニューヨークシティ・ハンターカレッジ	
	ニューヨーク	ニューヨーク大学	
	ニューヨーク	倫理文化学校	
	バッファロー	州立師範学校	
	ブルックリン	プラット・インスティチュート	
	ローチェスター	メカニックス・インスティチュート	
ネブラスカ	ペルー	州立師範学校	２年課程
	リンカーン	ネブラスカ大学	

ノースカロライナ	ウエストラルフ	州立農工カレッジ	
	グリーンスボロ	州立師範大学	
	ラルフ	ショー大学（非白人）	
	ラルフ	セントオーガスティン学校	
	エレンデール	州立師範学校	
	グランドフォークス	ノースダコタ大学	
	バレーシティ	（実施）	
	ファーゴ	ノースダコタ農科カレッジ	
	マイノット	（実施）	
	メイヒル	州立師範学校	
バーモント	バーリントン	バーモント大学	
ハワイ	ホノルル	地区立師範学校	
フィリピン	マニラ（植民地）	フィリピン公立学校	
プエルトリコ	リオピエドラス（植民地）	師範カレッジ	
ペンシルヴァニア	インディアナ	（実施）	
	ウィリアムソン	ウィリアムソン職業学校	特別課程
	エジンバラ	（実施）	
	ステイトカレッジ	ペンシルヴァニア州立カレッジ	
	ピッツバーグ	カーネギー工科インスティチュート	
	ピッツバーグ	ピッツバーグ大学	
	フィラデルフィア	テンプル大学	
	フィラデルフィア	フィラデルフィア職業学校	
	ブルームスバーグ	州立師範学校	
	マンスフィールド	州立師範学校	
	リーディング	師範養成学校	
	ルイスバーグ	バックネル大学	
マサチューセッツ	ケンブリッジ	ハーバード大学	
	フィッツバーグ	州立師範学校	
	ボストン	スロイド養成学校	
	ボストン	フランクリン・ユニオン	
	ボストン	マサチューセッツ州立美術師範学校	
ミシガン	カラマズー	州立師範学校	
	デトロイト	トーマス師範養成学校	1年課程
	マウントプリサンド	（実施）	
ミシシッピ	シャルビー	黒人産業農科カレッジ	
	スタークビル	ミシシッピ農工カレッジ	
ミズーリ	ウォーレンスバーグ	州立師範学校	2年課程
	ケープジェラルド	州立師範学校	
	コロンビア	ミズーリ大学	学位・2年課程
ミネソタ	ウイノーナ	州立師範学校	
	セントクラウド	（実施）	
	セントピーター	グスタバスアドルファス・カレッジ	
	セントポール	マカラスタ・カレッジ	
	セントポール	ミネソタ大学農科カレッジ	
	マンケイト	州立師範カレッジ	
	ミネアポリス	ミネソタ大学	
	ムーアヘッド	州立師範学校	2年課程

メーン	オロノ	州立農科大学
	ゴーサム	州立師範学校
モンタナ	ボーズマン	州立農科カレッジ
ユタ	ソルトレイクシティ	ユタ大学
	ローガン	州立農科カレッジ
ルイジアナ	ナッチトッシュ	州立師範学校
	バトンルージュ	ルイジアナ州立大学農工カレッジ
ロードアイランド	プロビデンス	州立師範学校
ワシントン	エルズバーグ	(実施)
	シアトル	ワシントン大学公立学校学部
	チェニー	(実施)
	プルマン	ワシントン州立カレッジ
	ベリングハム	州立師範学校

(出所) Siepart, A. F. Courses of Study for the Preparation of Teachers of Manual Arts, *U. S. Bureau of Education, Bulletin, 1918, No. 37*, GPO, Washington, D. C., 1919 から作成。

　本章では，技術教育の教員養成を行う工科系高等教育機関として重要な位置にあったブラッドレ総合技術大学をとりあげ，同大学が営んでいた3種類の課程，すなわち，①2年課程，②3年課程，そして，③学位授与課程（4年課程）の教育課程を，コロンビア大学ティーチャーズ・カレッジでの教育課程を念頭におきながら，相互に比較することによって，工科系高等教育機関における「大学における教員養成」の教育課程上の意味を事実に即して明らかにすることを，まず試みる。次に，そうした技術教育の教員養成の教育課程開発との関わりにおいて，ベネットの研究活動の発展過程とその成果の意義を検討する。

　なお，ベネットは，ニューヨーク・ティーチャーズ・カレッジを辞した1897年以来，ブラッドレ総合技術大学において，工芸教育学科の主任（1897〜1917年）や工学部長の要職（1918〜1919年）を務めた。そして，この間に，技術教育の教員養成を目的とする上記3種類の課程の設置・運営の責任を果たしながら，1899年に『手工教育雑誌』の発行，1903年に工芸教育出版社の設立，さらに，1909年にミシシッピヴァリ会議の結成等の活動を精力的に展開していった。1946年に総合大学となったブラッドレ大学は，1949年から同大学工学部を，その功績を顕彰して，ベネット・カレッジとよんでいる。

第2節　ブラッドレ総合技術大学での技術教育教員養成の教育課程

　ブラッドレ総合技術大学は，L. ブラッドレ夫人の寄付金を基金として，1897年夏，イリノイ州ピオリア市に設立された教育機関であり，発足当初は，4年制の高等学校と2年制の短期大学から成っていた。
　初代学長にシカゴ大学のハーパー，初代教育顧問にデューイ等，その準備や設立，初期の運営等にシカゴ大学が関与しており，両機関の関係は強いものであったといわれる[7]。
　ベネットもまた，同総合技術大学の開設のために招聘されたといえる。
　そして，ブラッドレ総合技術大学の上への拡張と並行して，技術教育のための教員養成課程も設けられていった。1905年度に1年課程が発足し，1909年度までにこれが2年課程に改組，1912年度には3年課程が発足する。さらに，1913年度には，これらに並んで，4年制の学位授与課程が設けられた。
　1911年度の『記録』によれば[8]，工芸教育学科の目的は，次の8点であった。
「(1) 高等学校の第1〜2学年のすべての男子に手工教育と製図教育を施すこと。
　(2) 同学年のすべての女子に製図教育を施すこと。
　(3) 高等学校第3〜4学年およびカレッジのすべての学生に設計，製図，絵画の上級科目を与えること。
　(4) 工業における責任ある職位を望む青年に，実際に役に立つ実習，製図，工学の科目を与えること。
　(5) 機械設計技師になるように学生を準備する課程を営むこと。
　(6) 木材加工および金属加工のための職業教育課程を営むこと。
　(7) 工学部の最初の2年間と同等の実習と製図の科目を与えること。
　(8) 初等学校，中等学校ないし職業学校で技術を教えたいと望む男女に教員養成を施すこと。」
　この第8点目が，ここでの直接の対象ということになる。
　それでは，技術教育の教員養成を目的とする3つの課程——2年課程，3年課程，4年制学位授与課程——それぞれにおける教育課程はどのようなもので

あったか。

1917年度の『記録』によれば[9]，それらは次のごとくであった。ちなみに，教育課程は，独特の単位制を採用していた。年間36週を3期にわけ，1週間に1コマ×12週で1メジャー（単位）としていた。開設科目名の後の括弧内の数字は，これを表している。また，下線の科目は，2倍の時間数を必要とする実習としての性格の強いものである。

(A) 2年課程
《第1学年》
 1期：教育史(5)，木材加工(5)，用器画(5)，金属加工(5)
 2期：英作文(5)，木工仕上げ及び家具製作(5)，フリーハンド図(5)，板金加工(5)
 3期：心理学(5)，大工と旋盤作業(5)，用器画(5)，金属工芸(5)
《第2学年》
 1期：工芸教育史(5)，用器画教授法(5)，木材加工教授法(5)，設計(5)
 2期：教授の原理(5)，組立図(5)，透視図(5)，建築製図(5)
 3期：上級英作文(5)，工芸教育の組織(5)，製本と粘土作業(5)，家具製作(5)

(B) 3年課程
《第1学年》
 1期：教育史(5)，木材加工(5)，用器画(5)，金属加工(5)
 2期：英作文(5)，木工仕上げ及び家具製作(5)，フリーハンド図(5)，板金加工(5)
 3期：心理学(5)，大工と旋盤作業(5)，用器画(5)，金属工芸(5)
《第2学年》
 1期：木材加工ないし金属加工(15)，建築設計ないし機械設計(5)
 2期：経済史(5)，木材加工ないし金属加工(10)，建築設計ないし機械設計

　　　　(5)
　3期：木型製作(5)，木材加工ないし金属加工(10)，建築設計ないし機械設計(5)

《第3学年》
　1期：工芸教育史(5)，用器画教授法(5)，木材加工教授法(5)，設計(5)，木材加工ないし金属加工(5)
　2期：工芸教授法(5)，設計ないし木彫(5)，木材加工設計(5)，木材加工ないし金属加工実習(5)，英作文(5)，家具製作(5)，工芸教育の組織(5)

(C) 学位授与課程(4年制，第1類)

① 第1類とは，「一般教育の強調とともに工芸教育についての広い視野の獲得をめざす課程」と説明されている。

② 教育課程は，(a)教科専門科目の必修16メジャー，(b)一般教育科目および教職専門科目の必修22メジャー，(c)選択科目10メジャーで構成する。

③ この内，(c)選択科目は第2～4学年で履修し，次の諸科目である。生物学，英語，数学，化学，歴史，物理学，教育学，言語学，アスレティックス。

《第1学年》
・一般教育科目：英作文，経済史，応用数学，体育
・教職専門科目：(この学年はなし)
・教科専門科目：用器画，フリーハンド図，木材加工，鍛造，板金加工，金属工芸

《第2学年》
・一般教育科目：化学，数学，体育
・教職専門科目：(この学年はなし)
・教科専門科目：建築製図，設計理論，機械製図，木型製作

《第3学年》
・一般教育科目：物理学，上級英作文，体育

・教職専門科目：心理学，教育学
・教科専門科目：インテリア装飾，木材加工設計，家具製作

《第4学年》
・一般教育科目：社会科学
・教職専門科目：工芸教育史，工芸教育施設設備論，工芸教授法，用器画教授法，木材加工教授法，工芸教育の経営管理，職業指導，教育実習
・教科専門科目：(この学年はなし)

(D) **学位授与課程（4年制，第2類）**

① 第2類とは，「大都市の高等学校や職業学校での教員の養成のために，教科専門科目および関連理数科目に重点をおいた教育課程」と説明されている。

② 教育課程は，(a)教科専門科目の必修27メジャー，(b)一般教育科目および教職専門科目の必修22メジャーで構成され，(c)選択科目はない。

《第1学年》
・一般教育科目：英作文，経済史，応用数学，体育
・教職専門科目：(この学年はなし)
・教科専門科目：用器画，フリーハンド図，木材加工，鍛造，板金加工，金属工芸

《第2学年》
・一般教育科目：化学，数学，体育
・教職専門科目：(この学年はなし)
・教科専門科目：建築製図，設計理論，機械製図，木型製作

《第3学年》
・一般教育科目：物理学，上級英作文，体育
・教職専門科目：心理学，教育学
・教科専門科目：インテリア装飾，木材加工設計，家具製作

《第4学年》
・一般教育科目：社会科学
・教職専門科目：工芸教育史，工芸教育施設設備論，工芸教授法，用器画教授法，木材加工教授法，工芸教育の経営管理，職業指導，教育実習
・教科専門科目：（この学年はなし）

　こうした教育課程を比較しつつ，学位授与課程に焦点をあててみるならば，さしあたり2点を指摘しておくべきであると考えられる。
　第1は，教員養成の教育課程における学位授与課程とその他の課程との最も重要な相違点は，一般教育科目の有無ないし一般教育の位置づけの軽重にあるとみられる点である。すなわち，ブラッドレ総合技術大学での「大学における教員養成」の教育課程上の意味は，一般教育科目の重視にあり，教職専門教育および教科専門教育と並んで一般教育を教員養成の構成部分として位置づける点にあったといえる[10]。
　指導教員の助言に基づき，学生たちは，技術教育ばかりでなく，高等学校での一般教育のいくつかの科目を教えることができる程度にまで，選択科目の履修によって，一般教育を学ぶことが求められた。
　第2は，学位授与課程においては無論のこと，それ以外の課程においても，技術教育の教員養成における教科固有の教職専門科目が，技術教育の教授法（「工芸教授法」），技術教育の歴史と原理（「工芸教育史」），技術教育の施設設備論（「工芸教育施設設備論」）の3本柱で構成されている点である。
　この構成は，すでにみたように，コロンビア大学ティーチャーズ・カレッジでの教育課程においても認められた特徴であった。
　しかも，ブラッドレ総合技術大学でのその教育課程は，コロンビア大学ティーチャーズ・カレッジのものと比較して，「用器画教授法」や「木材加工教授法」といった教科固有の教授法の独立科目化，ならびに「工芸教育の経営管理」や「職業指導」といった科目の増加等の点で，技術教育固有の教職専門科

目がさらに充実されていたとみることができる。

　ちなみに，1918年の全米調査によれば[11]，オハイオ州立大学，マイアミ大学（オハイオ州），スタウト大学，ウイスコンシン大学，ミズーリ大学，ペンシルヴァニア州立大学，インディアナ州立大学，コロンビア大学，そして，ブラッドレ総合技術大学の9大学が，学士号授与課程として技術教育の教員養成を実施していた（表3－1）。そして，これら9大学すべての当該教育課程において，技術教育固有の教職専門科目が，①技術教育の教授法，②技術教育の歴史と原理，③技術教育の施設設備論を核として構成されており，この3本柱の構成は，20世紀第1四半期のアメリカ合衆国での大学における技術教育教員養成の教育課程の原型になっていたとみることができる。

第3節　ベネットによる技術教育研究の学的整備

1　技術教育研究の学的整備の3側面

　以上のように，第2章でとりあげたニューヨーク・ティーチャーズ・カレッジを視野に入れつつ，ブラッドレ総合技術大学での技術教育のための「大学における教員養成」の形成過程をとらえるとき，その教育課程における技術教育固有の教職専門科目の充実ぶり，すなわち，1910年代にすでに，①技術教育の教授法，②技術教育の歴史と原理，③技術教育の施設設備論を3本柱とし，それらに製図や木材加工の教授法に関する科目を加えて，技術教育固有の教職専門科目が編成されていた点は，注目に値すると考えられる。

　そして，大学の学位授与課程として実施される技術教育教員養成の教育課程での，こうした技術教育固有の教職専門科目の構成およびその充実を支えた背景として，ベネットによる技術教育研究の学的整備の取り組みが見過ごされてはならない。

　ここでいう学的整備とは，技術教育研究の科学としての整備をいう。科学とは多様な側面をもつけれども，とりわけ，第1には，1つの制度（institution）としての側面，第2には，累積的に蓄積された知識としての側面，第3には，方法としての側面からとらえることができる[12]。

制度としての科学の実体は，社会におけるある一定の任務を遂行するためにある一定の有機的な関係によって結びつけられる人々の組織であり，学会や専門職団体等が表象される。主題的にとりあげるのは第6章になるけれども，例えば，ベネット等によるミシシッピヴァリ会議の結成（1909年～）は，こうした文脈において，学的整備の1つといえる。そのほかにも，ベネットは，1893年にアメリカ手工教員協会（Manual Training Teachers Association of America）の結成，1900年に全国教育協会手工教育部会長就任，1904年にイリノイ州工芸教育協会設立・初代会長就任，1908年に西部製図・手工教育協会会長就任等々，この面での活動を精力的に展開していった。

　また，科学は，宗教等とは異なり，知識の累積性という性格を強くもつ。出版は，それを支える有力な手段の1つであり，専門書の出版や専門ジャーナルの発行は，この面から位置づけることができ，ベネットによる『手工教育雑誌』の発行や工芸教育出版の設立もまた，こうした点からみて，学的整備の1つである。

　同時に，無論，その主たる側面は，累積された知識それ自体にある。ベネット自身は，機械工学の出身であり，教育学についての正規の教育をうけた事実は認められないけれども，1917年に『工芸教育教授原論』（工芸教育出版），1926年に『手工・産業教育史：1870年以前』（ベネット出版），そして1937年に『手工・産業教育史：1870年～1917年』（ベネット出版）を刊行していった[13]。とりわけ，『手工・産業教育史』二巻本は，近年のアメリカ合衆国における技術教育史研究のヒストリオグラフィでさえ，いまだ完全には乗り越えられていない水準の研究として言及されている[14]。技術教育研究を科学的に整備しようとしたベネットの活動における顕著な成果の1つといえる。

　そして，これらの著書は，ベネットの技術教育教員養成の営みと密接不可分の関係にあることは明かであろう。これらの著書の内容は，ベネットが行った講義内容と多く重なり，それらを結晶させたものである。さらに，ベネット自身，『手工・産業教育史：1870年以前』の序文において「今日に至る手工・産業教育の発展の歴史的背景を学生に適切に理解させる上で長年直面してきた困

難と，こうした歴史的背景は現在の公教育が抱える諸問題を適切に把握させる上で不可欠であるとの信念が本書の準備に着手させた」(p.3)と述べ，これらが教員養成の意図のもとに編まれた著書であることを表明している[15]。

やや割り切っていえば，教員養成のための教育課程における技術教育固有の教職専門科目の核となっている3本柱のうちの開設科目「技術教育の教授法」に関わっては『工芸教育教授原論』，もう1つの開設科目「技術教育の歴史と原理」に関わっては『手工・産業教育史』二巻本が対応しているといえる。

さらに，ここで注目すべきは，これらの開設科目や著書には，ベネットの一貫してもち続けた同一の課題意識が通底している事実が認められる点である。

ニューヨーク・ティーチャーズ・カレッジの1894年度シラバスによれば，科目「手工教育の歴史と原理」は，ベネット自身が担当し，その内容は「手工教育理念の起源と発展，スウェーデン・ドイツ・フランス・イギリス・アメリカでの手工教育の諸特徴，初等・中等学校のための教育課程と施設設備の研究，アメリカの教育制度における手工高等学校の位置と顕著な特徴」で構成された。

また，同じ年に行われた公開講座でも，その内容は，「手工教育思想の6つの発展段階，手工教育におけるロシア法，スウェーデンのスロイド，手工教育におけるグループ法」で構成された[16]。

すなわち，これらは，技術教育の教授法を歴史的に解説するという内容になっている。

ここには，教員養成のための教職専門科目を，単なる教え方の指導の次元にとどめないで，それらを広い視野から対象化してとらえさせようとするベネットの姿勢が示唆されていると考えることができよう。

ただし，ベネットの課題意識は，さらにその先にあったように思われる。それは，結論を先取りするならば，科学のもう1つの側面である方法の問題，すなわち技術教育の研究を学的に整備する上で不可欠となる科学的方法の探究にあったと考えられる。

2 技術教育研究の科学的方法の探究

ベネットの伝記をまとめたハンマーによれば[17]，ベネットは，8冊の単著，6冊の編著・共著書，99本の論文その他を著している。しかし，著書のほとんどは，図学等を含む工学の専門的な内容に関わるものである。技術教育に関する単著は上記の3冊である。それらは，以下のような章構成になっている。

(A) 『工芸教育教授原論』(1917年)
　第1章　学校で工芸の何を教えるべきか
　第2章　教育における工芸の位置
　第3章　判断力の発達
　第4章　職業訓練：公立学校における公正な範囲
　第5章　工芸教育における教育内容の選択と配列
　第6章　工芸教育の教授すべき教育内容の編成法としてのグループ法
　第7章　工芸教育の教授活動における工場システムの利用
　第8章　工芸教育のための3つの典型的教授法：模倣・発見・発明

(B) 『手工・産業教育史：1870年以前』(1926年，以下上巻)
　第1章　ルネッサンス以前の労働と学習
　第2章　事物と思考との関係
　第3章　精神訓練の方法としての手の訓練
　第4章　教育の根本的方法である手の労働
　第5章　フェーレンベルグの教育機関
　第6章　ペスタロッチとフェーレンベルグ
　第7章　貧困児童のための産業学校
　第8章　徒弟制から学校教育への後継者
　第9章　機械工講習所運動
　第10章　工芸教育の教授と高等技術教育
　第11章　産業と関連した美術教育の発達

(C) 『手工・産業教育史：1870年〜1917年』(1937年，以下下巻)
    第1章　加工技術の教授のためのロシア法
    第2章　スカンジナビアのスロイド
    第3章　フランスの手工教育
    第4章　フランスの職業・専門技術教育
    第5章　ドイツでの手工教育の発達
    第6章　ドイツの職業・専門技術教育
    第7章　イングランドの手工教育
    第8章　イングランドの専門技術教育
    第9章　アメリカ合衆国における実習教授の発達
    第10章　中等学校における手工教育
    第11章　初等学校における手工教育
    第12章　教員養成と教員団体
    第13章　職業教育運動

　ベネットは，『工芸教育教授原論』の冒頭において，「工芸教育の最も重要な今日的課題は，普通教育および職業教育のいずれにしても，教育内容の選択と配列ならびに教授の方法に関わっている」とする。「我が国における産業の発展は，非常に急速かつ多様であるので，そして，それは，すべての人々の生活にかなりの程度影響を与えてきているので，もしも人々が，彼らの必要を満たすべく環境を十分に統御することを維持するためには，産業における原材料，原理，および工程についての実際的な知識の相当量を獲得しなければならない。それらの知識は，もはや，親から子どもに適切に伝えることができなくなっており，学校がそれらを授けるべきであって，そのためには，学校は，産業で使用されている工具類を備える必要がある。そして，いろいろな産業についての教授を施す責任を学校が引き受けるならば，学校は，教育内容の選択と配列と管理に関わる一連の課題に直面することになる」(p.15) とする。

　ここでベネットのいう「工芸」(manual arts) とは，具体的には，ものづくり

に関する加工法や成形法ないし製作法などをいう。そして，ベネットは，学校で教えるべき「工芸」として，①グラフィック・アーツ（製図や描画などの方法），②メカニック・アーツ（木材加工や金属加工での加工法や操作法），③プラスティック・アーツ（粘土の成形や陶器の製作方法），④テキスタイル・アーツ（製糸・紡績，織布，縫製・編物の方法），⑤製本の方法の5分野をあげる（第1章, p.16）。

他方，ベネットは，工芸教育においては普通教育と職業教育の境界線を厳格に設けるべきではないとの見方を前提にして（54頁），これら5分野での具体的な教育内容の選択と配列の問題に踏み込んでいく（第5章）。彼は，教育内容の選択にあたっては，「典型的で共通した産業」をまず選び，次に，そうして選んだ各産業を分析することによって教育内容を選択するとする。そして，ベネットは，分析の方法には，いくつかのやり方があるとするが，その際，彼が，俎上にあげるのは，ロシア法とスロイドであり，結論としては，両者を退けつつ，ベネットの考案した「グループ法」が推奨され，解説されていく（第6章）。

ここでは，さしあたり，次の2点が指摘されなければならないと考える。

第1は，1917年出版の『工芸教育教授原論』で展開されたこうした枠組み，すなわち，ロシア法をスロイドと同程度なものと位置づけ，それら両者の問題点の克服を図るという枠組みは，1894年時点での開設科目「手工教育の歴史と原理」や同年実施の公開講座の内容と変わらず，ベネットの内では，20年以上にわたって保持されてきたものである——言い換えれば，何らかの発展があるようには思われない——点である。

しかし，第2に，ベネットは，科学の一般的な操作法である「分析」という方法を重んじ，技術教育の教授法を合理的なものにすべく，教えるべき教育内容の選択と配列の問題に，分析という方法を適用することを図っていった点である。

というのも，『手工・産業教育史』二巻本においては，分析という方法の具体化に関わって，こうしたベネットの枠組みが急展開するからである。

上に掲載した『手工・産業教育史』二巻本の章構成に示唆されるように，こ

第3章 ベネットによる技術教育研究の学的整備と教員養成 111

の二巻本に総括されたベネットの技術教育史像の顕著な特徴は，古代ローマ時代から現代まで（1917年まで）の技術教育史を二分する重大な歴史的画期として，ロシア法の開発を位置づけていることがあげられる。ベネットは，ロシア法開発前を上巻に，開発後を下巻に分けて，技術教育史を叙述するという方法をとった。

そして，下巻「序文」において，ベネットは「この巻では，手工・産業教育の発展史における明確に規定された期間が取り扱われる。すなわち，その期間とは，教授の目的のために，加工技術が分析されたことをもって始まる」(p.3)とする。この「教授の目的のために，加工技術が分析された」とは，ロシア法のことにほかならない。言い換えれば，『工芸教育教授原論』の時点からみると，『手工・産業教育史』において，ベネットは，ロシア法を非常に高く評価する方向に，彼自身の見解をいわば上方修正したといえる。

しかも，ベネットは，ロシア法の歴史的意義を，自分の言葉ではなく，ロシア法をアメリカ合衆国に受容し，豊かに展開していった二人のアメリカ人の言葉を引用することによって結論づけた。すなわち，マサチューセッツ工科大学学長ランクル（Runkle, J. D., 1822〜1902年）とワシントン大学教授で同附属手工高等学校長を兼任したウッドワード（Woodward, C. M., 1837〜1914年）による次のようなロシア法評価である。

ランクル「この方法（ロシア法のこと：筆者）は，教育的であるばかりでなく，すべての産業教育にとって，唯一正真正銘の理論的な鍵である。」(The method is not only educational, but it constitutes the only true and philosophical key to all industrial education. 下巻, p.321)

ウッドワード「労働手段について教授する課題を解決した栄誉はロシア人のものである。……彼らの手で，労働手段を使用する手の教授が，一つの科学になった。」(In their hands, manual tool instruction has become a science. 下巻, p.322)

すなわち，ベネットは，ロシア法をめぐり，自著『工芸教育教授原論』までにみられた，スロイドとならぶ技術教育の1つのやり方といった評価から，『手工・産業教育史』では，すべての技術教育にとって可能性にとむ有効な科学的

方法であるとの認識に至ったといえる。つまり、ベネットは、ニューヨーク・ティーチャーズ・カレッジ以来探究し続けてきた技術教育のための科学的方法の原型を、ロシア法の中に発見するに至ったと結論づけることができる。

我々の問題関心にひきつければ、大学で教えるに足る価値を担保できるような科学的に整備された技術教育研究の樹立という彼の課題意識にとって、最後に残された課題であったといえる科学的方法の問題を解決しえる見通しを、ベネットは、ロシア法の中に見出すに至ったといえる。

もっとも、この急旋回は、ベネット自身の研究の発展によるものというよりもむしろ、彼の弟子であるセルヴィッジの作業分析研究の進展によるところが大きかったと推定される。とくに、1921年に発表されたセルヴィッジの論文「陸軍における熟練職の教授」[18]で展開された「単位要素作業」(unit operation) の概念や1923年に刊行されたセルヴィッジの著書『熟練職教授法』[19]のベネットに対する影響は直接的であったと見込まれる。次章において、この研究の発展過程を検討することとする。

第4節 小 括

本章では、アメリカ合衆国での技術教育のための「大学における教員養成」の形成過程で、ベネットが果たした役割を、ブラッドレ総合技術大学での教員養成の教育課程の実際、および、ベネットによる技術教育研究の学的整備の取り組みの面を中心にして明らかにしてきた。その結果は、次のようにまとめることができる。

第1に、ベネットが構築した技術教育のための「大学における教員養成」の教育課程の原型の特徴の1つは、技術教育に関わる教職専門科目を、①技術教育の教授法、②技術教育の歴史と原理、③技術教育の施設設備論の3本柱で構成している点に求められた。ベネット自身、ティーチャーズ・カレッジからブラッドレ総合技術大学まで、一貫して、この3本柱で構成される技術教育固有の教職専門科目の拡充・深化に努めたことが認められたばかりでなく、この特徴は、1910年代後半のアメリカ合衆国で、学士号授与課程として技術教育の

教員養成を実施していた全ての大学の教育課程に共通するものになっていた。

　第2に，ベネットが構築した技術教育のための「大学における教員養成」の教育課程の原型の特徴のもう1つは，教員養成の教育課程における一般教育の重視という点に求められる。一般教育は技術教育のための「大学における教員養成」の教育課程の不可欠の構成部分として位置づけられた。ブラッドレ総合技術大学での技術教育教員養成のための3つの課程における学位授与課程とその他の課程との相違は，一般教育科目の開設の有無という点につきるといっても過言ではなかった。

　第3に，専門職となるべき技術教育の教員の養成を目的的に実現しようとするこうした教育専門職性の理念に基づく教育課程を，とりわけ学位授与課程として成立させ，大学教育としての実質を伴って運営するために，技術教育研究の学的整備を図っていったベネットの取り組みを見過ごしてはならない。

　具体的には，3つの側面において，ベネットは，技術教育研究の学的整備に努め，成果を上げていった。

　1つには，科学のもつ社会的な制度としての側面に関わって，ベネットは，ミシシッピヴァリ会議など，技術教育およびその担い手の養成に関わるいくつかの専門職団体を結成し，その発展のために努力した。

　2つには，科学のもつ累積的に蓄積された知識としての側面に関わって，ベネットは，『手工・産業教育史』二巻本など，その後の研究を蓄積していくための確かな礎になるような技術教育研究のすぐれた成果をあげていったとともに，知識を累積するための不可欠かつ有効な条件となる専門ジャーナルの編集発行や出版社の経営に取り組んでいった。

　3つには，科学の方法としての側面に関わって，ベネットは，技術教育研究にとって有効な科学的方法の原型をロシア法のなかに見出した。そして，技術教育のための作業分析という研究領域を拓き，また，その研究の意義づけに尽力していった。

　ただし，技術教育研究の学的整備に関する最後の側面については，ベネットの弟子であるセルヴィッジの教育研究活動に負うところが大きいと見込まれ，

両者の関わり合いの中で育まれていったとみるべきである。

そこで，セルヴィッジによる技術教育のための作業分析に関する研究と技術教育教員養成へのその適用が次の課題となる。次章において，この問題をとりあげよう。

注
1) 田中喜美「技術教育のための『大学における教育養成』の形成―コロンビア大学ティーチヤーズ・カレッジでの展開と帰結―」佐々木享編『技術教育・職業教育の諸相』大空社，1996年，pp.187-214 を参照。
2) 「農業教育及び工業教育の振興並びに職業教育教員養成に関し，州と協同して財政支出し，職業教育を振興するための法律」
3) Sykes, G., Teacher Licensure and Certification, Alkin, M. C. (eds.), *Encyclopedia of Educational Research*, 6th ed., New York, Macmillan, 1992, p.1353.、八尾坂修『アメリカ合衆国教員免許制度の研究』風間書房，1998年，p.58。また，教員採用との関わりでの合衆国教員養成史については，Warren, D. (ed.), *American Teachers : History of a Professional Work*, New York, Macmillan, 1989, pp.257-290. を参照。
4) Evans, R. N., The Mississippi Valley Conference, Householder, D. L. (ed.), *Industrial Teacher Education in Transition*, Mississippi Valley Industrial Teacher Education, 1988, pp.1-17.
5) ベネットの生涯に関しては，Hammer, G. K., Charles Alpheus Bennett : Dean of Manual Arts, Unpublished Doctoral Dissertation, University of California, Ph.D., 1962. を参照。
6) 近年の合衆国では，技術教育の教員養成に関し，機関数でみれば，教育系高等教育機関の占める割合は，全体の三分の一程度にとどまる。Pucel, D. J., The Current Status and Future of Industrial Teacher Education and Non-Teacher Education Programs in Institutions of Higher Education, *Journal of Industrial Teacher Education*, 34-4, 1997, pp.64-79。表3-1 は，Siepert, A. F., Courses of Study for the Preparation of Teachers of Manual Arts, U. S. Bureau of Education, *Bulletin*, 1918, No. 37, Washington, D. C., 1919. より作成。
7) ブラッドレ大学史についての研究には，History, *Bradley University Bulletin LIX*, No. 6, 1959 や Carter, A., History of Bradley Polytechnic Institute as a Junior College, Unpublished Master's Thesis, University of Chicago, 1930, Wyckoff, C. T., Four Decades 1897-1937. Bradley Polytechnic Institute, 1937，および Hewitt, C. M. Five Decades － Industrial Arts at Bradley, Bradley University, 1951. などがある。

8) Bradley Polytechnic Institute, *Register 1911/12*, 1911, p.30.
9) Bradley Polytechnic Institute, *Register 1917/18*, 1917.
10) 現在，アメリカ合衆国での技術教育教員養成の教育課程において修了要件の全単位数の内，その30~40%の範囲，平均で全体の37%は一般教育の単位を取得することが課されている。Lee, L. S., Status and Anticipated Development of Technology Teacher Education Programs in the United State, Unpublished Doctoral Dissertation, The Ohio State University, Ph.D., 1991, p.112。
11) Siepert, A. F., *Ibid*.
12) バナール「概説：いろいろな姿からみた科学」鎮目恭夫訳『歴史における科学』第1巻，みすず書房，1967年, pp.2-18。
13) Bennett, C. A., *The Manual Arts*, Peoria, Ill., The Manual Arts Press, 1917, *History of Manual and Industrial Education up to 1870*, Peoria, Ill., The Manual Arts Press, 1926, *History of Manual and Industrial Education 1870 to 1917*, Peoria, Ill., The Manual Arts Press, 1937.
ベネットはこの他に次の5冊の著書を著している。*Problems in Mechanical Drawing*, Peoria, Ill., The Manual Arts Press, 1908, *Grammar Grade Problems in Mechanical Drawing*, Peoria, Ill., The Manual Alts Press, 1916, *Art Training for Life and for Industry*, Peoria, Ill., Thc Manual Arts Press, 1923, *Beginning Problems in Mechanical Drawing*, Peoria, Ill., The Manual Arts Press 1934, *My Out of School Education on a New England Farm*, Peoria, Ill., The Manual Arts Press, 1943. 論文・報告書は, 174編にのぼる。
14) Pannabecker, J. R., Reinterpreting the Past : Historiography of Industrial Education, *Journal of Industrial Teacher Education*, 25-1, 1987, pp.17-30.
15) かつて教育史家L.A.クレミンは，アメリカ史の「再解釈の時代を迎えた」とされる時期に，アメリカ教育史像の形成に多大な影響を与えてきたE.P.カバリーの教育史方法論を問題にし，伝統的な教育史研究は，過去を，その時代，その社会の文脈において理解することを試みるというよりも，現在の教育関係者ないし教育専門職に権威を与え鼓舞するために教育の歴史を利用するものであると批判した (Cremin, L. A., *The Wonderful World of Ellwood Patterson Cubberly*, New York, Teachers College Press, 1965)。教員養成の目的のための教育史の成果と科学としての教育史学を整えることとの関係の問題は，事実に即して慎重に吟味していく必要がある。
16) Teachers College, *Bulletin*, 4, 1984, p.17.
17) Hammer, G. K., Charles Alpheus Bennett : Dean of Manual Arts, Unpublished Doctoral Dissertation, University of California, Ph.D., 1962.
18) Selvidge, R. W., Teaching a Trade in the Army, *Manual Training Magazine*, 22-8, 1921, pp.246-258.

19) Selvidge, R. W., *How to Teach a Trade*, The Manual Arts Press, Peoria, Ill. 1923.

第4章

セルヴィッジによる技術教育のための作業分析の形成と展開

第1節 問題の所在

　第3章で指摘したように，ベネットは，技術教育の教員を専門職として目的的に養成すべく，技術教育のための「大学における教員養成」の教育課程の原型を構築するとともに，それに大学教育としての実質を与えるための学的整備にも重要な役割を果たした。彼は，技術教育研究の学的整備の一環として，技術教育研究の科学的方法の探究という面でも尽力し，ロシア法の中にその着想を見出し，技術教育のための作業分析という研究領域を切り拓く前提をつくった。こうしたベネットの課題を引き受けていったのが，彼の弟子の1人であるセルヴィッジ (Selvidge, R. W., 1872～1941年) であった。

　セルヴィッジによって開発された技術教育のための作業分析は，彼の著書『熟練職教授法』[1] (1923年) において確立したとされる。そして，その重要な契機になったとされるのは，セルヴィッジが1918年4月から1920年8月まで関与した合衆国陸軍における職業教育関連活動であった[2]。

　本章では，セルヴィッジが彼の教育研究活動の中で，作業分析の研究にいかに取り組み発展させてきたかを，彼の足跡を追いながら，技術教育研究の科学的方法の探求という面での学的整備の過程として描くことを試みる。

　手順としては，第1に，セルヴィッジの作業分析の形成の前史として，セルヴィッジが技術教育問題へ接近していった経緯，すなわち彼が合衆国陸軍で活動し始める1918年3月までを検討する。

　第2に，セルヴィッジの作業分析の形成過程として，その重要な契機とされてきた合衆国陸軍での活動 (1918年4月～1920年8月) を検討する。

　第3に，セルヴィッジの作業分析の確立過程として，それまでの成果がいか

に体系化されたのか,『熟練職教授法』(1923年)におけるセルヴィッジの作業分析の特質を検討する。

第4に,セルヴィッジの作業分析の展開過程として,『熟練職教授法』(1923年)において確立したセルヴィッジの作業分析が,それ以降,いかに展開していったのかを,彼の一連の著作を通して検討する。

第5に,以上の検討結果を総合して,技術教育研究の科学的方法の探究という面での学的整備として果たしたセルヴィッジの作業分析の意義について考察を試みる。

なお,本章では,セルヴィッジの著作物に関しては,ミズーリ大学エリス図書館所蔵のセルヴィッジ資料 (Selvidge, Robert Washington, papers, 1918~1942年) を,合衆国陸軍の資料に関しては,アメリカ合衆国国立公文書館所蔵の戦時部関係資料を利用した。

第2節 技術教育問題への接近

1 技術教育への着手

セルヴィッジは,1872年10月11日,ミズーリ州ベントン郡マウントビューで,アイルランド系移民の子として生まれた。当初は法律家を志したものの,経済的な問題からそれを断念し,初等学校の教員となり,教育の世界へ進んだとされる[3]。

セルヴィッジが,技術教育に初めて携わったのは,1900年,彼が28歳の時であった[4]。ミズーリ州ジョプリンの高等学校に,手工科教員として赴任したのが始まりであった。それまでは,マウントビュー近郊の学校での教員経験,ミズーリ州立ウォーレンズバーグ師範大学 (State Normal College, Warrensburg, Missouri) におけるラテン語コースでの学習など,技術教育に直接関わった経歴はみられなかった。

しかしながら,セルヴィッジはジョプリンの高等学校において,手工科の教育課程編成に尽力し,第1学年で製図,第2学年で木材加工,第3学年で家具製作を学習する3年間のプログラムの編成を試みた。このプログラムは,手工

科を受講する生徒数を，1900年の21名から，1903年の76名にまでに増加させる等の結果をもたらした[5]。

さらに，セルヴィッジは，その3年後の1903年に，ルイジアナ州ラストンにあるルイジアナ産業学校（Louisiana Industrial Institute）の機械技術学科主任として迎えられた。彼は，政治学の科目とともに，製図，木材加工，金属加工の実習を担当した[6]。ルイジアナ産業学校での産業学習は，当時の手工高等学校で行われていた手工教育と類似のものであり，3年ないし4年制の男子生徒のための木材加工と金属加工を行っていた。具体的には，スロイド，指物，木工旋盤，鍛造，および製図が含まれていたとされる[7]。

こうしてセルヴィッジは，高等学校の手工科の教育課程編成やルイジアナ産業学校での実習指導などの教員経験を重ねる中で，自らのライフワークとして，技術教育に着手し始めた。

ただし，セルヴィッジには，それまでに徒弟経験や技術教育を正式に学習した経歴等はなく，以上のような経験を経る中で，技術教育に関する本格的な学習や研究の必要性を感じるようになっていったと推測される。

2　技術教育の学習と研究

セルヴィッジは，ルイジアナ産業学校に勤めながらの1905～1907年の3年間，イリノイ州ペオリアにあるブラッドレ総合技術大学が運営するサマースクールへ継続的に参加した。

ここでセルヴィッジは，ルイジアナ産業学校で担当した「製図」や「家具製作」，「金属加工」などの実習に関わる科目とともに，「工芸教育の歴史と原理」という科目を受講した。この「工芸教育の歴史と原理」の担当者が，ベネットであった。セルヴィッジは，ここでベネットに出会ったと思われる。

ところでベネットは，第2章でみたように，ニューヨーク・ティーチャーズ・カレッジにて，ブラッドレ総合技術大学での「工芸教育の歴史と原理」と同じ内容の科目をすでに担当していた。その内容は，技術教育のための教授システム，とくにロシア法を軸にして技術教育史を構成するという，後の古典的名著

『手工・産業教育史』上下二巻本[8]の基礎になるものであった。

　すなわち、セルヴィッジは、ブラッドレ総合技術大学のサマースクールにおいて、ベネットによるロシア法等の技術教育の教授システムに関する歴史研究の成果に学び、技術教育の教授システムにおける分析という方法の重要性に気づいていったとみられる。

　ブラッドレ総合技術大学での学習を重ねたセルヴィッジは、ルイジアナ産業学校を辞し、技術教育の学習と研究に本格的に取り組んでいく。1907年には、コロンビア大学ティーチャーズ・カレッジに学び、1908年5月27日には、学士号 (Bachelor of Science) と手工科修了証 (Manual Training Diploma) をコロンビア大学ティーチャーズ・カレッジから、1909年6月2日には、修士号 (Master of Arts Degree in School Administration) をコロンビア大学から授与された[9]。

　セルヴィッジは、コロンビア大学ティーチャーズ・カレッジにおいて、リチャーズの指導の下に、とりわけ、技術教育に関わる社会問題への視野を養っていったとみられる。

　手工科主専攻の必修科目には、リチャーズ担当の「手工教育の理論と実践」があった。この科目の内容でとくに注目されるものとしては、「多くの子どもたちが文法級を卒業できない問題、『無駄になっている年齢』、一般的な訓練かそれとも特殊な教育かをめぐる問題」[10]が扱われていた点が上げられる。この内容の背景には、当時のアメリカ合衆国の公立学校にみられた深刻な課題、すなわち「新移民」の子どもの就学に関する問題があった。

　「新移民」とは、1880年代から1910年代末までにアメリカ合衆国へ大挙した2,500万人に上る移民をいう。彼らは、それまでの西欧や北欧からの「旧移民」ではなく、工業化されていない農村地域出身で、かつ非プロテスタント系が大半を占める東欧や南欧からの移民であった。当時、彼ら「新移民」の子どもの就学問題が大きな課題となっていた。

　とくに、コロンビア大学のあるニューヨーク市では、例えば1910年時点で公立の8年制コモンスクールに在籍していた子どもたち56万9,163人のうち、実に71.5％に上る40万6,803人が「新移民」の子どもたちであった[11]。彼ら

第4章　セルヴィッジによる技術教育のための作業分析の形成と展開　121

の就学実態は，「第3学年の生徒は，5歳から18歳までに及んだ。また同様に，14歳の生徒は，初等学校第1学年から高等学校の最終学年までの全学年でみられた」[12]と報告されるほどであった。

こうした事態の結果，これまでのアメリカ合衆国の公教育理念，とりわけ地域社会の全ての子どもたち共通に（common），一般教育（general education）を教授する学校であるコモンスクールの理念が問われることとなった[13]。

すなわち，当時，ニューヨーク州をはじめとする多くの州では，義務就学の終期を14歳と定め，かつ21歳までコモンスクールに在籍することができるとするコモンスクール就学可能年限が法定されていた。しかし，こうした制度にもかかわらず，14歳までの義務就学年齢期は，まがりなりにも在籍し，義務修学年限は終えたが，コモンスクールの課程は修了せず，しかも法的には就学できるにもかかわらず，学校を離れてしまい，就学しない者が多数存在するという社会問題が発生した。

言語も，宗教も，習慣も異なる「新移民」の子どもたちを，とくにコモンスクールの後半段階である文法級（第5〜8学年）にいかにとどめ，アメリカ社会に適応させるかが，大きな社会問題となった。

セルヴィッジの修士論文「中間産業学校のための教育課程」[14]（1909年）には，こうした社会問題に対する彼の課題意識の反映が認められる。セルヴィッジの修士論文の特徴として，3点が指摘できる。

第1に，セルヴィッジが，公立学校制度の重要な課題として，①コモンスクールの課程を修了せずに学校を去ってしまう子どもの問題と，②将来性の少ない不熟練職種にしか入職できない子どもの状況を，克服すべき最重要課題として注目している点である。彼は，修士論文のテーマにこれを選んだ。

彼自身，アイルランド系移民の子どもとして，当初の希望を断念した経験のあるセルヴィッジにとって，「新移民」の子どもたちが直面し，将来性のある仕事に就くことを困難にしているこの問題は，深刻なものとして受けとめられたと考えられる。

第2に，当時一定の地歩を築いていた手工高等学校は，第1で指摘した課題

を引き受けることができる教育機関でない事実を指摘した点である。

手工高等学校は，1880年，ウッドワード（Woodward, C. M., 1837〜1914年）によるワシントン大学附属セントルイス手工高等学校（St. Louis Manual Training High School）の開校を嚆矢として全米へと普及し，当時，当該分野において一定の地歩を築いていたとされる[15]。

セルヴィッジは，16校の手工高等学校の実態調査の結果として，①手工高等学校では，女子の在籍率が男子の在籍率を上回っている事実，②課程を修了した生徒の多くが高等教育機関へ進学している事実を明らかにし，③手工高等学校がとくに男子の，それも熟練職への入職希望者のための準備教育機関としては有効に機能していないし，機能できない事実を指摘した。

第3に，セルヴィッジは，それゆえ，手工高等学校ではなく，中間産業学校に注目し，そのための2年課程の教育課程を試作した点である。

ここでいう中間産業学校とは，「新移民」の子どもたちの多くを抱えたニューヨークやシカゴなど大都市部で設置され，コモンスクールを修了しないで学校を去る子どもたちを対象に，将来性のある職業へ入職できるようにするための基礎的な教育を保障しようとした学校であり，学校と労働の世界とを媒介する（intermediate）ことをめざした教育機関であった[16]。

セルヴィッジは，彼の修士論文において，こうした中間産業学校のための教育課程を提案した。その教育課程の科目と配当時間は，表4-1の通りであった。

第1学年では，「英語」「歴史」「数学」「資源と原料」に1週間あたり200分配分されていた。「物理」と「用器画」は重視され，1週間に各240分が配分されていた。さらに，実習には，720分が配分されていた。

第2学年では，「資源と原料」の時間が「物理」「用器画」「実習」に配分される他は，第1学年と同様であった。

そして，セルヴィッジによって試作されたこうした教育課程は，次のような意図に基づいていた。

すなわち，その編成にあたっては，「機敏で理解力があり熟練した労働者を，機械の単なる操作人から区別する体系的な一般的知識を，生徒が十分に精通す

表 4-1　中間産業学校の教育課程試案

第1学年		第2学年	
科　　目	時間数(分／週)	科　　目	時間数(分／週)
英　語	200	英　語	200
歴　史	200	歴　史	200
数　学	200	数　学	200
物　理	240	物　理	280
用器画	240	用器画	280
資源と原料	200	—	—
実　習	720	実　習	840
合　計	2000	合　計	2000

(出所) Selvidge, Curriculum for an Intermediate Industrial School, p.14 から作成。

るのに役立つという明確な目的に従うこと」(p.14) が，基本方針になっていた。

　セルヴィッジは，修士論文をまとめた 1909 年の時点において，機械化と労働の細分化に伴い出現する「機械の単なる操作人」としての労働者ではなく，絶えず発展・変化する技術に機敏に対応でき，理解力が高く熟練した労働者という人間像を，学校教育がめざすべき目的として掲げたことに注目しておきたい。

　そして，こうした「機敏で理解力があり熟練した労働者」を養成すべく，各科目では次のような学習が目論まれた。

　「英語」では，実際の伝票や見積書等を通して，文字や文章の書き方を学習する。産業や社会問題に関する書籍を読み，発表し，討論する。

　「歴史」では，アメリカ合衆国産業史について学習した上で，変化する産業秩序の必要に対応しようとして政治のしくみが変化することを学ぶ。また産業革命を学んだ後で，職業倫理や労働運動史を扱う。その中では，社会の繁栄にとっての個人の責任が強調された。

　「数学」では，整数から分数や小数までの簡単な計算を，正確にできるように繰り返す。また，現実の問題に引きつけて，割合や求積法等について学習する。方程式や指数・対数とともに，現実に頻繁に使用されるピタゴラスの定理などの幾何学についても学習する。

「物理」では，実習との関わりで学習することを重視する。内容としては，材料の性質，力，構造，機械，流体，熱，燃焼，光，音，電気について学習する。例えば，流体の場合，ポンプやジャッキ，蒸気エンジンなどの熱機関等との関わりで学習する。

「用器画」では，図面の基本的なかき方，透視図，等角図のかき方を学習し，実際のボルトやナット等をかく。部品図から全体の構想図を透視図でかき，組立図もかく。トレースや青図についても学習する。

「資源と原料」では，実習で使用する各種の資源と原料の供給，性質，用途等について学習する。具体的には，木材や鋼をはじめ，セメント，油，石炭，銅，亜鉛，綿，羊毛，麻等が扱われた。

「実習」では，木材加工と金属加工において，まずは手工具について学習する。次に，機械についての機構やその運動を，観察したり使用したりすることを通して学習する。そして，自動機械の原理について学習する。実習には，木工旋盤をはじめ，ボール盤，平削り盤，フライス盤，印刷機，ミシン等の機械が使用される。さらに，蒸気機関やガソリン機関等の原動機についても学習する。

そして，この科目では，とくに，「生徒を効率的な機械操作人にすることをめざすのではなく，機知に富む柔軟性(resourcefulness and adaptability)」を高めるという観点をもって，全ての機械に見出される共通の要素(the common elements)についての知識を生徒に与えること」(p.21)が強調された。これらの実習を通して，ある特定の機械の操作をできるようにするのではなく，全ての機械に見出される共通の要素について熟知することがめざされていた。

3 大学における技術教育教員養成へ（1908～1918年）

セルヴィッジは，1908年，ミズーリ大学へ手工科の講師として迎えられ，大学における技術教育教員養成に携わっていった。そして，1910年から工芸科(manual arts)の助教授(assistant professor)，1912年から同准教授(associate professor)として，ミズーリ大学において技術教育の教員養成に尽力した。

セルヴィッジは，ミズーリ大学への赴任当初，「手工教育法」や「産業教育

第4章 セルヴィッジによる技術教育のための作業分析の形成と展開

の管理・運営」「作業台実習」「家具製作」「金属工芸」「鍛造」「実習における工具と材料」「設計」といった科目を担当し，その後，「工芸教育法」「木型製作」「機械実習」「応用機械実習」等を担当した。

　さらに，セルヴィッジは，1913～1918年まで，テネシー州ナッシュビルにあるジョージ・ピーボディ教員養成大学 (Gorge Peabody College for Teachers) に，産業教育学科主任 (Head of Department of Industrial Education) として赴任した。彼は，赴任当初，「田舎の学校での手工科 (manual training for rural schools)」「手工具による工作」「木工旋盤と木型製作」「機械実習Ⅰ，Ⅱ」「応用機械実習Ⅰ・Ⅱ・Ⅲ」「農業鍛造 (agricultural forging)」「基礎印刷Ⅰ・Ⅱ・Ⅲ」「応用印刷Ⅰ・Ⅱ・Ⅲ」「製本Ⅰ・Ⅱ」「陶芸」「建築」，後に，「産業科の管理」「工芸科教育法」「職業指導Ⅰ・Ⅱ・Ⅲ」「産業教育演習」「中間学年のための手作業 (hand work for intermediate grades)」といった科目等を分担したとされる[17]。

　こうしてセルヴィッジは，1908年以来，ミズーリ大学やジョージ・ピーボディ教員養成大学において技術教育教員養成に本格的に取り組み始めた。

　この時期のセルヴィッジの課題意識を探ることのできる論文として，「工芸科教育における教養的要素」[18] (1913年) がある。

　セルヴィッジは，まず教養とは，「他者の生活や労働，希望や喜びのために深く考えぬく力であり，寛大な人間的共感を生む判断力を意味する。それは，社会が我々にもたらす便益に関する判断力であり，人類に貢献したいとする願望に関する判断力であり，人類に貢献すべき権力に関する判断力である」[19]と定義した。その上で，教育は，「教養的な教育」と「職業的な教育」とにしばしば分けられ，「教養的な教育」の価値が主に強調され，「職業的な教育」の価値が軽視ないし無視されてきた弊害を指摘する。すなわち，これによって，「大多数の労働者が私たちのために食物や衣服を生産し，さらに嗜好品を提供している現実から遠ざけられてきた」[20]ため，教養として重要な理解の1つである生産過程に関する理解が阻害されてきたと問題を指摘した。そして「私たちは，産業界へと就職するためだけではなく，現代産業を理解するために，今日

いかに生産活動が行われているかを少年たちに教えることが必要である」[21]と述べ，工芸教育における教養的要素の必要性と重要性を主張した。

　セルヴィッジは，大学における技術教育教員養成に取り組み始めたこの1913年時点で，「現代産業を理解するために，今日いかに生産活動が行われているかを少年たちに教える」という課題に向き合っていた。

　しかしながら，この課題を解決することは容易ではないことが予想される。なぜなら，現実の生産活動は，複雑で多様な形態で存在するからである。セルヴィッジは，現実の生産活動を分析し，教養として，少年たちが現代産業の本質をつかみとれるような生産活動そのものの普遍的な側面を抽出する必要があったと考えられる。こうした課題意識が，セルヴィッジをして，後にセルヴィッジの作業分析の方法的核となる単位要素作業の概念化に向かわせる１つの動因になったと思われる。

第３節　技術教育のための作業分析の形成

1　アレンによる作業分析の台頭[22]

　セルヴィッジによる作業分析が形成される直接の契機は，合衆国陸軍での彼の活動にあったとされる。同時に，それは，乗り越えるべき対象があったからこそ，形成されたとみられる。その乗り越えるべき対象とは，当時，影響力をもちつつあったアレンによる作業分析であった。

　アレンは，第一次世界大戦期の1917〜1918年にかけて，戦時船舶公社による造船関係の訓練指導員養成に尽力し，作業分析を研究，その成果として，『訓練指導員，労働者，職務』[23](1919年) を刊行した。ここに体系的に展開されたのが，アレンの作業分析であった。

　『訓練指導員，労働者，職務』において，アレンが直接対象にしたのは，企業内職業教育訓練制度，とくに第一次世界大戦期に形成されてくる訓練部 (training department) の問題であった。彼は，この著書で，訓練部と称される，従業員訓練を専管する独立部門を経営組織内に設置する必要性とその役割，ならびに訓練部の運営をめぐる諸問題の解明を課題にしていた。そして，その一環

として，作業分析を研究した。

　見方を変えると，企業内で資本を主体とする職業教育訓練制度が生成してくる過程は，「職長帝国」[24]といわれるほど，生産管理や人事管理等に関する包括的な職能を占有していた熟練労働者から，教育訓練についての職能を分離し，それらを経営組織の一定部分に集権化することによって，これらの職能を，資本の管理職能として，実質的に包摂していく過程であることを意味した。

　アレンは，まさにこの過程を促進させることを課題とし，そのための方法論として，彼の作業分析を体系化した。

　その核心は，作業を分析する基礎単位，また，教授課程を構成する基礎単位を，「職務(job)」に措定した点にある。

　アレンは，「職務という用語は，ある労働者がそれを行って賃金を支払われるものを意味する。図面をよむこと，機械を操作すること，活字を組むこと等は，職務である。また，それを行い賃金が支払われるかどうかによって，ある作業はある労働者にとっては職務であるが，他の労働者にとってはそうでないかもしれない。」(p.47)と説明した。

　この「職務」の意味は，次の2点にまとめられる。

　第1は，アレンの作業分析の核心としての「職務」は，人事管理論の基礎概念としての「職務」そのものである点である。

　アメリカ合衆国の人事管理論においては，job＝「職務」は，人事管理制度上の重要な基礎概念であり，その定義は，オーティスとルユカートやヨーダー等[25]のものを基本に検討が進められてきたといえるが，そこでは，「職務」とは，属人的なものではなく，客観的に存在する非個人的(impersonal)なものであって，課業(tasks)，義務(duties)，責任(responsibilities)の一集合体であり，とりわけ，労働そのものではなく，経営組織での階層的秩序体系に対応する一定の役割であることが，要点であるといわれている。

　そして，アレンのいう「職務」の概念は，まさに人事管理論における「職務」に相当するものであり，それは，企業組織の秩序体系において，労働者が配置され割り当てられる職務のうちの，その範囲内での課業であった。

第2は、アレンのいう意味での「職務」を書き記すとは、ある企業のある工場で現に行われているという意味で具体的な、かつ、特定の「職務」の範囲における単数あるいは複数の課業をとりだすことであり、それらを基礎単位として行われる教授とは、現在従事しているか、それへの配置が決められている職務のための教授という性格をもつことにならざるをえない点である。

　そして、アレンは、こうした「職務」を基礎単位として編成した内容を教授するにあたって、経営上の能率の点および半熟練あるいは不熟練に近い職種の訓練を念頭においている点という2点を理由に、実際の「職務」遂行の中で実施されるOJT (On the Job Training) を訓練方式の原則として採用した。

　以上のように、アレンは、教育訓練についての職能を、熟練労働者から分離し、企業の管理職能として実質的に包摂していくことを課題とし、その課題を遂行するために、経営組織の階層的秩序体系に対応する一定の役割としての「職務」を教授の基礎単位に据え、訓練方式としては、「職務」に就きながらのOJT を原則に採用した彼の作業分析を開発した。

　つまり、アレンの作業分析は、技術教育のための作業分析というよりはむしろ、人事管理のための職務分析であった。それは、労働者の養成や訓練の職能を占有しつつあった個別企業の必要に的確に応えていたことは間違いなく、アレンの作業分析は、当時の支配的な社会勢力によって積極的に受け入れられ、その影響力を発揮していった。

　ただし、こうした具体的な内容はともかく、アレンが作業分析を問題にしたこと自体は、見過ごされてはならない。彼は、労働の技術的過程・社会的編成の発展と労働の資本への実質的包摂の一過程において顕在化せざるをえない問題、すなわち、これまで熟練労働者の経験やカンの内に潜んでいた労働能力およびその伝達の方法を、誰にでも分かち伝えることのできる客観的なものとして科学的に確定していく問題に取り組んだといえる。

　セルヴィッジが、合衆国陸軍で取り組んだ問題も、この点では同様であった。しかし、アレンの作業分析は、企業の人事管理の要求に応えるものであり、セルヴィッジがこれまで掲げてきた労働者の養成とはかけ離れたものであった。

第4章　セルヴィッジによる技術教育のための作業分析の形成と展開　129

それではセルヴィッジの作業分析は，いかに形成されたのか。まず，セルヴィッジの作業分析の形成の重要な契機であるとみられてきた合衆国陸軍におけるセルヴィッジの活動を検討する。

2　合衆国陸軍におけるセルヴィッジの活動と成果

　1917年4月6日，アメリカ合衆国が第一次世界大戦に参戦した。第一次世界大戦は，新火薬の開発やトラック輸送の発展，戦車や航空機の登場等，軍事技術を飛躍的に発展させた戦争であったとされる[26]。これに伴い，鉄道の敷設・保全，自動車やトラックの運転，ガソリン・エンジンの整備，電話や無線による通信能力の育成などが，兵士に求められるようになった。そのため，第一次世界大戦では，兵士を養成する上での人的要件として，これまでの身体的，精神的要素に加え，「高度な一般的知能ならびに専門的な科学的知識や幅広い技術的・生産的技能」[27]が要請されるようになった。

　1918年2月，こうした状況に対応するために，合衆国陸軍は，リース (Rees, R. I.) 中佐を代表とする3名からなる教育・特別訓練委員会 (Committee on Educational and Special Training) を結成した。当該委員会は，「協力関係を築いた大学や学校での特別訓練が的確に実施されるように管理する。」[28]ため，地区教育取締役 (district educational director) を全米で10名任命した。その1人がセルヴィッジであった。

　セルヴィッジの担当は，ミシシッピー州，アラバマ州，テネシー州，ケンタッキー州の全域，ミズーリ州南部，イリノイ州南部，インディアナ州南部，アーカンソー州東部，ルイジアナ州東部を管轄とする地域であった。

　セルヴィッジら地区教育取締役の役割は，上述の「高度な一般的知能ならびに専門的な科学的知識や幅広い技術的・生産的技能」を備えた兵士を養成するために，管轄区域内の州立大学や市立大学，技術高等学校やトレイド・スクール，私立学校等での教育活動を監督することであった。

　教育期間は8週間であった。教育は1日あたり9時間で構成された。その内訳は，3時間が軍事訓練 (military training)，6時間が技術的・専門的教育 (technical and trade training)にあてられた[29]。

各教育機関で提供される技術的・専門的教育の種類は，木材加工，指物，木型製作，仕上げ加工，建築一般，板金加工，鍛造，機械工作，電気，電子電信，ガソリン・エンジン，自動車の運転と修理であった[30]。

こうした教育・特別訓練委員会の活動は，1919年3月に終了した。活動の結果，総勢8万8,972人が教育された。その主な配属先は，野戦砲兵隊が1万3,052人，歩兵隊が1万2,840人，輸送隊が9,384人，工兵隊が9,110人，士官養成学校が1,144人等であった[31]。

また，教育された主要な職種は，人数の多い順にいうと，自動車工（2万5,331人），建築・家具職人・木材加工労働者（1万1,911人），トラック運転手（1万180人），電気工（5,169人），自動車運転手（4,580人），鍛冶工（4,111人）等であった[32]。

第一次世界大戦後の1919年9月下旬，合衆国陸軍は，陸軍野営地における一般教育の継続のための活動，ないしは市民生活への復帰のための活動である教育・復員関連活動（Education, Recreation, and Related Activity）に着手した。この活動に，セルヴィッジは，職業教育の専門家として携わり，アーカンソー州リトルロックのパイク野営地とテキサス州サンアントニオのトラヴィス野営地，イリノイ州ロックフォードのグラント野営地を担当した[33]。

グラント野営地で，自動車，電気，建築，繊維，食料，動物輸送，金属，印刷，医療，高速道路建設と地形測量，動力，音楽，皮革，機械，商業，農業，その他という17分野にわたる専門職員と協力し合うことによって，カンバス工，洋服仕立業，整地作業，農業，配管業，建築業，電気部門：屋内配線，自動車部門：エンジン修理，印刷：手組み，タイプライター，製図，高速道路建設，機械製作一般，板金作業，酸素アセチレンによる溶接と溶断，消防士，自動車のシャーシ，自動車の始動・照明・点火装置と題した18種類の「陸軍熟練職マニュアル」を開発したとされる[34]。

こうしたセルヴィッジの教育・復員関連活動は，1920年8月まで継続された。その後セルヴィッジは，1920年9月1日付でミズーリ大学へ戻った。

第4章　セルヴィッジによる技術教育のための作業分析の形成と展開

　セルヴィッジの合衆国陸軍での活動の特徴としては，①「高度な一般的知能ならびに専門的な科学的知識や幅広い技術的・生産的技能」の形成を課題としていた点，②大学や技術高等学校，トレイド・スクールといった教育機関の実習施設を利用した訓練に取り組んでいた点，③「陸軍熟練職マニュアル」という教材の開発に携わっていた点が指摘できる。これらの特徴は，いずれもアレンの作業分析と対比するとき，その違いが鮮明になろう。

　以上のような合衆国陸軍でのセルヴィッジの経験は，1921年2月に『手工教育雑誌』に掲載された彼の論文「陸軍における熟練職の教授」[35]（1921年）にまとめられた。

　セルヴィッジは，この論文において，熟練職を教授する初めの一歩は，「当該熟練職における熟練労働者になるために，できなければならない項目の一覧表を作成する」[36]ことであり，この一覧表が「私たちが教えなければならない項目の一覧表であり，またその一覧表は当該職種の分析結果で構成されている」[37]とする。そして，これらの項目を「単位要素作業」と称した[38]。

　セルヴィッジは，単位要素作業を次のように説明する。

　「（単位要素作業とは，）当該熟練職の多くの職務の中で実際上同一の形態において見出される基本的な加工工程 (fundamental mechanical processes) であると大まかに定義されよう。例えば，はんだづけは，ブリキ職 (tinner's trade) における1つの単位要素作業である。ある1つの職務は，1つないしそれ以上のこうした単位要素作業で構成されている。」[39]

　すなわち，ここでセルヴィッジのいう「単位要素作業」とは，熟練職における多くの職務の中で同一の形態において見出される基本的な加工工程であった。そして，その単位は，それ自体ないしその組み合わせが実際の職務を構成するものであった。

　このように，セルヴィッジは1921年の論文で，熟練職の分析および教授の基礎単位に，単位要素作業を据えた。これは，アレンの作業分析とは対照的であった。

　アレンは，分析および教授の基礎単位に，「職務」を据えた。それは，既に

みたように，無限定な意味での作業ではなく，ある職場において当該労働者に課される限りにおいての作業であり，企業組織の秩序体系において，労働者が配置され割り当てられる職務のうちの，その範囲内での課業であった。

アレンのいう「職務」は，現実には，各企業の中で，単純なものから複雑なものまで幅広く存在することは容易に推測される。それらには，教授単位としては，あまりに内容が多く，複雑なものがあることも考えられる。教授単位になりえるのは，比較的単純なものでなければならない。したがって，「職務」は一貫した教授単位になりえない。それは半熟練ないし不熟練に近い労働者の養成を前提にした限りで，教授単位として成り立ちえた。

セルヴィッジは，これに対し，当該熟練職における熟練労働者の養成をめざし，同一の形態で見出される基本的な加工工程である単位要素作業を教授の基礎単位に据えた。そして，セルヴィッジは，この単位要素作業を基礎にして，要素作業票（operation sheet）と分析表（analysis sheet）を開発した。

「要素作業票」とは，「その単位要素作業を実行するため具体的で簡潔な指針が与えられている」[40]ものであるとされた。その「指針」は，「参考文献」，作業工程の各段階に関する「指示」，なぜその段階で行うのかを考えさせる「質問」の3項目で構成された。「要素作業票」は，こうした指針に従って行えば，当該単位要素作業を実施可能となることが意図された教材であった。それは，後に，作業指導票として整備されるものの原型とみられる。

「分析票」とは，「当該熟練職において熟練労働者となるためにできなければならない事項の一覧表」[41]であった。すなわち，当該熟練職における熟練労働者として獲得すべき，すべての単位要素作業が一覧表にされたものであった。

このようにセルヴィッジは，合衆国陸軍での活動の経験を，「陸軍における熟練職の教授」（1921年）において，熟練職を教授する方法としてまとめた。

そしてそれは，当時，個別企業の要請に的確に応え，社会的影響力をもちつつあった人事管理のための職務分析としてのアレンによる作業分析とは大きく異なるものであった。

すなわち，アレンは，教育訓練についての職能を，熟練労働者から分離し，

企業の管理職能として実質的に包摂していくことをめざして，経営上の能率の観点から半熟練ないし不熟練に近い労働者を養成することを課題とし，それゆえ，企業における階層的秩序体系に対応する一定の役割である「職務」を基礎単位に据えた。

これに対して，セルヴィッジは，当該熟練職における熟練労働者の養成をめざした。しかし，熟練職は，現実には多種多様な職務からなるため，この課題を実現するためには，アレンが採用した「職務」では不可能であった。こうしてセルヴィッジは，「職務」に代わって，多くの職務において実際上同一の形態で行われる基本的な加工工程である単位要素作業を基礎単位に据えることへと至った。そして，こうした単位要素作業を基礎にして，要素作業票や分析表を開発するなど，単位要素作業を核にした技術教育研究の科学的方法を整備していった。後に，セルヴィッジの作業分析として体系化される方法の基本手続きが，ここに樹立されたとみてよい。

しかし，セルヴィッジ自身，この論文のまとめの部分で，「雑誌論文の中での限られた紙幅では，合衆国陸軍での取り組みの根拠となった計画ないし諸原理をすべて説明し尽くすことは不可能である。」[42]と述べるように，それを十分には展開しきれなかった。この体系化は，1923年に出版されたセルヴィッジの主著『熟練職教授法』を待たなければならなかった。

第4節 『熟練職教授法』(1923年)における技術教育のための作業分析の体系化

1 『熟練職教授法』の構成

1923年，セルヴィッジは，主著『熟練職教授法』を著した。この『熟練職教授法』において，セルヴィッジによる作業分析が，体系的に確立されたとみられる。

『熟練職教授法』の目次は，以下の通りであった。

第1章 序論
第2章 専門工と熟練機械工

第3章　熟練職の分析
第4章　単位要素作業
第5章　知識のトピック
第6章　熟練職で解かなければならない問題
第7章　職務の分析と計画
第8章　興味・習慣・技能
第9章　本プランの利点と難点
第10章　作業計画の作成

　第1章「序論」に引き続き，第2章では，現実の工場生産における労働者の分析から，本書の課題を設定する。すなわち，単能工である「専門工」ではなく，熟練労働者である「熟練機械工」の養成が，現実の工場生産の実態を分析した結果から課題として設定される。そして，第3章では，熟練労働者を養成するために必要な熟練職の分析および教授の方法が概説される。これを受けて，第4章から第6章にかけては，方法に関するより詳細な説明として，分析および教授の基礎単位となる「単位要素作業」を中心に，それに伴って必要とされる「知識のトピック」や「熟練職で解かなければならない問題」について扱われる。第7章では，熟練職という複雑な仕事の内容を分析し，その段取りを計画する方法，第8章では，訓練の際に留意されるべき興味，習慣，技能の各事項が解説されている。第9章および第10章では，教員が，この訓練方式を計画し実施するにあたっての要点と留意点をまとめている。

　以上のような『熟練職教授法』の全体構成を概観する時，それが，彼の課題意識に基づく技術教育の目的論とそれを実現するための方法論で構成された点が注目される。

　なぜなら，一般に，分析という操作は，課題や目的との関連において，その具体的方法が規定されるからである。作業分析も同様であると考えられる。

　既にみたように，セルヴィッジの作業分析の基本手続きは，1921年の「合衆国陸軍における熟練職の教授」において樹立されていた。これに対して，1923年の『熟練職教授法』では，第2章「専門工と熟練機械工」において，

第4章　セルヴィッジによる技術教育のための作業分析の形成と展開　135

アレンの作業分析への批判というセルヴィッジの課題意識に基づく技術教育の目的論が表明され，その後の章にて，その目的を実現するための方法論が展開された。以下，それぞれに関して検討を試みる。

2　セルヴィッジによる技術教育の目的論の確立

　セルヴィッジは，第2章「専門工と熟練機械工」において，機械化と労働の細分化を特徴とする当時の機械制大工業の進展の中で，「専門工」と「熟練機械工」という2種類の労働者像を抽出し，「専門工」の養成ではなく，「熟練機械工」の養成を目的にすべきとした。そして，ここでいう「専門工」の養成とは，アレンが，彼の人事管理のための職務分析を通して実現しようとした目的であり，これを否定し，「熟練機械工」の養成を目的にすべきとするセルヴィッジの意図は，アレンの作業分析の批判にあったことは明らかである。
　すなわち，「専門工」とは，「いくつかの要素作業に関する高度な技能を獲得した」(p.19) 労働者であり，その「責任は特定の要素作業群ないし職務に限定された」(p.17) 労働者であると規定された。ここでいう「専門工」とは，いくつかの限られた要素作業しか含まない特定の職務を遂行し，それのみに責任を負う単能工であるといえる。
　またセルヴィッジは，「専門工」が遂行する特定の職務に関わり，次のようにいう。「大工場の最も基本的な要素の1つは，労働の細分化である。それは，ある1つの商品の生産過程を多くの要素作業に分割し，各要素作業を別々の労働者へ割り当てることを意味する。こうして，ある1つの商品生産過程を分割した1つの小さな単位の遂行が労働者の職務になる。大工場生産による商品は，こうした一連の職務の遂行の結果である。」(p.19) とした。
　ここにいう職務とは，生産過程を構成する1つないしいくつかの要素作業からなり，大工場で働く当該労働者へ実際に割り当てられた課業を意味した。すなわちそれは，アレンの作業分析が分析および教授課程の基礎単位として採用した，経営組織での階層的秩序体系に対応する一定の役割としての「職務」に他ならない。

そしてセルヴィッジは，こうした特定の職務に制限された「専門工」という単能工の養成訓練について，「現代産業は，専門工を養成するような種類の訓練を求めてきた。しかし，そうした訓練は，狭く不十分である。それは，全面的に生産のために行われ，生産の観点からは十分であるかもしれない。しかし，その全ての構成員が，国家の政策を決定する発言権をもち，権利と恩恵を平等に享受する民主主義を担う市民という観点からは，そうした訓練は全く不十分である」(p.21) と批判した。そして，「専門工」ではなく，熟練労働者である「熟練機械工」の養成こそが，今日取り組むべき中心課題であると主張した。

ここに主張された民主主義を担う市民としての熟練労働者という人間像は，これまでのセルヴィッジの課題意識が結晶されたものであるとみられる。

かつてセルヴィッジは，1907 年から，コロンビア大学ティーチャーズ・カレッジにおいて，リチャーズの指導の下に学び，修士論文「中間産業学校のための教育課程」(1909 年) をまとめた。そこでは，養成すべき人間像として，「機械の単なる操作人」ではなく，「機敏で理解力があり熟練した労働者」が掲げられた。とりわけ，実習では，「機知に富む柔軟性」を高める観点から，「すべての機械に見出される共通の要素」を教えることが重視された。

また，セルヴィッジは，1918～1920 年にかけての合衆国陸軍での経験を，「陸軍における熟練職の教授」(1921 年) として雑誌論文にまとめた。セルヴィッジは，当時，半熟練や不熟練に近い労働者養成を課題にしたアレンの作業分析が台頭していたのに抗して，熟練労働者の養成を一貫して主張し続けた。

こうして，『熟練職教授法』(1923 年) において，民主主義を担う市民としての熟練労働者の養成を掲げた。その際，セルヴィッジのいう熟練職とは，「ある特定の工場で遂行される職務ないし要素作業群が，熟練職の範囲全体に相当することはほとんどない」(p.17) とし，特定の工場や事業所に限定されない企業横断的性格をもつものであると想定された。

そして，熟練労働者の特徴を，次の 7 点にまとめた (p.20)。

① 当該熟練職における工程の全てに精通している労働者。
② いかに複雑な仕事の内容であっても，それを分析し，遂行するための段

第4章　セルヴィッジによる技術教育のための作業分析の形成と展開

取りができる労働者。
③　自らの熟練職に関連する図面や仕様書を読むことができる労働者。
④　あらゆる要素作業を，習熟したやり方で実行できる労働者。
⑤　自らの熟練職に必要とされる計算ができる労働者。
⑥　自らの熟練職の基礎となる科学の事実を知る労働者。
⑦　思慮深く，可動性に富み，確固たる自分なるものをもった（self-reliant）労働者。

　ここで特に注目されるのは，⑦の「思慮深く，可動性に富み，確固たる自分なるものをもった労働者」という規定である。これは，明らかに，それ以前の①〜⑥を総合して導き出した総括規定である。同時に，そこでは養成すべき労働者の資質として，いかなる時代状況であっても流されずに労働者としての自分に自信をもてるような「確固たる自分なるものをもった」点が新たにあげられていることが看過されてはならない。

　第一次世界大戦期からその直後は，企業主導で展開された人事管理制度が生産現場に展開され，労働組合組織化への潜在力を減退させた時期であり，さらに，婦人労働や黒人労働者といった不熟練労働者の雇用と並行して，熟練工労働組合運動が衰退した時期でもあった[43]。こうした労働者にとって厳しい時代状況の中で，企業によって割り当てられる職務への順応といった企業への従属ではなく，「確固たる自分なるものをもった」労働者を養成する重要性について，セルヴィッジは強調した。

　セルヴィッジにとっては，こうした「思慮深く，可動性に富み，確固たる自分なるものをもった労働者」が，すなわち，「その全ての構成員が，国家の政策を決定する発言権をもち，権利と恩恵を平等に享受する民主主義を担う市民としての熟練労働者」の具体像であった。

　他方，民主主義を担う市民としての熟練労働者というセルヴィッジの養成すべき人間像には，一面において，19世紀末からのアメリカ合衆国で展開された中等教育改革が反映されていたとみられる。

　ここでいう中等教育改革とは，1893年の十人委員会報告書から始まり，

1918年の『中等教育の基本原理』[44]に至る中等学校制度改革の動向である。それは，従前，上級学校進学準備教育を主目的とし，職業への無関心を特徴とする旧い中等教育観を転換させ，職業教育を重く位置づけた上構型学校体系における新たな中等教育観を公認し，職業教育を含む教育課程の履修者に大学進学の道を拓き，中等教育としての職業教育を樹立したものであった[45]。

『中等教育の基本原理』では，民主主義における中等教育の主要目的として，① 健康，② 基礎学力，③ 価値ある家庭人，④ 職業，⑤ 市民性，⑥ 余暇の善用，⑦ 倫理性，の7項目があげられた。同時に，この報告の草稿作成を準備した中等教育改造委員会の議長キングズリー（Kingsley, C. D., 1874-1926年）によれば，「これら7項目全ての中に，広義の『市民性』という概念が不可欠のものとして貫かれている」[46]とされる。この市民性は，「アメリカ民主主義の理想の理解とそれへの忠誠は，市民教育の際だった目的である」(p.8)との脈絡で述べられており，アメリカ民主主義を担う構成員としてのよき市民の育成の観点から，それぞれの主要目的が位置づけられ，それらの内容の具体が規定されているとみられる。

「中等教育の基本原理」において，「④ 職業」の項目は次のように説明された。「職業教育は，個人が彼と彼の家族の生計を立てることができ，職業を通して社会に貢献でき，働く仲間や社会との正しい関係を維持することができ，そして，その職業の中で彼の最大かつ最善の発達を図ることができるようにすべきである。……（中略）……職業教育は，地域社会に対する職業の意義の認識を深め，選択した職業に従事する人たちの間の，相異なる職業集団間の，雇用者と被雇用者間の，また生産者と消費者間の適切な関係についての明確な概念を発達させることを目的とする」(p.13)。

そしてこうした内容は，「個人が近隣の町，市，州，国家の一員として，自己の役割を適切に遂行するような資質を発達させ，併せて国際問題を理解する素養を与えるべきである」(p.7)とする「市民性」の面から理解されなければならない。

すなわち，『中等教育の基本原理』は，アメリカ民主主義におけるよき市民

の育成の観点から，中等教育の教育目的の1つに「職業」を位置づけた。個人が，民主主義のもとで地域，市，州，国家の一員として，自己の役割を適切に遂行できる資質を発達させる一環として，職業において彼の最大かつ最善の発達を図ることができ，社会に対する職業の意義を深く認識させ，職業に関わる適切な社会関係について明確な概念を発達させるような「職業」の教育が必要なことを，中等教育の教育目的として展開したといえる。

こうして中等教育としての職業教育を樹立したアメリカ合衆国における中等教育改革の動向が，セルヴィッジの問題関心と無関係であったとは考えがたい。

なぜなら，セルヴィッジは，1900年にミズーリ州ジョプリンでの高等学校における手工科の教育課程編成を通して技術教育へ着手し，その後も，手工高等学校の実態を批判し，修士論文「中間産業学校のための教育課程」(1909年)をまとめ上げるなど，中等教育段階の技術教育に取り組んできた経緯があったからである。また，彼は，大学における技術教育教員養成に携わるようになった1913年時点においても，生産過程に関する理解を，産業界に就職するか否かに関わらず，市民一般のための教養として重視していた点は，すでにみた通りである。

以上のように，セルヴィッジは，アメリカ合衆国における中等教育改革を背景に，自らの課題意識を深化させ，民主主義を担うよき市民の育成という観点から，アレンの作業分析を批判し，当該熟練職における熟練労働者像を探究した結果，「思慮深く，可動性に富み，確固たる自分なるものをもった熟練労働者」という養成像を定立するに至った。つまり，セルヴィッジによる技術教育の目的論がここに確立したといえる。

ところで『熟練職教授法』(1923年) では，「熟練機械工」としての熟練労働者像の一例として，配管工があげられた。

配管工の場合，以下のような，①「単位要素作業」，②「知識のトピック」，③「熟練職が解かなければならない問題」に精通していることが想定されていた。

① 単位要素作業[47]
　1) 平面図と配置図を作成すること
　2) 必要な材料と工具の請求書を作成すること
　3) 配管を通す溝を掘ること
　4) 下水管を敷くこと
　5) 下水管を切断すること
　6) 古くなった下水管に新しい継ぎ手を挿入すること
　7) 本管と支管を接続すること
　8) 錬鉄製の配管を切断すること
　9) 配管にねじ山を切ること
　10) 配管の径を広げること
　11) 配管を取付金具で接続すること
　12) 錬鉄，鋼，真鍮の配管を曲げ加工すること
　13) 配管と取付金具を補強すること
　14) 鋳鉄製の配管を切断すること
　15) 継ぎ手をかしめること
　16) 水漏れの検査をすること
　17) 配管に穴をあけること
　18) 鉛製の配管と薄板を切断すること
　19) 鉛製の配管と薄板を仕上げること
　20) 鉛をはんだ付けすること
　21) 錫の地金をはんだ付けすること
　22) ぬぐい継ぎをすること
　23) 鉛製の配管と薄板を曲げ加工すること
　24) 継ぎ手を溶接すること
　25) はんだごてを錫メッキすること
　26) 真鍮，銅，鉄を錫メッキすること
　27) ブリキ，真鍮，亜鉛メッキされた鉄の薄板をはんだ付けすること

第4章　セルヴィッジによる技術教育のための作業分析の形成と展開　141

28) 雑巾を準備すること
29) ガソリン炉とトーチに点火すること
30) 屋根の継ぎ目や水切りをつけること
31) 真鍮やニッケルでメッキされた配管を切断すること
32) 大便器，小便器，掃除用流し台を設置すること
33) 貯水タンク，洗面台，台所用流し台を設置すること
34) 貯水タンクや洗浄装置を整備すること
35) 古い汚水管に新しい継ぎ手を挿入すること
36) 蛇口や弁を調節・修理すること
37) 排水管のつまりを発見・除去すること
38) ガス漏れを塞ぐこと
39) 配管から錆を除去すること
40) 給水管から給水を止めること

② 　知識のトピック[48]

1) 配管工の工具
2) 専門用語
3) 配管の疲労
4) 防臭弁とその原理
5) 換気と防臭弁の位置
6) 防臭弁の破損
7) サイホン作用
8) 排水管と換気管の適切なサイズ
9) 鋳鉄製の汚水管と取付金具
10) 錬鉄製の汚水管と鋳鉄製の取付金具
11) 屋根の水切り
12) 下地工事
13) 鋳鉄製の配管の継ぎ手
14) 下地工事の検査

15）テラコッタの使用箇所
16）配管設置に伴う柱の切断
17）汚水管への新しい継ぎ手の挿入
18）鋳鉄製の汚水管および排水管への鉛製の接続部品の挿入
19）防油弁
20）冷却装置と冷蔵庫の接続
21）安全な廃棄
22）砂利の水はけ，車庫の下水溝など
23）はんだ
24）フラックス
25）配管工の汚れ
26）ぬぐい継ぎ
27）合金の融点
28）鉛製の配管の種類と使用法
29）水の重量と水圧
30）熱による水の膨張
31）配管内での水の循環
32）管の容量
33）熱による配管の膨張
34）鋳鉄，錬鉄，鋼のさびの傾向
35）水道管，ガス管，汚水管，下水管のピッチ
36）温水供給のための配管と冷水供給のための配管
37）配管内の摩擦力
38）給水管の空気室
39）給水システムの騒音
40）圧力の調節装置
41）市街設備の水道管
42）水道管の凍結防止

第4章 セルヴィッジによる技術教育のための作業分析の形成と展開　143

43) 修理に伴う水道の断水
44) 止水栓と排水栓
45) 寒冷地での給水栓と固定設備。
46) 温水循環システム
47) 給水とガス工事
48) 給水管の凝結
49) 蛇口
50) 弁
51) 台所給湯器の接続
52) 給湯器の湯だし
53) 自動給湯器
54) ガス暖房
55) 地下排水溝の設置
56) 水洗便所の設置
57) 浴槽の設置
58) 便所と洗面台の設置
59) 洗濯槽の設置
60) 水洗便所の貯水タンクと弁
61) 洗浄弁
62) 最新の配管設備
63) 公共建造物のための複合設備
64) 鉄と鋼の配管の種類と使用
65) 配管の取付部品
66) 真鍮と銅の配管の太さと種類
67) 地域の給水方法
68) 給水のための空気圧縮装置
69) 地域の下水処理
70) 汚水槽

71）吸引ポンプ
72）吸上げ・押上げポンプ
73）水撃ポンプ
74）ポンプの限界
75）適切なポンプの選択
76）水洗便所の貯水タンクの容量
77）水圧
78）水漏れの位置
79）つまりの位置
80）配管システムと備品の管理
81）平面図の経図
82）建築法規
83）認可と報酬
84）労働の管理と建築物
85）当該職務上における配管工の品行
86）事故と応急処置

③ 熟練職が解かなければならない問題[49]

「熟練職が解かなければならない問題」として，以下の見出しの下に，具体的問題が一覧表にされていた。

1）計算
2）時間と材料についての簿記
3）材料と消耗品の発注
4）量の節約
5）レイアウトの作成
6）費用の見積

このように，セルヴィッジの想定した「熟練機械工」としての配管工とは，以上のような40項目の単位要素作業，86項目の知識のトピック，6つの見出しにまとめられた熟練職が解かなければならない問題に精通した熟練労働者で

あった。

そして，単位要素作業としては，ある特定の職務に限定されず，配管という熟練職におけるあらゆる単位要素作業が対象とされ，その一つひとつの単位は，「錬鉄製の配管を切断すること」など，比較的大まかな到達目標として記述されていた。

知識のトピックとしては，工具の種類や専門用語についての知識に加えて，単位要素作業を遂行するだけではなく，その裏付けとなる科学的根拠をもって遂行できるように，材料科学や流体力学などに及ぶ科学的な事実についての知識が対象とされていた。

熟練職が解かなければならない問題としては，熟練職として最低限必要な計算の一般的な知識とともに，簿記や発注・見積もりといった熟練職特有の段取り等に必要な知識が対象とされていた。

3　作業分析の方法論の具体的展開

セルヴィッジは，以上のような課題意識に基づく技術教育の目的を実現するために，作業分析の方法論を具体的に展開した。その特徴として3点が指摘できる。

第1の特徴は，単位要素作業が定義された点である。

セルヴィッジは，『熟練職教授法』において，単位要素作業を次のように定義した。

「ある熟練職における1つの単位要素作業とは，一定程度の技能がなければ遂行できない1つの要素作業である。単位要素作業は，当該熟練職を実行する際に程度の差はあれ頻繁に見出され，かつ，いかなる場合にあっても，その作業の遂行には，同一の諸段階を必ず踏むものである。いかなる熟練職の労働においても，『1つのグループとして』頻繁に見出される諸段階のまとまりはすべて1つの単位要素作業としてみなされる。すべての職務は，これらの要素作業の1つ，あるいはそれ以上で構成される。」(p.25)。

「合衆国陸軍における熟練職の教授」(1921年)での説明と上記の定義を比較

するならば，その内容としては，主要な論点に大きな変化はみられないものの，定義として明確に定立された点が注目される。

そして，この定義は，上でみてきたセルヴィッジの技術教育の目的論に規定されたものであるといえる。

1920年代のアメリカ合衆国では，すでに機械制大工業が機械・金属工業分野にも浸透しており，現実の社会的生産労働の多くは，経営組織の秩序体系における一定の役割としての職務として編成されていた。経営上の能率の観点から，こうした職務を分析および教授の基本単位にそのまま据えたのがアレンの作業分析であった。

これに対してセルヴィッジは，民主主義を担う市民の育成の観点から，アレンの作業分析を批判し，当該熟練職における熟練労働者の養成をめざした。そのためには，職務としての形態をとって存在する現実の労働の普遍的側面を抽出すること，すなわち，現実の生産労働を，価値増殖過程としてではなく，労働過程としての側面から分析することが求められた。そして，これを概念化したのが，労働過程の側面からみた生産労働の基本単位である単位要素作業であった。これがセルヴィッジの作業分析の方法的核心となった。

第2の特徴は，訓練内容が，① 単位要素作業，② 知識のトピック，③ 熟練職が解かなければならない問題，の3項目で編成された点である。

セルヴィッジの掲げた養成すべき熟練労働者像は，当該熟練職における工程全てに精通し，あらゆる要素作業を遂行でき，その基礎となる科学の事実を熟知し，当該熟練職に必要な計算ができ，図面や仕様書を読むことができる労働者であった。これらにそれぞれ対応した訓練内容として，当該熟練職における「単位要素作業」と，これに関わる科学的な知識を扱う「知識のトピック」，そして当該熟練職に必要な計算や商取引に関する側面を扱う「熟練職が解かなければならない問題」の3項目が設定された。

すでにみたように，ここでセルヴィッジのいう熟練職とは，特定の企業や工場・事業所に制限されるものでなかった。よって，当該熟練職におけるこれら3項目の訓練内容は，特定の工場や事業所に限定されない企業横断的性格を持

つため，訓練方式としてはOJTだけでは実施することは不可能であり，Off-JTとの適切な組み合わせの方式が採用された。そして，Off-JTでは，作業指導票（instruction sheet）や分析表（analysis sheet）が活用された。これらの成果は，後に，『個別学習のための作業指導票』[50]（1926年）にまとめられた。

　第3の特徴は，作業分析自体を教えることが重く位置づけられた点である。

　既述のように，セルヴィッジは，『熟練職教授法』第2章で，熟練労働者の特徴を7点にまとめ，その1つに「いかに複雑な仕事の内容であっても，それを分析し，遂行するための段取りができる」ことをあげた。そして同書第7章「職務の分析と計画」で彼は，「ある仕事を分析し計画する能力は熟練機械工の証である」とし，複雑な仕事の内容を分析して作業を段取る能力の獲得を特段に強調した。さらにこの文脈においてセルヴィッジは，熟練職のいかに複雑な仕事であっても，そこに含まれる単位要素作業を抽出し作業を遂行するための段取りができるよう学習者に作業分析自体を教え，獲得させることを重視した。

　また，セルヴィッジは，「まえがき」において，「本書は，職人達によって秘技として継承されてきた不確定なカンやコツに頼るのではなく，誰にでも正確に分かち伝える教授法に関心のある教員と産業界の人々の利用を意図している。」（p.5）とし，『熟練職教授法』の読者として，ここに展開された方法に関心のある産業界の人々とともに，それを教える立場である教員を想定していた。これを受けて，第9章「本プランの利点と難点」および第10章「作業計画の作成」にて，この方式で熟練職の教授を実施しようとする教員に向けて，その要点と留意点を記述している。

　例えば，第9章では，熟練職を分析する上での克服すべき困難点，一斉教授と個別教授，学習者自身による段取りの価値など，教員が知っておくべき留意点が記載された。第10章では，熟練職を教授するための作業計画の作成や，それに関わる学級規模やグループへの分割方法，実習の方法等が扱われた。

　こうして，セルヴィッジの作業分析は，生産技能を教授する方法としてばかりではなく，生産技能を教授する方法そのものを教授する方法としての性格も明瞭にしていった。

以上のように,『熟練職教授法』(1923年)において,セルヴィッジは,民主主義を担う市民の育成という観点から,アレンの作業分析を批判しつつ,「思慮深く,可動性に富み,確固たる自分なるものをもった熟練労働者」を養成すべき人間像として定立した。こうしたセルヴィッジの課題意識に基づく技術教育の目的論を実現する方法論として,単位要素作業が定義され,それを核に「単位要素作業」「知識のトピック」「熟練職が解かなければならない問題」という3項目の内容からなる教育課程編成論が整備された。さらには,作業分析そのものを教授するための方法的整備もなされた。

このように,『熟練職教授法』(1923年)におけるセルヴィッジの作業分析は,彼の課題意識に基づく技術教育の目的論ならびにそれを実現するための方法論として体系的に構成され,技術教育のための作業分析として確立された。

第5節　セルヴィッジの作業分析の展開

前節でみたように,『熟練職教授法』におけるセルヴィッジの作業分析は,熟練労働者養成のための作業分析として確立された。いいかえれば,それは,中等教育諸学校における職業教育の問題を,その直接的な対象にしていたわけではなかった。

セルヴィッジ自身,『熟練職教授法』で展開された作業分析について,「この方式は,手工高等学校,技術高等学校 (technical high school) あるいは産業高等学校 (industrial high school) のために考案されたものではなく,熟練職養成 (trade training) のために考案された。」(p.14) としている。

同時に,セルヴィッジは,「しかし,強調される点はいくらか異なるものの,教育目標を編成し教授するための一般的な方式は,同等に適用される。けだし,熟練職養成においては,当該熟練職のすべての要素作業における高度な技能の獲得が根本的な目的である。これに対して,高等学校での目的は,職務を分析し計画する能力を形成すること,ならびに,当該熟練職で最も頻繁に使用される要素作業を遂行できる程度の技能を獲得するための能力を形成することである。」(pp.14～15) と明言していた。

第4章　セルヴィッジによる技術教育のための作業分析の形成と展開　149

表4-2　『セルヴィッジ・シリーズ』の一覧

No.	著者	書名	出版年
1	R.W. セルヴィッジ著	熟練職教授法	1923
2	R.W. セルヴィッジ & E.W. クリスティ著	板金労働者のための教授マニュアル	1925
3	D.W. キャッスル著 & R.W. セルヴィッジ編	製図の問題集	1926
4	R.W. セルヴィッジ & J.M. アルトン著	鍛造－学校および作業場で使用するためのマニュアル－	1926
5	R.W. セルヴィッジ & H.A. ウィット著	作業場および学校での使用を目的とした青年印刷工のための教授マニュアル	1926
6	R.W. セルヴィッジ著	個別学習のための作業指導票	1926
7	H.A. ウィット & R.W. セルヴィッジ著	徒弟および職人のための印刷	1929
8	E.H. ケルシー著 & R.W. セルヴィッジ編	下級・上級高等学校および熟練職・夜間クラスのための自動車の諸原理	1929
9	G.A. ウィロービー著 & R.W. セルヴィッジ編	電動機	1930

　すなわち，『熟練職教授法』(1923年)で展開されたセルヴィッジの作業分析は，直接には，「熟練職養成」のためのものではあったけれども，同時にそれは，当初から，手工高等学校，技術高等学校，産業高等学校なども視野に入れていたことが看過されてはならない。

　ところでセルヴィッジは，彼の主著である『熟練職教授法』の執筆後，それを含めた「セルヴィッジ・シリーズ」と称される一連の著作を，表4-2のように工芸教育出版社から公刊している。

　セルヴィッジは，1923年に『熟練職教授法』を出版した後，そこで展開された作業分析を，オハイオ州シンシナティの産業科の指導主事であるクリスティ(Christy, E. W.)の協力を得つつ，板金加工の分野に適用し，1925年に，『板金労働者のための教授マニュアル』[51](1925年)を出版した。

　その後もセルヴィッジは，製図分野について，イリノイ州ジュリエットの職業教育の指導主事であるキャッスル(Castle, D. W.)と，鍛造分野については，ミズーリ大学の同僚で鍛造の指導員であるアルトン(Allton, J. M.)と，印刷分野については，ラザロップ・トレイド・スクールの印刷の指導員であるウィット(Witt, H. A.)と，自動車分野については，ミシガン州サギナウのケルシー(Kelsey, E. H.)と，電動機分野については，ミシガン州立師範大学の産業科のウィロービー(Willoughby, G. A.)と協力して，それぞれの熟練職のための「教

授マニュアル」を作成した[52]。

　この間，セルヴィッジは，彼の作業分析の方法的特徴の1つである作業指導票について取り立ててまとめた『個別学習のための作業指導票』(1926年) も著した。本書は，作業指導票の意義や課題，そしてその開発と利用についての理論的解説と，作業指導票の実例で構成された。取り上げられた実例は，既刊のセルヴィッジ・シリーズの「教授マニュアル」からの引用に加えて，合衆国陸軍や技術高等学校，職業学校で利用されていた作業指導票も含まれていた。扱われた分野は，製図，木材加工，木工仕上げ，板金加工，鍛造，配管，機械工作，家庭機械 (home mechanics)，自動車，電気，煉瓦，製本，婦人帽子製造，塗装・装飾，英語，計算という16分野に及ぶものであった。

　これら一連の著作，すなわち，セルヴィッジの作業分析が体系的に展開された『熟練職教授法』，セルヴィッジの作業分析の方法的特徴である「作業指導票」についてまとめた『個別学習のための作業指導票』，そしてセルヴィッジの作業分析を，板金加工，製図，鍛造，印刷，自動車，電動機といった6分野の熟練職に，各分野の専門家の協力を得つつ適用した7冊の「教授マニュアル」が，「セルヴィッジ・シリーズ」と呼ばれるものであった。

　これら「セルヴィッジ・シリーズ」の特徴として，2点指摘できる。

　第1は，それぞれの著作が意図する対象範囲が拡大した点である。

　『熟練職教授法』(1923年) は，すでにみたように，「熟練職養成」を直接的な対象にしていたが，同時に，中等教育諸学校への視野ももっていた。

　そして，1926年の『個別学習のための作業指導票』では，「本書は，熟練職および産業教育に取り立てて配慮しているけれども，この一般原理は，学校教育全般に適用されうる。」(p.1) とその対象範囲の拡大を企図していた。

　さらに，「教授マニュアル」も，中等教育諸学校での技術教育を対象に入れていた。

　例えば，『板金労働者のための教授マニュアル』(1925年) では，「このマニュアルは，板金加工業の徒弟や，板金加工の徹底的かつ十分な教授を提供しようとするトレイド・スクールや補修学校 (continuation school) などの子どものた

第4章 セルヴィッジによる技術教育のための作業分析の形成と展開　151

表4-3 「教授マニュアル」の到達目標の一覧

分野	単位要素作業	関連知識	備考
板金加工	38	9	
製図	※1	6	※1) 練習問題が32問準備されていた。練習問題には，製図に関する単位要素作業が含まれていた。
鍛造	48	17	
印刷	62	12	第1巻および第2巻の内容を含む。
自動車整備	※2	23	※2) 単位要素作業の練習課題として，54項目のジョブ票と21項目の割当て票が準備されていた。
電動機	50	25	
合計	198 + a	92	a は，※1および※2の合計

（出所）Selvidge, R.W. and Christy, E.W. *Instruction Manual for Sheet-Metal Workers,* The Manual Arts Press, Peoria,Illinois, 1925. Selvidge, R.W. and Drew Castle, W. *Problems in Blueprint Reading,* The Manual Arts Press, Peoria, Illinois,1926. Selvidge, R.W. and Allton, J.M. *Blacksmithing,* The Manual Arts Press, Peoria, Illinois, 1925. Selvidge, R.W. and Harvey Arthur Witt, *Instruction Manual for Young Printers for Use in Shop and School,* The Manual Arts Press, Peoria, Illinois, 1926. Selvidge, R.W. and Harvey Arthur Witt, *Printing for Apprentices and Journeymen,* The Manual Arts Press, Peoria, Illinois, 1929. Selvidge, R.W. and Earl H. Kelsey, *Principles of Automechanics for Junior and Senior High Schools and Trade and Evening Classes,* The Manual Arts Press, Peoria, Illinois, 1929. Selvidge, R.W. and George A. Willoughby, *Electric Motor Work,* The Manual Arts Press, Peoria, Illinois, 1930. から作成。

めのテキストとして意図されている。」(p.3) とされた。また，『鍛造―学校および作業場で使用するためのマニュアル』(1926年) では，「本書は，学校の実習室や工場の作業場でのテキストとしての使用や，知識を広め，技能を高めようとする鍛冶屋の使用が想定されている」(p.3) とされた。『作業場および学校での使用を目的とした青年印刷工のための教授マニュアル』(1926年) では，「本書は，下級高等学校 (junior high school) およびトレイド・スクールでの使用，ならびに商業目的の作業場における徒弟のためを企図している。」(p.5) とされた。

このようにセルヴィッジの作業分析は，セルヴィッジ・シリーズを通して，トレイド・スクールや補修学校，下級高等学校などの中等教育諸学校での技術教育へと対象範囲を拡大しつつ展開されていった。

第2は，「教授マニュアル」において，当該熟練職における単位要素作業と知識のトピックが到達目標として明確にされた点である。

「教授マニュアル」は,『熟練職教授法』(1923年) において体系化されたセルヴィッジの作業分析を,板金加工,製図,鍛造,印刷,自動車,電動機の6分野の熟練職に適用した具体的成果であった。この中で,分野ごとで表現などはやや異なるものの,表4-3のように,6分野の熟練職において,198＋a項目の単位要素作業と92項目の知識のトピックが,到達目標として確定された。さらにそれらは,作業指導票などの個別学習を意図した教材として具体化された。

第6節 小 括

以上,セルヴィッジによる作業分析の形成と展開の過程を,技術教育研究の科学的方法という面での学的整備の側面を中心に検討してきた。その結果,技術教育研究の学的整備に果たしたセルヴィッジの貢献は,次のようにまとめることができる。

第1は,技術教育の目的論の確立である。

セルヴィッジは,民主主義を担う市民の育成という観点から,アレンの作業分析を批判し,「思慮深く,可動性に富み,確固たる自分なるものをもった熟練労働者」という養成すべき人間像を定立した。

セルヴィッジは,1907年から,コロンビア大学ティーチャーズ・カレッジにおいて,リチャーズの指導の下に学び,技術教育に関わる社会問題への課題意識を深めた。1909年にまとめられた彼の修士論文「中間産業学校のための教育課程」では,養成すべき人間像として,「機械の単なる操作人」ではなく,「機敏で理解力のある熟練した労働者」を掲げた。さらにセルヴィッジは,第一次世界大戦期における合衆国陸軍での経験を経て,1923年の『熟練職教授法』をまとめるに至っては,一面で,アメリカ合衆国における中等教育改革を背景にして,民主主義を担う市民としての熟練労働者という観点を明示し,その具体像を,「思慮深く,可動性に富み,確固たる自分なるものをもった熟練労働者」として定立した。ここに,セルヴィッジによる技術教育の目的論が確立されたといえた。

第4章　セルヴィッジによる技術教育のための作業分析の形成と展開　153

　第一次世界大戦期から1920年代のいわゆる「金ぴか時代」のアメリカ合衆国では，熟練労働者たちによって組織された職能別労働組合への強攻策が断行され，それらが壊滅的な状況に陥らされていく一方で，企業による人事管理制度が，生産現場や職場に浸透していった。セルヴィッジは，こうした時代状況の中で，「思慮深く，可動性に富み，確固たる自分なるものをもった熟練労働者」という養成像を打ち立て，技術教育の目的論をここに焦点づけた。彼の堅い決意と見識の高さがうかがわれる。

　第2は，技術教育のための作業分析史上における意義である。

　セルヴィッジは，20世紀初め，当時影響力をもっていたアレンの作業分析，すなわち，人事管理のための職務分析を批判し，文字通り，技術教育のための作業分析を体系化した。

　作業分析の起源は，ロシア法に求めることができる。1876年，フィラデルフィア万国博覧会において，ロシア法がアメリカ合衆国に紹介され，ランクルやウッドワードによって受容された。これらを起点として，アメリカ合衆国に普及したロシア法は，その後，様々に研究され，作業分析として形成されていった。そして，従来，この作業分析の代表的な開発者とされてきたのが，アレンとセルヴィッジであった[53]。

　しかし，これまでみてきたように，両者の作業分析は，その目的意識からそれに規定された方法に至るまで，大きく異なるばかりではなく，アレンの作業分析の批判として，セルヴィッジの作業分析が登場してきた経緯があった。

　『熟練職教授法』(1923年)において，セルヴィッジは，中等教育改革の動向を背景に，民主主義を担う市民としての熟練労働者という養成すべき人間像を定立し，これをアレンの養成しようとする半熟練や不熟練に近い労働者像に対置させた。これによって，人事管理のための職務分析であるアレンの作業分析の性格を暴き，当該熟練職における熟練労働者の養成をめざした。

　そして，この実現を図ったセルヴィッジの作業分析の方法的核心は，単位要素作業の概念化にあった。すなわち，1920年代のアメリカ合衆国ではすでに，機械制大工業が金属・機械工業分野にも浸透していた。よって，現実の社会的

生産労働の多くは，経営組織の秩序体系における一定の役割としての「職務」として編成されていた。セルヴィッジは，アレンのように，機械制大工業での現実の労働をそのまま分析および教授の基礎単位にするのではなく，現実の労働を対象として分析し，そこから，職務としての形態をとって存在する現実の労働の普遍的側面を抽出することを試みた。そして，労働過程の側面からみた生産労働の基本単位である単位要素作業なるものの概念化を図った。

こうしてセルヴィッジによって概念化された単位要素作業を，作業分析の歴史的系譜の中でとらえるとき，それは，ランクルやウッドワードによってロシア法から学び取られていった多様な生産活動に共通し，それらの基礎になっている基本作業の方法としての「技術 (arts)」や「一般的技能 (general practice)」に相当するものであるとみられる[54]。

すなわち，セルヴィッジは，アメリカ合衆国における作業分析史上において，ランクルやウッドワードの方法論的特徴を継承しつつ，単位要素作業を概念化し，それによって，アレンの作業分析に代表される人事管理のための職務分析から，技術教育のための作業分析を解き放ったといえた。

第3は，技術教育のための作業分析の方法論の具体化である。

セルヴィッジは，単位要素作業を中核として，技術教育のための作業分析の方法論を具体的に整備していった。

セルヴィッジの作業分析は，当該熟練職における熟練労働者を養成することを目的として，単位要素作業という概念をその方法的核心に据えた。彼は，この単位要素作業を中心に，これに関わる科学的な知識を扱う「知識のトピック」，当該熟練職において必要な計算や商取引に関する側面を扱う「熟練職が解かなければならない問題」という3項目に訓練内容を編成した。そして，これら3項目の訓練内容は，特定の企業や事業場などに制限されないため，訓練方式としては，OJT を位置づけた Off-JT を採用した。そして，Off-JT で活用するための作業指導票や分析表を整備した。

以上のように，単位要素作業を中核に，訓練内容，訓練方式，教材を編成する方法を体系的にまとめたセルヴィッジの作業分析は，1923年から1930年に

かけてのセルヴィッジ・シリーズの公刊を通して，その対象範囲を「熟練職養成」から中等教育諸学校における技術教育へと拡大しつつ，他方では，製図，板金加工，鍛造，電動機，自動車，印刷という6分野の熟練職の「教授マニュアル」をまとめる中で，単位要素作業と知識のトピックを到達目標として確定することを基調に具体的に適用されていった。

こうしてセルヴィッジの作業分析は，各種「熟練職養成」から中等教育諸学校までにも適用可能な技術教育研究の科学的方法論として，その具体的手立てを整備していった。

注
1) Selvidge, R. W., *How to Teach a Trade*, the Manual Arts Press, Peoria, Ill. 1923.
2) Struck, F. T., *Vocational Education For a Changing World*, Jhon Wiley & Sons, Inc., New York, NY, 1945, pp.266-267.
3) Hejkal, O. C., The Life and Work of Robert W. Selvidge, Unpublished Doctoral Dissertation, University of Missouri, 1950, p.10.
4) *Ibid*, p.25.
5) *Ibid*, p.26.
6) *Ibid*, p.27.
7) Current Items, *Manual Training Magazine*, No. 3, April, 1906, pp.167-177.
8) Bennett, C. A., *History of Manual and Industrial Education up to 1870*, Chas. A. Bennett Co., Inc., Peoria, Ill, 1926, C. A. Bennett, *History of Manual and Industrial Education 1870 to 1917*, Chas. A. Bennett Co., Inc., Peoria, Ill, 1937.
9) Hejkal, O. C. *op. cit.*, pp.31-34.
10) Richards, C.R., A Syllabus of a Course on the Theory and Practice of Teaching Manual Training, Teachers College, Columbia University, New York, NY., 1908.
11) U. S. Immigration Commission, *The Children of Immigrants in Schools*, Vol. 1, p.15, 1911.
12) *Ibid.*, Vol. 4, p.60.
13) Cremin, L. A., *The Republic and the School*, Teachers College Press, New York, NY., 1957, p.12.
14) Selvidge, R. W., Curriculum for an Intermediate Industrial School, Unpublished Master's Thesis, Columbia University, August 1908. なおこの修士論文は後に，Selvidge, R. W., A Study of Some Manual Training High Schools with Suggestions for an Intermediate Industrial School, *Manual Training Magazine*, June,

1909. pp.373-387. としてまとめられた。
15) 田中喜美『技術教育の形成と展開』多賀出版，1993年，pp.71〜120。
16) 同上，pp.221〜224。
17) Hejkal, O. C., *op. cit.*, pp.39-52.
18) Selvidge, R. W., The Culture Elements in the Manual Arts, *Manual Training Magazine*, No. 14, June, 1913, pp.413-416.
19) *Ibid.*, p.413.
20) *Ibid.*, p.414.
21) *Ibid.*, p.416.
22) 本項は，田中喜美『技術教育の形成と展開』(多賀出版，1993年) によるところが大きい。
23) Allen, C. R., *The Instructor, the Man, and the Job*, J. B. Lippincott Company, Philadelphia, Penn, 1919.
24) Nelson, D., *Managers and Workers : Origins of the New Factory System in the United States 1880-1920*, Madison, University of Wisconsin Press, 1975.
25) Otis, J. L., & Leukart, R. H., *Job Evaluation*, New York, NY, Prentice Hall, 1948, Yorder D., *Personnel Management and Industrial Relations*, Englewood Cliffs, NJ, Prentice Hall, 1956.
26) 星野芳郎「『第二次産業革命』と科学・技術の発展」『岩波講座世界歴史 23 帝国主義時代』岩波書店，1969年，pp.439-467。
27) Bawden, W. T., Training the Fighting Mechanic, *Manual Training Magazine*, Vol. 20, No. 1, September 1918, p.1.
28) Mann, C. R., The American Spirit in Education, Department of the Interior, Bureau of Education, *Bulletin*, 1919, No. 30, p.55.
29) Bawden, W. T.,Training the Fighting Mechanic, *Manual Training Magazine*, Vo. 20, No. 1, September, 1918, p.3.
30) Washington Correspondence, *Manual Training Magazine*, Vol.19, No.8, April, 1918, pp.369-370.
31) *Ibid.*, p.370.
32) *Ibid.*
33) *Ibid.*, Vol.21, No.3, November, 1919, pp.97-98.
34) Hejkal, O. C., *op. cit.*, pp.324-326.
35) Selvidge, R. W., Teaching a Trade in the Army, *Manual Training Magazine*, Vol.22, No.8, 1921, pp.246-258.
36) *Ibid.*, p.246.
37) *Ibid.*
38) "unit operation" の和訳については，長谷川淳による "operation" の「要素作

第4章　セルヴィッジによる技術教育のための作業分析の形成と展開　157

業」への和訳に倣い「単位要素作業」とした。フリックランド著，長谷川淳訳『職業分析』実教教科書株式会社，1949年を参照。
39) Selvidge, R. W., *ibid.*, pp.246-247.
40) *Ibid.*, p.247.
41) *Ibid.*
42) *Ibid.*, p.249.
43) Zieger, R. H. & Gall, G. J., *American Workers, American Unions: The Twentieth Century*, third edition, The Johns Hopkins University Press, Baltimore, MD, 2002.
44) U. S. Bureau of Education, *Bulletin*, No. 35, Cardinal Plinciples of Secondary Education, GPO, Washington D. C., 1918.
45) 市村尚久『アメリカ六・三制の成立過程』早稲田大学出版部，1987年
46) Kingslay, C. D., Certain Feature in the Report on Cardinal Principles of Secondary Education, *Third Yearbook of National Association of Secondary School Principles*, 1920, p.10
47) Selvidge R. W., *How to Teach a Trade*, 1923, pp.28-30.
48) *Ibid.*, pp.32-35.
49) *Ibid.*, p.36.
50) Selvidge, R. W., *Individual Instruction Sheets: How to Write and How to Use Them*, The Manual Arts Press, Peoria, Ill, 1926.
51) Selvidge, R. W. & Chiristy, E. W., *Instruction Manual for Sheet-metal Workers*, The Manual Arts Press, Peoria, Ill, 1925.
52) 次の6冊であった。Castle, D. W. & Selvidge, R. W., *Problems in Blueprint Reading*, The Manual Arts Press, Peoria, Ill, 1926., Selvidge, R. W. & Allton, J. M., *Blacksmithing: A Manual for Use in School and Shop*, The Manual Arts Press, Peoria, Ill, 1925., Selvidge, R. W. & Witt, H. A., *Instruction Manual for Young Printers: For Shop and School*, The Manual Arts Press, Peoria, Ill, 1926., Witt, H. A. & Selvidge, R. W., *Printing for Apprentices and Journeymen*, The Manual Arts Press, Peoria, Ill, 1929., Kelsey, E. H. & Selvidge, R. W., *Principles of Automechanics for Junior and Senior High School and Trade and Evening Class*, The Manual Arts Press, Peoria, Ill, 1929., Willoughby, G. A. & Selvidge, R. W., *Electric Motor Work*, The Manual Arts Press, Peoria, Ill, 1930.
53) Struck, F. T., *op.cit.*, pp.258-285.
54) ランクルとウッドワードによるロシア法の受容に関しては，田中喜美『技術教育の形成と展開』多賀出版，1993年，pp.47-120を参照。

第5章

大学における技術教育教員養成への作業分析の適用

第1節　問題の所在

　第4章でみたように,『熟練職教授』[1] (1923) で体系化されたセルヴィッジの作業分析は,熟練労働者養成のための作業分析として形成され,中等教育諸学校における技術教育へと展開された。本章では,さらにその展開過程の1つとして,セルヴィッジおよび彼の弟子の1人であるフリックランドによる大学における技術教育教員養成の営みへの作業分析の適用についての検討を試みる。
　第2章でみてきたように,コロンビア大学ティーチャーズ・カレッジでの技術教育分野の消滅は,生産技能の教授の縮小を旋回軸にして展開された。いいかえれば,教育史の文脈からみた場合,生産技能の教授の位置づけの問題は,大学における技術教育教員養成のあり方をめぐる問題群の結節点に位置づいている。それゆえまた,生産技能の教授の位置づけ如何が,そこで営まれる大学教育としての技術教育教員養成の性格を最も的確に表示することにつながっていくと考えられる。この意味で,コロンビア大学ティーチャーズ・カレッジで形成された技術教育の教員養成のシステムを成功裏に移植・発展させていった中西部の主要な大学の少なくない部分が,技術教育のための作業分析の研究と教育およびそれに基づく教育課程の開発に尽力していった事実は示唆に富む。技術教育教員養成史研究の一環として,中西部の大学における技術養育教員養成の営みを,技術教育のための作業分析との関連でとらえることが重要な課題となる。
　そこで,本章では,セルヴィッジが取り組んだミズーリ大学における技術教育の教員養成の営みと,フリックランドが取り組んだスタウト大学における技術教育の教員養成の営みに焦点をあて,そこで果たしたセルヴィッジおよびフ

リックランドそれぞれの作業分析の役割を，大学における技術教育教員養成問題のいわば結節点に位置づく生産技能の教授の位置づけの問題を中心に検討することを試みる。

具体的な手順としては，第1に，ミズーリ大学における技術教育教員養成のための教育課程を，各年度の『ミズーリ大学便覧』[2]を用いて概観する。

第2に，セルヴィッジが技術教育のための大学における教員養成にいかなる意図をもって取り組んでいたか，すなわち，セルヴィッジの技術教育教員養成観を，彼と彼の教え子であるフリックランドとの共著『産業教育の原理』[3]（1930年）の分析によって検討する。

第3に，これまでの検討結果を踏まえ，ミズーリ大学における技術教育教員養成に果たしたセルヴィッジの作業分析の役割を検討する。

第4に，フリックランドによる作業分析の特徴と，スタウト大学における技術教育教員養成の営みへの適用状況を，授業科目「教育課程編成論Ⅱ（作業分析）」の教育実践を通して検討する。

第5に，以上の検討結果を総合し，大学における技術教育教員養成への作業分析の適用の意義を，技術教育研究の学的整備の側面から考察する。

なお，フリックランドによる教育研究活動に関する資料としては，ウィスコンシン・スタウト大学アーカイヴズ所蔵のフリックランド資料（Fryklund, Verne C. (1896-1980), Personal Papers and Publication, 1911-1977）を利用した。

第2節　ミズーリ大学における技術教育教員養成

1　ミズーリ大学における教員養成

ミズーリ大学は，ミシシッピ川以西で最も古く伝統ある州立の総合大学である。1839年には州議会によって設置が決定され，1841年には講義が実施された。教育学部門の設置も早く，その端緒は，1867年に設置された師範カレッジ（normal college）にまで遡る。セルヴィッジが着任した翌年の1909年のミズーリ大学は，教養学部（College of Arts and Science）に加えて，農学，法学，医学，工学，ジャーナリズム学，教育学の各部門の学部教育とそれらの大学院教育で

構成されていた。

　ミズーリ大学における教員養成は，1・2年次の教養教育を経た後の3年次から，教職に関する専門的な学習が開始された。

　教員を志望する学生は，まず教養学部に登録する。教養学部では，人文科学や自然科学，社会科学の幅広い学習を通して，思想の自由，視野の広さ，市民意識 (civic spirit) の涵養がめざされ，第2学年を終えるまでに，「市民性 (citizenship)」(4単位)，英作文 (6単位)，外国語 (10単位)，数学 (3単位)，物理科学 (5単位)，生物科学 (5単位) という科目を含めた60単位の取得が求められた。これらを修めた学生は，第3学年から，各教科領域における学位 (B. S. in Education) 取得のための開設科目を履修できた。

　学士号取得のためには，教育心理 (3単位)，教育史 (4単位)，教授論 (3単位)，学校経済 (2単位)，学校衛生 (1単位) を含めた主専攻24単位の修得，ならびに副専攻12単位を修得した上で，選択科目を含めた総計60単位の修得が求められた。

　セルヴィッジは，以上のようなミズーリ大学での教員養成に，1908年から1941年まで取り組んだ。この時期のミズーリ大学における教員養成は，その発展経過を，以下の3つの時期に区分できる。

　第1期は，セルヴィッジが赴任した1908年からスミス＝ヒューズ法が制定された1917年以前までの時期である。

　この間，ミズーリ大学における教員養成は，① 初等学校の教員，② 高等学校の各教科の教員，③ 製図，産業科，音楽，家庭，自然科，体育等の特別教員および指導主事，④ 校長および教育長，⑤ 大学教員，という5種類で構成されていた。

　ここでいう「特別教員」とは，19世紀末葉に顕著になってきた製図や産業科，音楽，家政等の初等・中等学校の「特別な教科の専科教員」という意味とともに，実態としては，指導主事的な役割を担う教員であったとみられる[4]。セルヴィッジは，この時期に，普通教育としての技術教育である産業科の教員養成に，とりわけ，特別教員という指導主事的な役割を担う教員の養成に取り組ん

でいたとみられる。

　第2期は，スミス＝ヒューズ法制定の1917〜1935年までの時期である。

　同法の制定に伴う，農業科，家政科および工業科 (Vocational Trade and Industries) の職業教育関係の教員養成が，ミズーリ大学においても第1期の5種類の教員養成に加えて実施されるようになった。セルヴィッジは，この時期に，普通教育としての技術教育である産業科の教員養成を基礎に，職業教育としての技術教育である工業科の教員養成にも取り組んでいった。

　第3期は，1935年からセルヴィッジの死去する1941年までの時期である。

　ミズーリ大学は，1935年に，学部教育と大学院教育の役割を明確に区分し，学部教育では，初等学校の教員および中等教育諸学校の各教科領域の教員の養成を，大学院教育では，指導主事や校長，教育長といった教育指導職や大学教員の養成を実施するよう整備された。

　大学院教育における主専攻としては，①教育心理，②教育の哲学と歴史，③市・郡・州の学校管理，④教育測定とテスト，⑤進路指導，⑥初等教育，⑦中等教育，⑧英語教育，⑨社会科教育，⑩農業教育，⑪産業教育，⑫家政教育，⑬体育教育が設置された。これに伴い，中等教育諸学校や初等学校の校長および教育長を対象とした履修モデルが提案されるようになった。また，大学教員を志望する学生には，「大学での教授 (College Teaching)」や「短期大学の管理 (Junior College Administration)」といった科目の履修が推奨された。

　こうした大学院の整備・拡充がもたらした成果として，以下の2点を指摘することができる。

　第1は，専門職学位 (professional degree) の創設である。

　ミズーリ大学の大学院教育では，それまでの修士号であるM.A.学位および博士号であるPh.D.学位といった研究学位 (research degree) に加えて，1935年から，修士号としてM.Ed. (Master of Educaiton) 学位，博士号としてEd.D. (Doctor of Education) 学位といった専門職学位が創設された。

　M.Ed.学位の取得要件としては，①16週で構成されるセメスターの2期分，あるいは8週で構成される夏期講習会の4期分の在学，②大学院での32単位

の取得, ③最終試験の合格, が必要であると規定された。M.A. 学位が修士論文を必要とするのに対して, M.Ed. 学位はそれを必要とされなかった。

　Ed.D. 学位の取得要件としては, M.A. 学位あるいは M.Ed. 学位ならびにそれと同等以上の資格をもった志願者を対象に, ①学部教育を卒業後の少なくとも3年間の在学, ②主専攻の指導教員と当該専門委員会との協議によって計画されたプログラムの履修, ③8～12単位が割り当てられる博士学位論文の執筆と提出, ④教育行政官や教育長, 特別教員等としての経験に乏しい者を対象にした半期12単位分の実習, ⑤入学後の中間および最終試験への合格, ⑥統計学的研究方法および教育学的研究方法の両者の習得, が必要であると規定された。

　第2は, 博士号取得者の増加である。

　ミズーリ大学における大学院教育の役割が明確化され, かつ, そこでの専門職学位である Ed.D. 学位の取得要件が整備されることによって, 教員養成教育を担う後継者としての博士号取得者の養成が本格化していったとみられる。

　表5-1は, ミズーリ大学の教育学研究科における Ph.D 学位および Ed.D 学位の授与件数の一覧である。

　表5-1のように, ミズーリ大学の教育学研究科の大学院教育では, Ph.D. 学位取得者は, 1916年に初めて出され, その後1920年代末まではわずかにみられるのみであった。そして1930年代に入り, Ph.D. 学位取得者が次第に増加していった。1935年の Ed.D. 学位創設後は, Ed.D 学位取得者が順調に増加し, 1941年には, Ph.D. 学位および Ed.D. 学位を合わせて年間二桁の博士号が授与されるようになった。

　こうした教育学研究科の大学院教育における博士号授与件数の増加傾向に伴い, 技術教育分野の博士号取得者もでるようになった。

　1937年には, ハンブル「学校作業場における子どもの安全保護のための規則と実際 (Humble, M. K., Practices and Provisions for Protecting Pupils in School Shops, Ph.D., 1937)」[5] およびクレハム「教育目標に基づく産業科教育の設備要件の決定法 (Klehm, W. A., A Method of Determining Equipment Requirements in

表 5-1 教育学研究科における博士号の取得状況

年	学位の種類		
	Ph.D	Ed.D 注1)	合計
1916	1		1
1917	0		0
1918	1		1
1919	0		0
1920	0		0
1921	0		0
1922	0		0
1923	1		1
1924	1		1
1925	1		1
1926	4		4
1927	0		0
1928	1		1
1929	3		3
1930	5		5
1931	8		8
1932	5		5
1933	2		2
1934	2		2
1935	7		7
1936	3	1	4
1937	1	3	4
1938	1	3	4
1939	3	6	9
1940	2	5	7
1941	1	10	11
1942	6	7	13
合計	59	35	94

注1) Ed.D. は 1935 年に創設され，1936 年から授与された。
(出所) この表は，Committee on Research and Service, School of Education, Abstracts of Dissertations in Education Accepted by The University of Missouri from 1939 to 1946, The University of Miisouri Bulletin, Vol.47, No.22, 1946, p.5 から作成。

Industrial Arts Based Upon Teaching Objectives, Ed.D., 1937)」[6]が学位論文として提出され，博士号を授与された。その後も，モンロー「アメリカにおける連携教育の現状(Monroe, L. C., The Present Status of Cooperative Education in

America, Ed.D., 1939)」[7]，ハリソン「ミズーリ州における産業教育の発展 (Harrison, O. S., The Development of Industrial Education in Missouri, Ed.D., 1940)」[8]，ならびに，バイング「ミズーリ大学の入学に実科的教科の単位を提出した学生の成功 (Bing, K. L., Success of Students Presenting Practical Arts Credit for Entrance to the University of Missouri, Ed.D., 1941)」[9] が学位論文として提出され，博士号を授与された。

これらの博士学位論文は，いずれもセルヴィッジが主専攻の指導教員として指導したものであった。

第3期のミズーリ大学における教員養成は，学部教育の役割を初等学校と中等教育諸学校の教員養成，大学院教育の役割を教育指導職養成および大学教員の養成として明確化すると同時に，M.Ed. 学位や Ed.D. 学位という専門職学位の整備，さらには，大学における教員養成の営みを担う後継者養成に着手していった。

2 技術教育に関する教員養成のための教育課程

では，技術教育に関する教員養成の教育課程は，ミズーリ大学においてどのように営まれていたか。

上記3期にわたる技術教育に関する開設科目，すなわち，1909年の場合は「手工科教育」，1927年の場合は「産業教育の方法」，1937年の場合は「産業科および工業科」という名称で分類された開設科目をまとめたのが表5-2である。

それぞれの開設科目を，実習を中心とした教科専門科目と，教科指導に関わる教職専門科目とに整理した。また，開設科目が，学部教育を意図したものか (U)，大学院教育を意図したものか (G)，あるいはその両者を意図したものか (U & G) についても区別した。

第1期（1908〜1917年）における技術教育の教員養成に関する開設科目は，手工科から工芸科への名称変更など，多少の変化はみられるものの，おおよそ表5-2にあげた1909年時点のような13科目，34単位で構成された[10]。

教科専門科目としては，1-①「製図」(3単位，以下カッコ内は同様)，1-②

表 5-2 技術教育に関する開設科目の変化

年	第 1 期[注1]	第 2 期[注2]	第 3 期[注3]
教科専門科目	1-①製図 (3) 1-②設計 (3) 1-③工具・材料・作業法 (2) 1-④木材加工 (3) 1-⑤家具製作 (3) 1-⑥鍛造 (3) 1-⑦木型製作 (2) 1-⑧金属工芸 (3) 1-⑨機械工作 (2) 1-⑩工作（第1〜3学年向け）(3) 1-⑪工作（第4〜6学年向け）(3)	2-①製図Ⅰ (3,U) 2-②製図Ⅱ (2,U) 2-③工具・材料 (2,U) 2-④木材加工 (2,U) 2-⑤家具製作 (4,U&G) 2-⑥木型製作 (2,U) 2-⑦金属加工 (2,U) 2-⑧機械工作 (2,U) 2-⑨工作（第1〜3学年向け）(3,U&G) 2-⑩工作（第4〜6学年向け）(3,U&G) 2-⑪実習（下級高等学校向け）(3,U)	3-①製図 (3,U) 3-②図法幾何学 (3,U) 3-③工具・材料 (2,U) 3-④木材加工一般 (3,U) 3-⑤家具の設計と製作 (3,U&G) 3-⑥金属工芸 (2,U) 3-⑦金属加工一般 (3,U) 3-⑧機械の原理と操作 (2,U) 3-⑨電気一般 (3,U) 3-⑩ゼネラルショップ (3,U&G)
教職専門科目	1-⑫手工科教育法 (2,U&G) 1-⑬手工科の管理 (2,U&G)	2-⑫産業科教育法 (2,U&G) 2-⑬熟練職教授法 (2,U&G) 2-⑭産業教育の管理 (2,U&G) 2-⑮初等工作の指導と評価 (2,U&G) 2-⑯作業分析 (4,U&G) 2-⑰教材の編成 (2,U&G) 2-⑱教育課程編成への作業分析の適用 (2,G) 2-⑲進学・職業指導 (2,G) 2-⑳産業教育の諸問題（単位数不明,G） 2-㉑産業教育の研究（単位数不明,G）	3-⑪産業教育の原理 (3,U&G) 3-⑫産業教育の管理 (2,U&G) 3-⑬作業分析 (4,U&G) 3-⑭教材の編成 (2,U&G) 3-⑮教育課程編成への作業分析の適用 (2,G) 3-⑯職業指導 (2,G) 3-⑰産業教育の諸問題（単位数不明, U&G） 3-⑱コーディネータの諸問題 (2,U&G)

注1) *The University of Missouri Bulletin*, 1909, pp.254-270 から作成。
注2) *The University of Missouri Bulletin*, 1927, pp.254-261 から作成。
注3) *The University of Missouri Bulletin*, 1937, pp.318-321 から作成。
注4) カッコ内の数値は単位数。
注5) カッコ内の U は学部教育のみ，G は大学院教育のみ，U&G は学部および大学院教育の両者を対象とした科目を意味する。なお，1909 年は，1-⑫および 1-⑬のみ，学部および大学院の区別が記載されていた。

「設計」(3)，1-③「工具・材料・作業法」(2)，1-④「木材加工」(3)，1-⑤「家具製作」(3)，1-⑥「鍛造」(3)，1-⑦「木型製作」(2)，1-⑧「金属工芸」(3)，1-⑨「機械工作」(2)，1-⑩「工作（第1〜3学年向け）」(3)，1-⑪「工作（第4〜6学年向け）」といった11科目30単位が開講された。

教職専門科目としては，1-⑫「手工科教育法」(2, 学部教育および大学院教育の両者を意図，以下 U＆G)，1-⑬「手工科の管理」(2, U＆G)，といった2科目4単位が開設された。

これら開設科目の内，教科専門科目および教職専門科目の大半を担当したのが，セルヴィッジであった。彼は，1-③「工具・材料・作業法」，1-④「木材加工」，1-⑤「家具製作」，1-⑥「鍛造」，1-⑦「木型製作」，1-⑫「手工科教育法」，1-⑬「手工科教育の管理」を担当した。1-⑦「木型製作」に関しては，機械工学科助教授のフィルブリック(Philbrick, H. S.)と共同で担当していた。

この第1期に，学士号取得を志望する学生は，上記開設科目から，1-⑫「手工科教育法」の2単位に加えて，少なくとも15単位の履修が最低要件として求められた。

「手工科教育法」(1910年からは「工芸科教育法」)のテキストとして使用されたのが，ウィスコンシン大学の工芸科教授であったクロウショウ(Crawshaw, F. D.)とセルヴィッジの共著『工芸科教育法』[11] (1911年)であった。

このテキストで特に注目される内容としては，第5章「教具と設備」および第10章「付録A 工芸科運動の概要」があげられる。

第5章「教具と設備」では，公立学校の調査に基づき，工芸科の授業における教具と設備について提案している。

まず，教具について，初等学校では，初等級の第1学年から第4学年，文法級の第5学年から第8学年ごとに使用する教具の種類や入手方法，保管法，費用等が解説されていた。高等学校段階では，各学校によって状況が著しく異なることを理由に，学年毎には提案してはいないけれども，一般的な製図と木材加工であれば，少なくとも生徒一人あたり2.50ドルから4.00ドル以上は必要であるとされた。

設備に関しては，木材加工に関する個人用設備と一般設備の一覧が，最低限，中程度，推奨される程度の3段階に区分され，提案されていた。

例えば，中程度の場合，個人用設備としては，直定規，直角定規，罫引き，胴付き鋸，かんな，薄のみなどの基本的な工具から，作業台や万力を含めた

19項目が，一般設備としては，T定規やディバイダー，縦びき・横びき鋸，スクレーパー，丸のみ，ハンマー，釘一式，清掃用具，砥石などの21項目が一覧にされていた。なお，金属加工に関しては，1902年の『手工教育雑誌』4月号に掲載されたベネットの論文「高等学校における手工教育の編成 (The Organization fo Manual Training in High Schools)」が参考文献の1つとしてあげられていた。

第10章「付録A　工芸科運動の概要」では，大学段階より下の技術教育の史的展開が概説されていた。

それは，まず，モスクワ帝国技術学校で開発されたロシア法が，1876年のフィラデルフィア万国博覧会において，アメリカ合衆国に紹介され，それを契機として受容されていく過程を解説する。次いで，ロシア法とともに，アメリカ合衆国の技術教育の教授システムに重要な役割を果たしたスロイドに注目する。スロイドの一般的特徴とその史的展開を概観した後，ベルギー・スロイドの特徴を，スルーイ (Sluys, A.) の『少年のための初等学校手工科』[12] (1889年) を用いて，スウェーデン・スロイドの特徴を，サロモン (Salomon, O.) の『教育的スロイドの理論』[13] (1892年) を用いてまとめている。また，これら北欧で展開されたスロイドを，「アメリカ的スロイド」としてアメリカ合衆国へ適用したラーソン (Larsson, G., 1861～1919年) の取り組みが紹介されている。さらに，アメリカ合衆国における技術教育のシステムを形成する上で重要な役割を果たした歴史的契機として，モーリス (Morris, W., 1834～1896年) による美術工芸運動 (Arts and Craft Movement) についても言及されている。

以上のような「手工科教育法」ないし「工芸科教育法」のテキストである『工芸科教育法』の内容的特徴には，ベネットによって樹立された技術教育教員養成の教育課程の原型，すなわち，技術教育の歴史と原理，技術教育の教授法，技術教育の施設設備論の影響がみられる。

第2期 (1917～1935年) になると，技術教育の教員養成に関する開設科目が21科目に増強され，その構成が大きく変化していく[14]。

教科専門科目は，2-①「製図I」(3，学部教育を意図；以下U)，2-②「製

図Ⅱ」(2, U)，2-③工具・材料 (2, U)，2-④「木材加工」(2, U)，2-⑤「家具製作」(4, 学部教育および大学院教育を意図；以下 U & G)，2-⑥「木型製作」(2, U)，2-⑦「金属加工」(2, U)，2-⑧「機械工作」(2, U)，2-⑨「工作（第1〜3学年向け）」(3, U & G)，2-⑩「工作（第4〜6学年向け）」(3, U & G)，2-⑪「実習（下級高等学校向け）」(3, U)という11科目29単位であった。

第2期の教科専門科目構成は，分野として，製図，木材加工，金属加工実習関連という4領域から構成されている点，その中で扱われている内容の共通点からして，第1期のものに概ね準じつつも，1-⑥「鋳造」と1-⑧「金属工芸」が，2-⑦「金属加工」にまとめられるなど，若干の修正を施したものであった。

教職専門科目は，2-⑫「産業科教育法」(2, U & G)，2-⑬「熟練職教授法」(2, U & G)，2-⑭「産業教育の管理」(2, U & G)，2-⑮「初等工作の指導と評価」(2, U & G)，2-⑯「作業分析」(4, U & G)，2-⑰「教材の編成」(2, U & G)，2-⑱「教育課程編成への作業分析の適用」(2, 大学院教育を意図；以下 G)，2-⑲「進学・職業指導」(2, G)，2-⑳「産業教育の諸問題」（単位数不明, G），2-㉑「産業教育の研究」（単位数不明, G），という11科目18単位が開設された。教職専門科目は，第1期の科目に加えて，大幅に拡充されたといえる。

また，上記の拡充された教職専門科目のすべてを担当したのがセルヴィッジであった。彼は，教科専門科目である2-⑤「家具製作」に加えて，2-⑫「産業科教育法」，2-⑬「熟練職教授法」(2)，2-⑭「産業教育の管理」(2)，2-⑯「作業分析」，2-⑰「教材の編成」，2-⑱「教育課程編成への作業分析の適用」，2-⑲「進学・職業指導」，2-⑳「産業教育の諸問題」2-㉑「産業教育の研究」を担当していた。またセルヴィッジは，機械工学科教授のニュートン（Newton, G. D.）と共同して，2-①「製図Ⅰ」および2-②「製図Ⅱ」も担当していた。

学士号取得を志望する学生は，表5-3のように提案された産業科の履修モデルを参考にして，上記の開設科目を履修することが求められた。

第3期に入ると，技術教育の教員養成に関する開設科目は，例えば1937年にみられるように，18科目44単位へと整理されていった[15]。

第5章 大学における技術教育教員養成への作業分析の適用 169

表5-3 産業科のための履修モデル（1927年）

3年次	
前期（単位数）	後期（単位数）
木材加工（2）	実習（下級高等学校向け）（2）
工具と材料（2）	木型製作（2）
製図（3）	芸術入門（5）
教育心理学（3）＊	産業科教育法（2）＊
教育史（3）＊	高等学校における教授法（3）＊
選択（2）	選択（2）
計 15単位	計 16単位
	合計 31単位

4年次	
前期（単位数）	後期（単位数）
金属加工（2）	高等学校経済（2）＊
産業教育の管理（2）＊	機械工作（2）
教育実習（5）＊	進学・職業指導（2）＊
学校衛生（2）＊	選択（10）
選択（5）	
計 16単位	計 16単位
	合計 32単位

注1）＊は必修科目を示す。
注2）科目名の後のカッコは単位数を示す。
(出所) The University of Missouri Bulletin, 1927. pp.153-154から作成。

　教科専門科目としては，3-①「製図」(3, U)，3-②「図法幾何学」(3, U)，3-③「工具・材料」(2, U)，3-④「木材加工一般」(3, U)，3-⑤「家具の設計と製作」(3, U & G)，3-⑥「金属工芸」(2, U)，3-⑦金属加工一般(3, U)，3-⑧「機械の原理と操作」(2, U)，3-⑨「電気一般」(3, U)，3-⑩「ゼネラルショップ」(3, U & G)の10科目27単位が開設された。
　第2期からの主な変化としては，電気工学の内容が「電気一般」として新設されたこと，図学が「図法幾何学」として強化されたこと，機械工学的な内容が「機械の原理と操作」として再編されたこと，初等学校向けの工作と下級高等学校向けの学習が「ゼネラルショップ」として統合されたこと等をあげることができる。
　教職専門科目としては，3-⑪「産業教育の原理」(3, U & G)，3-⑫「産業

教育の管理」(2, U & G), 3-⑬「作業分析」(4, U & G), 3-⑭「教材の編成」(2, U & G), 3-⑮「教育課程編成への作業分析の適用」(2, G), 3-⑯「職業指導」(2, G), 3-⑰「産業教育の問題」(単位数不明, U & G), 3-⑱「コーディネータの問題」(2, U & G) という8科目17単位が開設された。

第2期の「産業科教育法」と「熟練職教授法」とが, 3-⑪「産業教育の原理」として統合される等, 普通教育としての技術教育や職業教育としての技術教育が, 科目の名称や構成上で, 別個に区別されるのではなく,「産業教育」として一括りに整理されて扱われるようになった。

第3期の教職専門科目のすべてを担当したのがセルヴィッジであった。彼は, 3-⑪「産業教育の原理」, 3-⑫「産業教育の管理」, 3-⑬「作業分析」, 3-⑭「教材の編成」, 3-⑮「教育課程編成への作業分析の適用」, 3-⑯「職業指導」, 3-⑰「産業教育の問題」, 3-⑱「コーディネータの問題」を担当した。

表5-4 産業科のための履修モデル（1937年）

3年次	
前期（単位数）	後期（単位数）
教育心理学 (3)＊	産業教育の原理 (3)
教育史 (3)＊	職業指導 (3)
工具・材料 (2)	教材の編成 (2)
電気一般 (3)	機械の原理と操作 (2)
選択 (5)	選択 (6)
計　16単位	計　16単位
	合計　32単位

4年次	
前期（単位数）	後期（単位数）
産業教育の管理 (2)＊	教員のための高等学校の管理 (2)＊
教育実習 (6)＊	進学指導 (3)＊
学校衛生 (2)＊	家具の設計と製作 (3)
金属工芸 (3)	ゼネラルショップ (3)
選択 (3)	選択 (5)
計　16単位	計　16単位
	合計　32単位

注1) ＊は必修科目を示す。
注2) 科目名の後のカッコは単位数を示す。
(出所) The University of Missouri Bulletin, 1937. p.193 から作成。

第3期において学士号の取得を志望する学生は，表5-4に示したような履修モデルを参考にして，上記の開設科目を履修することが求められた。

ただし，教育課程の履修にあたっては，第1学年次および第2学年次において，「製図」，「図法幾何学」，「応用製図Ⅰ」「応用製図Ⅱ」，「木材加工一般」，「金属加工一般」を履修すること，そして選択科目での副専攻を修得することが勧められていた。

以上，セルヴィッジが勤務した1908～1941年までのミズーリ大学での技術教育関係の教員養成のための開設科目の変化を概観した。開設科目の基本構成は，第2期（1917～1935年）において，大きく改善され，整備されていったことがわかる。しかも，その改善点は，教科専門科目というよりはむしろ，教職専門科目の充実・強化によるものであった。

そこに含まれる内容は，次のようにまとめることができる。

第1に，ミズーリ大学における技術教育教員養成は，1917年のスミス＝ヒューズ法の制定による職業教育としての工業，農業，家政教育の振興策を契機として，職業教育としての工業科の教員養成を導入し，それを，普通教育としての産業科の教員養成を基礎に取り込み，次第に両者の融合を強めるかたちで，教職専門科目を整備していった。

第2期に，職業教育としての技術教育教員養成が開始され，教職専門科目が大幅に拡充された。第3期における教職専門科目の構成は，普通教育としての技術教育である産業科の教員養成と，職業教育としての技術教育である工業科の教員養成を，産業教育の教員養成として一括りに整理するものであった。

第2に，ミズーリ大学における技術教育教員養成には，作業分析が位置づいていた。とくに，「作業分析」「教材の編成」，および「教育課程編成への作業分析の適用」といった科目が注目された。これらの具体的内容については，後に検討する。

第3に，ミズーリ大学の技術教育教員養成では，教科専門科目に関しては，電気工学の内容が第3期（1937～1941年）に導入される等の注目される変化はあるものの，その基本構成は，1908～1941年の全期間を通して維持され続け

たといえる。

　教科専門科目の科目数と単位数だけみれば，第1期の1909年では11科目30単位，第2期の1927年では11科目29単位，第3期の1937年では10科目27単位であり，その量的変化はほとんどなかったといえる。

　つまり，ミズーリ大学における技術教育教員養成の教育課程は，教科専門科目の基本構成を維持したまま，教職専門科目の充実と強化が図られ，その両方に作業分析が適用された。

第3節　ミズーリ大学における技術教育教員養成とセルヴィッジの作業分析

1　セルヴィッジの技術教育教員養成観

　以上のような教育課程によって営まれていたミズーリ大学の技術教育教員養成に，セルヴィッジはいかなる技術教育教員養成観をもって取り組んでいったか。

　セルヴィッジの技術教育教員養成観の特徴を知る手がかりの1つに，フリックランドとの共著『産業教育の原理』[16]がある。

　同書でセルヴィッジは，技術教育の教員を，職業教育としての技術教育の教員である「工業科の教員」と普通教育としての技術教育の教員である「産業科の教員」とに区別し，現状における両者の特質を述べた[17]。

　セルヴィッジによると，「工業科の教員」は，一般に，熟練職での徒弟としての学習経験や職人としての労働経験を有し，当該熟練職で培った高度な能力とそれに関する十分な知識を有しているけれども，教職に関する学習機会に乏しい傾向があるとされた。これに対し，「産業科の教員」は，教職に関して，「工業科の教員」に比べて豊富な学習を積んでいるけれども，特定の職業における技能に関して，十分な訓練を受けていない傾向があるとされた。

　しかし，こうした相違点を確認した上で，セルヴィッジは，「これら2つの教員のグループは，初期の経験には違いがあるけれども，教員養成の課題としては多くの共通要素をもつ。」(p.16)と指摘し，その「共通要素」として，以下

の3点をあげた。

　すなわち，第1は，「教員は教えるべき労働を十分に遂行できなければならない。」(p.16) 点であり，第2は，「教員は，教えるべき事項を的確に選択し効果的に編成するために，蓄えた自己の知識と経験を対象化できなければならない。」(p.16) 点であり，第3は，「教員は，教えるべき事項を首尾よく教えることができなければならない。」(pp.16～17) 点であった。

　そして，セルヴィッジは，「当該熟練職での労働を十分に遂行できることは，教員が実習で習得すべき素養であり」(p.17)，「当該熟練職を教授ないし学習の基礎単位に分析することは，教育活動を始める前に解決しなければならない教員としての専門職的な課題であり」(p.17)，さらに，「効果的に教えるには，心理学の法則に基づく教授原理の理解がもとめられる。」(p.17) とした。

　こうしてセルヴィッジは，技術教育の教員養成の構成要素を，「教員が備えるべきこと」，「教員ができるべきこと」，「教員が知るべきこと」の3項目にまとめた。

　すなわち，「教員が備えるべきこと」には，よき品性につながる一般教養と教員の素養としての生産技能が含まれた。また，「教員ができるべきこと」には，教えるべき熟練職を教授ないし学習の基礎単位へと分析し，教材をつくって提示し，思考や推論を発達させる適切な方法を見分け，生徒の自己信頼感を育む等の教授技能 (teaching skill) が含まれた。さらに，「教師が知るべきこと」には，教授方法を賢明に選択するため，また，教員としての責務を全うするために必要な事項が含まれた。これには，教えるべき事項についての知識や技能だけではなく，学習の法則に関する心理学の知識や教授原理が含まれた。

　すなわち，セルヴィッジの技術教育教員養成観の特徴は，次の2点にまとめることができる。

　第1は，セルヴィッジが，普通教育としての技術教育の教員養成と職業教育としての技術教育の教員養成との共通点を探ることを主眼として，技術教育の教員養成論を構築していた点である。

　セルヴィッジは，技術教育の教員を，実態からは，普通教育としての「産業

科の教員」と職業教育としての「工業科の教員」とに区分しつつも，その共通点を探ることを基調にして，技術教育のための教員養成の構成要素を，「教員が備えるべきこと」，「教員ができるべきこと」，「教員が知るべきこと」の3項目に整理していった。

　第2は，セルヴィッジが，大学における技術教育の教員養成のあり方として，教えるべき事項の選択・配列を含む教育課程編成論を重く位置づけ，かつ，作業分析を基本にしてそのための方法論を構築していた点である。

　セルヴィッジは，現実の熟練職を分析して，教えるべき事項を選択・配列し，それらを教材にまとめつつ教育課程を編成することができる能力を，「産業科」および「工業科」の双方の教員が獲得すべき専門職としての能力として特段に強調した。

　すでに検討したミズーリ大学での技術教育教員養成に関する開設科目の種類や構成のあり方に，こうしたセルヴィッジの技術教育の教員養成観の反映をみることは難くない。

　つまり，ミズーリ大学での技術教育教員養成を担う責任者としての立場にあったセルヴィッジの技術教育教員養成観は，ミズーリ大学における技術教育のための「大学における教員養成」において，普通教育としての技術教育と職業教育としての技術教育の教員養成の共通点の追求，作業分析を基本にして技術教育の教育課程を編成する能力の獲得を課題とした，という2点において影響を与えたと考えられる。

2　セルヴィッジの作業分析の役割

　では，ミズーリ大学での技術教育教員養成において，作業分析の役割は，いかなるものであったか。

　次に，開設科目の具体的な内容を，セルヴィッジの作業分析との関連で検討する。

　第4章でみたように，セルヴィッジの作業分析は，1923年の『熟練職教授法』にて体系化され，その後，セルヴィッジ・シリーズにて，各熟練職へと適

用されていった。こうしたセルヴィッジの作業分析の形成・展開過程に位置づけながら，ミズーリ大学における技術教育教員養成の教育課程をみるとき，1917～1935年までの第2期が注目される。そして，この第2期は，第1期のものを大きく改善し，開設科目の基本構成を確立させたものであること，そしてそこに作業分析が位置づいていた点が想起される。

こうした点からみるとき，開設科目の中でもとくに，「作業分析」「教材の編成」「教育課程編成への作業分析の適用」の3科目が注目される。

1927年の『ミズーリ大学便覧』によれば，3科目の概要は次の通りであった。

「作業分析」：「これは，熟練職の教授を準備するための科目である。この科目は，熟練職を単位要素作業へと分析する方法と，単位要素作業を教授する明確な計画を立案する方法で構成される」[18]。

「教材の編成」：「この科目では，各種の個別教授の単元と指導計画を比較・研究する。個人の発達を促すという観点から教えるべき事項を決定し，教材を開発する」[19]。

「教育課程編成への作業分析の適用」：「この科目では，教育課程における各単元を編成する。ここでの課題は，子どもが教育期間を修了したときに，各単元において知っていてほしいと望むことを明確に叙述することである。これら学習すべき各要素は，それが子どもに受け取られる前に，それらを教授するための計画があらかじめ明確にされていなければならない。作業指導票の開発が，この関連において検討されるべきである」[20]。

なお，10年後の1937年の『ミズーリ大学便覧』においても，この3科目の説明は，全く変化していない。

すなわち，これら3科目の内容は，当該熟練職から生産労働の基本単位である単位要素作業を抽出し，それを基礎に各単元の教育目標を編成，個別教授を視野に入れながら作業指導票等の教材を開発して，技術教育のための教育課程を編成するという方法論に関するものであった。

そして，こうした技術教育のための教育課程編成論の内容は，単位要素作業を分析および教授の基礎単位とし選定している点，単位要素作業を組み合わせ

て教材を編成している点，教材として作業指導票を利用している点で，これまで検討してきたセルヴィッジの作業分析の基本骨格に共通していた。

つまり，セルヴィッジの作業分析は，ミズーリ大学における技術教育教員養成において，学生に生産技能それ自体を習得させるためだけではなく，生産技能を教えるための「教授技能」を習得させるための開設科目である「作業分析」「教材の編成」「教育課程編成への作業分析の適用」の内容として位置づいていた。

また，これら 3 科目の内容は，開設当初から大学院課程での履修を予定するものであった点にも留意しておきたい。

「作業分析」および「教材の編成」は，学部および大学院を対象とした科目であり，「教育課程編成への作業分析の適用」は，大学院を対象とした科目であった。

セルヴィッジの作業分析は，学部教育と同様に，教育指導職および大学教員の養成を目的とした大学院教育においても重要な位置を占めていた。

第 4 節 スタウト大学における技術教育教員養成とフリックランドの作業分析

1 スタウト大学における技術教育教員養成

セルヴィッジのミズーリ大学の大学院課程での教え子であり，『産業教育の原理』の共著者でもあるフリックランドは，1945 年に，ウィスコンシン州メノモニーにある彼の母校スタウト大学の学長に就任し，1961 年まで務めた人物であった。

スタウト大学は，産業教育および家政教育，ならびにそれらの職業教育の教員養成を主要な任務とするアメリカ合衆国では唯一の大学であった[21]。

スタウト大学の前身となるスタウト手工学校 (Stout Manual Training School) は，1891 年に，資産家であり州上院議員でもあったスタウト (Stout, J. H., 1841～1910 年) の資金援助によって，ワシントン大学附属セントルイス手工高等学校をモデルにして開校された。その後，1908 年に，スタウト大学へ昇格，スタ

ウトが死去した翌年の1911年から，その権限が州へ移管された。1917年には，学士号授与課程である学部教育が，1935年には，修士号授与課程である大学院教育が開始された。

フリックランドが学長として赴任後の1950〜1952年の大学全体の構成としては，学士号（Bachelor of Science）授与課程である学部教育と，修士号（Master of Science）授与課程である大学院教育からなった[22]。学部教育には，産業教育および家政教育，これらの職業教育に関する主専攻があり，一般教育に関する学科としては，社会科学，英語，弁論術，数学，物理学，教育，体育教育，音楽があった。大学院には，産業教育，職業教育，家政教育，家政の4つの主専攻が設置されていた。

スタウト大学における技術教育教員養成は，学部および大学院において行われた。これらの教育課程の具体的な目的は，初等学校，下級高等学校，上級高等学校，職業学校，短期大学，専門大学（technical institution）における産業教育の教員および教育指導職の養成にあった。

スタウト大学への入学資格は，認証された高等学校の卒業ないしそれと同等の資格を有し，高等学校において，次のような単位の取得を含む15単位が必要とされた。すなわち，①英語3単位，②代数1単位，③外国語，歴史，社会科学，自然科学の内から2単位，これに加えて，④英語と弁論術，外国語，歴史と社会科学，数学，自然科学，音楽，美術の内から総単位数が15単位になる単位数，ただし，⑤農業，商業，家政，産業技術，用器画，2単位までの選択科目から5単位までを加算できるものとされた。

1950〜1952年のスタウト大学における産業教育の学部段階の教育課程をまとめたのが，表5-5である[23]。学年毎に，一般教育科目，教科専門科目，教職専門科目に整理した。

第1学年は，6科目32単位で構成された。

一般教育科目は，英作文（6単位，以下カッコ内同様），弁論術Ⅰ（2），大学数学（4），衛生（1），体育（0）の5科目13単位であった。

教科専門科目は，実習・製図・設計科目（16）の1科目16単位であった。こ

表5-5 スタウト大学における技術教育教員養成の教育課程

第1学年（32）

一般教育（13）	教科専門（16）	教職専門（3）
英作文（6）	実習・製図・設計科目（16）	一般心理学（3）
弁論術Ⅰ（2）	・フリーハンドスケッチ（2）	
大学代数（4）	・用器画の初歩（2）	
衛生（1）	・手作業による木材加工（2）	
体育（0）	・機械による木材加工（2）	
	・板金（2）	
	・機械工作（2）	
	・電気（2）	
	・印刷（2）	

第2学年（29）

一般教育（11）	教科専門（10）	教職専門（8）
無機化学（5）	実習・製図・設計科目（10）	中等教育の原理（2）
三角法（3）	・製図一般（2）	活動分析（2）
社会学（3）	・印刷技術一般（2）	教育課程編成（2）
	・木材加工一般（2）	産業教育における経営・管理（2）
	・仕上げ一般（2）	
	・金属一般（2）	
	・力学一般（2）	
	・工業力学一般（2）	
	・自動車工学一般（2）	

第3学年（32）

一般教育（18）	教科専門（6）	教職専門（8）
説明文（3）	実習・製図・設計科目（6）注1)	産業科教育法（2）
弁論術Ⅱ（2）		教育実習（2）
物理Ⅰ（5）		教育組織（2）
経済学（3）		教育選択科目（2）
アカデミック選択科目（5）		

第4学年（33）

一般教育（15）	教科専門（10）	教職専門（8）
行政学（3）	実習・製図・設計科目（10）注1)	教育実習（2）
自然科学（3）		教育評価（2）
社会科学（4）		生徒指導（2）
アカデミック選択科目（5）		教育選択科目（2）
一般教育合計（57）	教科専門合計（42）	教職専門合計（27）

注1）第3・4学年の実習・製図・設計科目は，第1・2学年の学習経験に基づき選択される。
注2）カッコ内は単位数を示す。
（出所）The Stout Institute Bulletin, Regular Session Catalog Issue 1950-1952, Vol.XLVII, No.3,February, 1950, pp.51-53 から作成。

の実習・製図・設計科目は，①フリーハンドスケッチ (2)，②用器画の初歩 (2)，③手作業による木材加工 (2)，④機械による木材加工 (2)，⑤板金 (2)，⑥機械工作 (2)，⑦電気 (2)，⑧印刷 (2) の8科目すべてを履修することが指示されていた。

教職専門科目は，一般心理学 (3) の1科目3単位のみであった。

第2学年は，8科目29単位で構成された。

一般教育科目は，無機化学 (5)，三角法 (3)，社会学 (3) の3科目11単位であった。

教科専門科目は，実習・製図・設計科目 (10) の1科目10単位であった。実習・製図・設計科目としては，①製図一般 (2)，②印刷技術一般 (2)，③木材加工一般 (2)，④仕上げ加工一般 (2)，⑤金属一般 (2)，⑥力学一般 (2)，⑦工業力学一般 (2)，⑧自動車工学一般 (2) の8科目から10単位分を履修することが指示された。

教職専門科目は，中等教育の原理 (2)，活動分析 (2)，教育課程編成 (2)，産業教育における経営管理 (2) の4科目8単位であった。

第3学年は，10科目32単位で構成された。

一般教育科目としては，説明文 (3)，弁論術Ⅱ (2)，物理Ⅰ (5)，経済学 (3)，アカデミック選択科目 (5) の5科目18単位であった。アカデミック選択科目としては，英語，歴史と社会科学，自然科学，数学，音楽，コーチングという領域ごとに，合計46科目が開設されていた。

教科専門科目は，実習・製図・設計科目 (6) の1科目6単位であった。第3学年からの実習・製図・設計科目は，第1・2学年での学習経験に基づき，製図一般，フリーハンドスケッチ，用器画，機械製図，建築製図，航空製図，木材加工一般，指物，大工，家具装飾，塗装・装飾，仕上げ一般，木型製作，木工旋盤，金属一般，鋳造，板金，溶接，機械実習，電気工事，無線通信，力学一般，工業力学一般，工業力学，航空機組立，自動車工学一般，自動車整備，ビル建築一般，石工，印刷技術一般，印刷，写真の中から学生が選択することとされた。

教職専門科目としては，産業科教育法 (2)，教育実習 (2)，教育組織 (2)，教育選択科目 (2) の 4 科目 8 単位であった。教育選択科目としては，作業分析 (2)，青年期の心理学 (2)，児童心理学 (2)，個性心理学と精神衛生 (2)，カウンセリングと生徒指導の心理学 (2)，視聴覚教育 (2)，職業教育および成人教育の理念 (2)，安全教育 (2)，教育課程編成論Ⅰ (図表分析) (2)，教育統計 (2)，コーディネート (2)，ジェネラル・ショップの理論と編成 (2)，工業科教育法 (Teaching Trade & Industrial Subjects) (2)，工業科教育の諸問題 (Problems in Teaching Trade and Industrial Subjecs) (2) が準備されていた。

第 4 学年は，9 科目 33 単位で構成された。

一般教育科目は，行政学 (3)，自然科学 (3)，社会科学 (4)，アカデミック選択科目 (5) の 4 科目 15 単位であった。

教科専門科目は，実習・製図・設計科目 (10) の 1 科目 10 単位であった。第 3 学年と同様，それまでの学習経験に基づき選択することとされた。

教職専門科目は，教育実習 (2)，教育評価 (2)，生徒指導 (2)，教育選択科目 (2) の 4 科目 8 単位であった。

以上の教育課程に基づき，産業教育を主専攻として，総計で 128 単位を取得し，かつ，15 単位からなる 2 つの副専攻を修めれば，B.S. 学位を獲得することができた。

同時に，スタウト大学では，職業教育としての技術教育の教員養成にも取り組んでいた。工業科教育 (Vocational Trade and Industrial Education) の主専攻は，基本的には，上記のような産業教育分野の修了要件と同様で，128 単位の修得によって，B.S. 学位が授与された。ただし，学生の実務経験を重視しており，彼らの実務経験を最大で 24 単位認定する実務経験単位認定試験 (trade experience credit examination) が設けられていた。

スタウト大学では，1935 年から，修士号授与課程である大学院教育が実施された。大学院への入学要件としては，一定の成績で学士号を取得した上で，学部教育の当該分野における教科専門科目 42 単位，ならびに教職専門科目 28 単位の合計 70 単位の修得が求められた。

技術教育に関する大学院教育の主専攻には，産業教育と職業教育があった。

産業教育を主専攻として修了する場合には，主専攻の科目から修士論文（6単位，以下カッコ内同様），あるいは調査（4）を含めた20単位，副専攻の科目から10単位を修得する必要があった。

主専攻の科目としては，教育評価（2），教育課程編成論Ⅰ（図表分析）（2），教育課程編成論Ⅱ（作業分析）（2），教育課程編成論Ⅲ（課程開発）（2），産業教育の問題（2），専門分野の問題（2），ゼネラルショップの理論と編成（2），印刷技術の問題（2），視聴覚教育の問題（2），職業指導（2），職業指導の問題（2），コーディネート（2），コーディネートの問題（2），経営管理（2），指導・助言の問題（2），職業心理学（2），労働と労務管理（2），調査の方法（2），研究の方法（2）であった。

副専攻の科目としては，現代教育哲学（2），個性と精神衛生（2），学習心理学（2），指導・助言の原理（2），教育統計学（2），視聴覚教育（2），物理Ⅳ——電子技術（3），アメリカ史（4），合衆国現代史（2），現代世界（4），社会問題（2），アメリカ政治学（2）であった。

職業教育を主専攻として修了する場合は，産業教育と同様に，主専攻の科目から20単位，副専攻の科目から10単位の修得が必要とされた。

主専攻の科目としては，教育評価（2），教育心理学（2），カウンセリングにおけるテスト・測定のワークショップ（2），教育課程編成論Ⅰ（図表分析）（2），教育課程編成論Ⅱ（作業分析）（2），教育課程編成論Ⅲ（課程開発）（2），職業教育および成人教育の哲学（2），職業および成人教育の管理のワークショップ（2），熟練職・産業科目の教育法（2），熟練職・産業教育におけるワークショップ（2），熟練職・産業科目の教授の問題（2），産業教育の問題（2），専門分野の問題（2），職業教育の経営の問題（2），徒弟訓練の問題（2），地域職業学校（2），印刷技術の問題（2），職業指導（2），職業指導の問題（2），職業情報と職業指導のワークショップ（2），コーディネート（2），コーディネートの問題（2），経営管理（2），指導・助言の問題（2），職業心理学（2），職業衛生と安全（2），研究の方法（2），面接調査のテクニック（2），会議での指導力（2）であった。

副専攻の科目は，産業教育が主専攻である場合と同様であった。

2 『作業分析』(1942年)におけるフリックランドの作業分析の特徴

フリックランドは，1942年に『作業分析』[24]を出版した。その冒頭において，「本書は，これまでの分析法に流線形の修正 (a streamlined modification) を施したものである。」(p.3)と述べ，従来の分析法の整理や合理化を試みている。主要には，セルヴィッジの作業分析が念頭にあったと思われる。

フリックランドは，まず，要素作業 (operation) の選定の基準として，①かなり画一な内容をもって，しばしば熟練職の中にでてくる。それは1つの熟練職では，あらゆる工場で一定している，②教えることができる内容を含んでいる，③それを完成したとき，労働者が満足できる到達点に達したということを意識させることができるような明確な単位である，④他の要素作業と組み合わせたときにもっとも大きな価値があり，単独ではたいてい価値があまりない，⑤長さは学校の授業での演示に適する程度の内容のものである，⑥他の要素作業と組み合わせた時に，要素作業相互の間に間隙も重複もなく，さらに重要なものを生産し提供する，⑦描写 (depicting)，成形 (shaping)，形削 (forming)，組立 (assembling) を含む，という7項目を設定した。

そして彼は，その要素作業を分析および教授の基礎単位に据え，要素作業とそれに伴う関連知識からなる訓練内容を編成した。

フリックランドは，訓練内容を教授する方法としては，セルヴィッジの『個別学習のための作業指導票』[25] (1926年) を参考文献にあげ，要素作業票 (operation sheet)，知識票 (information sheet)，割当て票 (assignment sheet)，ジョブ票 (job sheet) の4種類からなる作業指導票 (instruction sheet) を活用した。

またフリックランドは，要素作業を練習課題として編成する方法として，要素作業とプロジェクトとしてのジョブの2軸からなる図表を利用した。

これは，①ブロック (block) と呼ばれる作業区分ごとに要素作業と代表的なジョブを選定し，それぞれを分析表の縦軸と横軸に列記する，②各ジョブに含まれる要素作業をチェックする，③要素作業に関しては出現頻度の高いものか

ら低いものへと上から下に，ジョブに関しては含まれる要素作業が少ないものから多いものへと左から右に並びかえる，④こうしてできた図表のジョブを左から右へ順に遂行することによって，使用頻度の高い要素作業を反復すると共に，新たな要素作業を習得していくようになるというものであった。

第4章で検討した『熟練職教授法』におけるセルヴィッジの作業分析と『作業分析』におけるフリックランドの作業分析を比較するならば，次の3点の特徴を指摘することができる。

第1に，『作業分析』におけるフリックランドの作業分析は，『熟練職教授法』におけるセルヴィッジの作業分析を継承したものであると考えられる。なぜなら，①「単位要素作業」や「要素作業」といった労働過程からみた生産労働の基本単位を分析および教授の基礎に据え，教育課程を編成する点，②個別企業での一定の役割としてのジョブではなく，プロジェクトとしてのジョブを採用する点，③訓練方式において作業指導票を活用する点において共通しているからである。

第2に，その反面，『熟練職教授法』において，セルヴィッジが確立した技術教育の目的論，すなわち，民主主義を担う市民としての熟練労働者，換言すれば「思慮深く，可動性に富み，確固たる自分なるものをもった熟練労働者」の育成という目的を定立したといった側面は，フリックランドの『作業分析』にはみられない。

第3に，『作業分析』におけるフリックランドの作業分析は，要素作業の選定の7基準や要素作業とジョブの二軸からなる図表の利用等，『熟練職教授法』におけるセルヴィッジの作業分析のマニュアル化を図ったとみられる。

フリックランドの作業分析は，セルヴィッジの方法的特徴の継承を図りつつ，他方で，セルヴィッジの技術教育の目的論にみられた思想性を捨象し，要素作業の選定基準や図表を利用した分析手続きのマニュアル化をすすめ，その普及に努めたとみられる。

3 大学における技術教育教員養成における科目「教育課程編成論Ⅱ（作業分析）」の教育実践

フリックランドは，スタウト大学に赴任中，技術教育教員養成のために開設された科目「教育課程編成論Ⅱ（作業分析）」を担当していた。この科目は，大学院教育での選択科目として設定されたものであり，その目標は，①「教授を目的として，ある1つの仕事を分析する方法を学習する」こと，②「教授のための分析手法と，コース・オブ・スタディや授業，作業指導票との関係について学習する」ことという2点があげられていた。

この科目の内容は，シラバスによると以下のような8単元で構成されていた。各単元のテーマと概要は次の通りであった。

①作業分析の種類と意味

「作業分析」の定義や，これまで作業分析と混同されてきた「職務記述書（job description）」や「職務明細書（job specification）」との区別などを学ぶ。

②工業労働者の識別

熟練機械工とオペレーターの識別と訓練の必要性などを学ぶ。

③熟練職の要素の識別

「職務」の定義の重要性，熟練職の構成部分をなす「要素作業」の定義，「描写」，「成形」，「形削」，「組立」からなる4種類の要素作業などについて学ぶ。

④熟練職の要素の識別（関連知識）

「知識のトピック」の定義やその三つの種類である「専門的知識（technical information）」，「一般的知識（general information）」，「職業指導的知識（guidance information）」などについて学ぶ。

⑤ブロックの確定と教授順序

熟練職を一定の作業区分である「ブロック（block）」へ分割し，それを要素作業とジョブを二軸とする図表を用いて分析すること，それによる教授順序の決定の仕方などを学ぶ。

⑥ブロックの確定と教授順序（続き）

製造熟練職ばかりではなく，サービス熟練職においても同様に，ブロックへ

の分割と教授順序の決定の仕方などを学ぶ。
⑦教授段階の一覧づくり
　教授単位を指導するため，それを段階ごとに整理し，必要な工具や設備，材料を準備することの重要性，その際の注意点などについて学ぶ。
⑧他の仕事の分析
　他の仕事 (other occupations) を分析し，それをブロックに分割，それぞれのブロックの「すべきこと (doing)」と「知るべきこと (knowing)」を一覧表にまとめ，教授段階を整理する。

　「教育課程編成論Ⅱ（作業分析）」の上記の各単元では，テキストの参照部分，ならびにさらに読み進めることが望ましいとされる参考文献があげられていた。テキストとしてあげられていたのは，フリックランドの『作業分析』(1942年) であった。

　上記単元の①ではテキストの第1章「作業分析」と第3章「分析の種類」が，②では第2章「近代の工業労働者」，③では第4章「熟練職の要素の識別」，④では第5章「熟練職の要素の識別」，⑤では第6章「分析すること」および第7章「分析すること」，⑥では第7章「分析すること」，⑦では第8章「分析すること」，⑧では第9章「分析の一般的な応用」ならびに第4章「熟練職の要素の識別」，第5章「熟練職の要素の識別」が，参照すべき章としてあげられていた。

　テキストの第10章「学習と教授について」，第11章「コース・オブ・スタディ作成のための示唆」，第12章「文書による指導」については，この科目では扱われていなかった。

　参考文献としては，アレンやセルヴィッジ，ボウマン (Bawman, C. A., 1887～1981年)，ストラック (Struck, F. T., 1886～1943年) らの著作があげられていた。

　「教育課程編成論Ⅱ（作業分析）」では，「作業分析の手法を学ぶためには，ある1つの仕事ないし熟練職を分析してみることが必要である」とされ，各学生が分析対象となる仕事や熟練職を選定し，それらを実際に分析するという課題が設けられた。

ウィスコンシン・スタウト大学アーカイヴズ所蔵のフリックランド資料には，1932～1951年の間に，学生が提出した54本の課題レポートが所蔵されている。

これらのレポートが分析対象とした熟練職や仕事には，薬の小売販売や喫茶店経営，ゴルフ指導などの内容もみられるけれども，基本的には，用器画や機械設計などの設計・製図関連，板金や溶接，鋳造，配管，機械工作などの金属・機械関連，塗装や家具製作などの木材加工関連，煉瓦積みや家大工などの建築・建設関連，仕立てや裁縫などの被服関連，写真なども含めた印刷関連，電動機や屋内配線などの電気関連といった熟練職に関わる内容が主な対象とされていた。

「教育課程編成論Ⅱ（作業分析）」では，上記のようなレポート提出に加えて，筆記試験も実施されていた。

筆記試験には，中間試験と最終試験があった。

中間試験の試験問題は，単元構成でいえば，①，③，④，⑤が出題範囲とされた。

①では，作業分析によって抽出された要素作業が教えるべき事項の一覧表になることや作業分析の手法が様々な分野の労働へ適用可能であることなどを問う正誤問題14問が出題された。

③では，要素作業とは描写，成型，形削，組立のいずれかをたいてい含む作業の1単位であり，かつ教授の1単位でもあること，ジョブとは作業の完成したひとまとまり，すなわちプロジェクトであることなどを問う正誤問題13問，選択問題3問，記述問題8問が出題された。

④では，3種類の関連知識である技術的知識，一般的知識，職業指導的知識のそれぞれの意味などを問う正誤問題21問，それらの具体例をあげる記述問題6問が出題された。

⑤では，熟練職をブロックに分割し，それを要素作業とジョブの二軸からなる図表で分析することによって，教授順序を決定する手続きを問う選択問題7問，穴埋問題3問が出題された。

最終試験は，以上の中間試験の問題が総合され，総計82問，出題形式とし

ては，正誤問題，選択問題，記述問題が採用されたものであった。

　以上，スタウト大学における技術教育教員養成の科目「教育課程編成論Ⅱ（作業分析）」の教育実践を検討してきた。その結果，次の3点の特徴を指摘できる。

　第1に，開設科目「教育課程編成論Ⅱ（作業分析）」は，技術教育教員養成の営みとして，教育課程を自ら編成するための力量を学生に形成させようとするものであった。

　第2に，教育課程編成の力量を形成する方法としては，教室での講義や講読だけではなく，現実の熟練職等の労働現場に出向き，そこでの労働を観察・分析・記録し，その記録に基づいて技術教育の教育課程を編成するというものであった。

　第3に，労働現場で観察・分析・記録し，それを教育課程として編成する方法を支えたのがフリックランドの作業分析であった。フリックランドの作業分析は，現実の労働を分析することを通して要素作業を抽出し，それを基礎に技術教育のための教育課程を編成する方法論として，大学における技術教育教員養成の教育実践に重要な役割を果たしていた。

第5節　小　括

　以上，セルヴィッジおよびフリックランドによる大学における技術教育教員養成の営みとそこでの作業分析の役割について検討してきた。その結果，以下の特徴が指摘できる。

　第1は，ミズーリ大学では，1917年のスミス＝ヒューズ法の制定を積極的に受け止め，それまで実施していた普通教育としての産業科教育の教員養成を基礎に，職業教育としての工業科教育の教員養成にも着手した。その特徴は，両者を分断することなく関係づけ，それらの融合を図るかたちで，開設科目を整備・充実させていった点に求められた。そこには，普通教育としての技術教育の教員と職業教育としての技術教育の教員とを区別しつつも，その共通点を探ることを主眼とした『産業教育の原理』（初版1930年，第2版1942年）にみら

れたセルヴィッジの教員養成観が，強く反映されていたことが認められた。

　第2は，ミズーリ大学における技術教育教員養成では，1908～1941年の間，開設科目をみる限り，実習に関する教科専門科目の内容構成の基本や単位数は削減されることなく維持され続けた。いいかえれば，ミズーリ大学における技術教育の教員養成では，生産技能の教授が重視され続けた。

　第3は，1920年代～1941年のミズーリ大学の学部および大学院での技術教育教員養成において，セルヴィッジの作業分析が注目すべき役割を果たした点である。それは，技術教育の未来の教員が備えるべき生産技能を教えるために活用されていたばかりでなく，当該教員にとって不可欠とされた技術教育の教育課程を編成するための科学的な方法論として，作業分析それ自体，学生たちに学ばせるべき内容として位置づけられていた。

　第4は，第二次世界大戦後から1950年代において，フリックランドの作業分析が，スタウト大学における技術教育教員養成に適用されていた点である。スタウト大学では，フリックランドの作業分析に則って，学生たちが現実の労働現場に出向き，そこでの労働を観察・分析・記録し，その記録に基づいて教育課程を編成する活動を組織，こうした実践を通して，学生たちに技術教育の教育課程を自ら編成できる力量を形成させようとしていた。そして，ここで展開されたフリックランドの作業分析は，セルヴィッジの作業分析の方法的特徴の継承を図りつつ，要素作業の選定基準や要素作業とジョブの二軸からなる図表等のマニュアル化が進められ，技術教育のための作業分析を普及させる条件を築いたものであった。

　以上のように，セルヴィッジおよび彼の弟子であるフリックランドによる技術教育のための作業分析は，1920年代から1950年代にかけて，ミズーリ大学やスタウト大学という中西部の大学における技術教育教員養成を安定的に営む上で重要な役割を果たした。

　その結果は，当該分野のパイオニア的存在であったコロンビア大学ティーチャーズ・カレッジが，1915年度の方針転換を契機に，生産技能の教授の縮小を旋回軸として，それ以後，四半世紀以上をかけて，技術教育教員養成を漸次

弱体化させ，1973年に消滅させていった経緯とは対照的であった。

注
1) Selvidge, R. W., *How to Teach a Trade*, Manual Arts Press, Peoria, Ill, 1923.
2) Catalog, *The University of Missouri Bulletin*, Columbia, MO.
3) Selvidge, R. W. and Fryklund, V. C., *Principles of Trade and Industrial Teaching*, Manual Arts Press, Peoria, Ill, 1930.
4) 田中喜美「米国における教師養成機関の大学院化と教科教育——コロンビア大学ティーチャーズ・カレッジでの技術教育分野を中心に——」『日本の教育史学』第31集，1988年，p.153。
5) Capps, A. G., Clements, H. M., Abstracts of Dissertations in Education Accepted by the University of Missouri, *The University of Missouri Bulletin*, Vol.39, No.19, 1938., p.28.
6) *Ibid.*, p.30.
7) Committee on Research and Service, Abstructs of Dissertations in Education Accepted by the University of Missouri from 1939 to 1946, *The University of Missouri Bulletin*, Vol. 47, No. 22, 1946., p.54.
8) *Ibid.*, p.10.
9) *Ibid.*, pp.31-32.
10) Catalog, *University of Missour Bulletine*, 1909-1910, pp.254-270.
11) Crawshow, F. D., Selvidge, R. W., *The Teaching of Manual Arts*, Bulletin of the University of Wisconsin, No. 444 : High School Series No. 11, University of Wisconsin, Madison, WI, 1911.
12) Sluys, A., *Manual Training in Elementary School for Boys*, Industrial Education Assoc., New York, NY, 1889.
13) Salomon, O., *The Theory of Educational Sloyd*, George Philip & Son, London, 1892.
14) Catalog, *The University of Missouri Bulletine*, Vol. 29, No. 1, 1928, pp.259-261.
15) Catalog, *The University of Missouri Bulletin*, Vol. 39, No. 5, 1937, pp.318-321.
16) Selvidge, R. W. and Fryklund, V. C., *op. cit.*
17) *Ibid.*, pp.15-16.
18) Catalog, *The University of Missouri Bulletin*, Vol. 29, No. 1, 1928, p.260.
19) *Ibid.*
20) *Ibid.*, pp.260-261.
21) *The Stout Institute Bulletin, Regular Session Catalog Issue 1950-1952*, Vol. XLVII, No. 3, February 1, 1950.
22) *Ibid.*

23) *Ibid.*
24) Fryklund, V. C., *Trade and Job Analysis*, Bruce Publishing Company, Milwaukee, WI, 1942.
25) Selvidge, R. W., *Individual Instruction Sheets*, Manual Arts Press, Peoria, Ill, 1926.

第Ⅲ部　専門職と認証制

Vern Charles Fryklund, 1886〜1980

第6章

ミシシッピヴァリ会議による専門職教育の探求（その1）
——産業科教育到達目標標準の樹立

第1節　問題の所在

　第Ⅲ部では，アメリカ合衆国の技術教育教員養成に関わる専門職団体の動向を，ミシシッピヴァリ会議[1]を中心にとりあげる。とりわけ，本章では，アメリカ職業協会『産業科教育の到達目標標準』(American Vocational Association, *Standards of Attainment in Industrial Arts Teaching*, 1934) の制定をめぐっての同会議の活動に焦点をあてる。

　そして，この分析を通して，主には1930年代における合衆国での技術教育の教員養成に関わる問題の構造と展開の若干の側面を明らかにし，同時に，そうした問題状況に対するミシシッピヴァリ会議の関与の論理とその結果およびそれらの教員養成史上の意義を解明することを目的としている。

　ちなみに，ここでとりあげる『産業科教育の到達目標標準』は，この分野でのアメリカ合衆国最大の専門職団体であるアメリカ職業協会が，普通教育としての技術教育の枠組みを全米規模で初めて体系化し，以後，大きな影響を与えることになったといわれるものである[2]。

　すでに述べたように，アメリカ合衆国では，専門職団体および同関連会議を基礎とした認証制が，事実上，同国の大学設置・課程認定基準として機能していることに象徴されるように[3]，大学のあり方や教育の営みに対する専門職団体および同関連会議の果たしている役割は小さくない。

　したがって，アメリカ合衆国における技術教育教員養成実践史を「大学における教員養成」の形成史として構成しようとするとき，各個別大学や師範学校，ティーチャーズ・カレッジ等での教員養成の営みを解明する基礎的作業として，技術教育の教員養成に関わるこうした専門職の組織の活動や審議の動向等を事

実に即して分析するという方法が一定の有効性をもつと考えられる。しかし，この面での研究は遅れているといわざるをえない。

とくに，アメリカ合衆国における技術教育の教員養成の場合，工・農科系高等教育機関の果たす役割が相対的に大きく，かつ，教養大学（リベラルアーツカレッジ等）は技術教育の教員養成にほとんど関与しない等，アメリカ合衆国教員養成史研究が一般に描く歴史像――例えば，師範学校かちティーチャーズ・カレッジへの移行，およびティーチャーズ・カレッジと教養大学との対抗等――とは異なる側面をもつ[4]。それゆえ，工・農科系など，教育系以外の高等教育機関の関与といった重要な問題を捨象しないためにも，専門職団体の活動に注目することは有効であり，不可欠の作業の1つになると考えてよいであろう[5]。

現在，技術教育の教員養成に関わる専門職組織の主なものとしては，第1に国際技術教育協会（ITEA，1939年～現在）と連携した技術科教員養成審議会（CTTE，1950年～現在），第2にアメリカ職業協会（AVA，1925年～現在，但しその前身は1906年の全国産業教育振興協会NSPIEから）と連携した全国産業技術教員養成協会（NAITTE，1936年～現在），第3に，これらとは性格がかなり異なるものの，ミシシッピヴァリ会議がある（図序-1参照）。本章は，ミシシッピヴァリ会議を主要な対象にしているけれども，その分析にあたっては，他の母体的な専門職団体の動向との関係は不可欠なものになると考えられる[6]。

なお，ミシシッピヴァリ会議の資料は，イリノイ大学図書館のアーカイヴズに，未整理ではあるが，相当部分保存されている。本研究もこれを使用した[7]。

第2節 ミシシッピヴァリ会議の組織および審議内容（1909～1934年）

1 ミシシッピヴァリ会議の発足

ミシシッピヴァリ会議の組織や活動のあり方は，技術教育分野の他の専門職団体と比べて一種独特なものである。エヴァンス（Evans, R. N.）の次の指摘は，同会議のこの特質の一面を的確に表現している。

「過去70年間，ミシシッピヴァリ会議として知られている団体は，技術教育

の目的や教育課程等の樹立と普及に最も影響力のある組織の一つであり続けてきた。周知されている名称を正式にかかげてこなかった，ミシシッピヴァリのすべてを含んではいない，会費会員や雇用スタッフをもたない，ジャーナルやニュースレターをもたない，ある問題に対して組織として公式な立場をとることを長期間拒んできたといった事実にもかかわらず，この会議の影響力は維持されている。」[8]

ミシシッピヴァリ会議は，セルヴィッジが，恩師であるベネットに示唆したことを契機に，1909年，ベネットの勤務校であるブラッドレ総合技術大学（イリノイ州ペオリア市）を会場に，5州の技術教育の教員養成に関わる教育機関の代表者12名の参加によって発足した。

ベネットとセルヴィッジの間で交わされた書簡によれば，それは何らかの決定機関といったものではなく，技術教育およびその教員養成に関わる重要かつ緊急な問題について，専門家の立場から率直に意見交換をする場という性格の会議として発足した[9]。

ミシシッピヴァリ会議は，数年の試行錯誤の期間を経て，1914年，ボウデンが合衆国教育局の産業教育専門官に任命される（1914～23年）とともに，合衆国教育局を代表してボウデンが同会議に参加すること，および同会議の議事録を合衆国教育局紀要として出版することが合意され，さらには，ボウデンが同会議の総議長（general chairman）に就任するに至って，組織的な整備が進んだ。ボウデンは，これ以後，1941年まで総議長を務めることになる。

すなわち，ミシシッピヴァリ会議の発足および1930年代までのその運営は，後にみる組織構成のあり方とも関わって，ベネット，セルヴィッジ，ボウデンという3人の指導的人物の役割が大きかったとみられる[10]。

2　ミシシッピヴァリ会議の会員

ベネット（1937年）によれば，この当時の専門職団体には，「(a)大勢の会員を集め，その役割と影響力の拡大をめざす団体，および(b)集中的で精深な仕事ができるように少数の選ばれた会員に制限し，大勢の教員の集まりではできない，

ないし困難であるような専門職としての任務の遂行を行う団体」[11]の2種類があるとされる。ミシシッピヴァリ会議は，まさに後者にあたる。

ミシシッピヴァリ会議は，公式には，「工芸教育および産業教育の教員養成に従事しているミシシッピヴァリ地域の諸機関の代表者による会議」(1915年の会員への招待状)とされる。そしてここでいわれるミシシッピヴァリ地域とは，合衆国の5大地域区分でいえば，北部中央地域 (12州) と南部中央地域 (8州) にあたる。

すなわち，ミシシッピヴァリ会議の会員は，1927年に規約が制定されるまでは，上記の条件にそって，事実上，ベネット，セルヴィッジ，ボウデンの3人によって推薦・選考・決定され，また，規約制定後は，会員資格委員会によって推薦・選考された会員候補を同会議の通常大会での全員投票によって決定される。ある1つの機関から2人以上の会員を出すことを禁止する等，その数は少数に制限されている (今日でも会員数は規約により正会員65名以下，全国会員5名以下に限定している)。会員は通常大会に招待される。当然大会参加者は限られる。会員でない者は，会員のゲストにならない限り大会を傍聴することもできない。いつ頃からか不明だが，ミシシッピヴァリ会議会員に選定されることは，この分野の選ばれた一流の専門家として社会的に認定され栄誉なことであるとされる。

ちなみに，第25回大会 (1934/35) 年度の会員総数は73名であり，その内訳は，①カレッジおよび大学関係者27名，②師範学校およびティーチャーズ・カレッジ関係者33名，③州教育庁関係5名，④市教育庁関係5名，⑤教育ジャーナル関係3名というものであった。

また，正会員はミシシッピヴァリ地域の20州から選定されていたといっても，州ごとの分布にはひらきがあった。第1回大会 (1909年) から第25回大会 (1934年) までで，州ごとの参加者数が判明している大会が16あり，その合計人数は703名である。うち参加者の多い順に州をあげると，イリノイ (147名)，オハイオ (72名)，インディアナ (49名)，ウイスコンシン (47名)，ミシガン (39名)，ミズーリ (34名)，ミネソタ (20名)，アイオワ (16名) 等となる。これ

第6章　ミシシッピヴァリ会議による専門職教育の探求（その1）　197

らは全て，北部中央地域に属する州であり，少なくとも1930年代までのミシシッピヴァリ会議の主体は，いわゆる中西部にあったといえる。

さらに，こうした正会員の中から選出される総議長は，大会プログラム等の最終的な決定権をもつ。次回大会で審議すべき候補テーマは会員全員から募るけれども，その取捨選択と当該テーマに最適な報告者の決定，時間配分等々は，すべて総議長の権限になる。総議長の任期はなく，その影響力は大きい。

総議長が正式に設けられたのは，第5回大会（1914年）であり，上述のようにボウデンが同大会で就任して以来，第32回大会（1941年）まで務めた。ただし正式ではなかったけれども，第1～4回大会までは，ベネットが実質上，総議長の任務にあたっていた[12]。

3　1934年（第25回大会）までの審議内容の傾向

ミシシッピヴァリ会議の第1回から第25回の大会のうち，議事録等が保存され，そこで発表された報告や議論の様子をうかがうことのできる計19回にわたる審議内容の特徴をまとめるならば，以下のような4点の傾向を指摘することができる[13]。

第1に，その名称からうける印象とは異なり，普通教育としての技術教育の問題だけでなく，職業教育としての技術教育の問題も，ほぼ同等の重さで審議している点である。

ベネットは工芸教育（manual arts）なる用語を好んで使用する。彼の意図は，それまでの手工教育（manual training）が，職業教育としての技術教育の意味に誤解されて流布していることを避けるべく，その普通教育としての性格を明確にするために使用したという一面をもつ[14]。したがって，会議の名称を，ミシシッピヴァリ《工芸教育》会議とした背景として，普通教育としての技術教育の問題を強調したい意図があったと推測することには根拠がある。そして，同会議の審議内容をみると，普通教育としての技術教育の問題が重く位置づけられ継続的に検討されていることは認められる。とりわけその内容において，工芸教育に関する標準（standard）を作成し，それに基づく評価法を確定してい

くことが基調の1つになっていた点が注目される(第6, 7, 8, 14, 16, 19, 20, 23回大会)。

しかし同時に，問題を普通教育だけに限ることなく，職業教育としての技術教育の問題も，同様に位置づけられていることを見過ごすべきではない。19回中13回の大会で，この問題が，議題としてとりあげられ，審議されている。

第2に，技術教育自体の問題よりもむしろ，技術教育の教員養成の問題に一貫して取り組んでいる点である。すべての大会で，この問題が議題とされている。同時に，この点に関しても，普通教育としての技術教育の教員養成問題と同様に職業教育としての技術教育の教員養成問題にも一貫して取り組んでいる点に注目したい。

そして，普通教育としての技術教育の教員養成問題は，高等教育機関における2年制の課程を視野に入れつつも，主要には4年制の課程を念頭においた教育課程編成のあり方が中心になっており，その中でも，教育実習の位置づけ，および，これを含む教員養成の教育課程の一定程度の標準化の課題が，その必要性の有無も対象にしながら審議されていた。

他方，職業教育としての技術教育の教員養成問題は，実習を担当する教員の養成のあり方を中心に審議された。具体的には，教育系の教育機関，工・農科系の教育機関，あるいは工場との連携制など，それぞれの可能性とそのあり方をめぐって審議された。

さらにいえば，第1の技術・職業教育自体の問題は，第2の技術・職業教育の教員養成の問題との関わりで位置づけられているとみることも不可能ではない。いかなる技術・職業教育が実施されるべきかが明確でないならば，いかなる技術・職業教育の教員養成を行うべきかも明確にはならないからである。

第3に，第6回大会(1915年)と第7回大会(1916年)を中心に，普通教育としての技術教育と職業教育としての技術教育との関係，および，普通教育としての技術教育の教員養成と職業教育としての技術教育の教員養成との関係の問題が審議されている点である。

これは，1つには，スミス＝ヒューズ法の原案を提案した『職業教育国庫補

助に関する連邦委員会報告書（*Report of the Federal Aid to Vocational Education*）』（その内容には，普通教育としての技術教育と職業教育としての技術教育とを切り離し，後者およびその教員養成にのみ財政援助を与えるという一面が含まれている）が 1914 年に公表されている事実，いま 1 つには，世界で最初に技術教育の教員養成を学位授与課程において実施し，ベネットがその基礎を築き，セルヴィッジもボウデンもそこで学位をとったコロンビア大学ティーチャーズ・カレッジの技術教育分野をめぐる方針が，1915 年に転換された事実（普通教育としての技術教育の教員養成と職業教育としての技術教育の教員養成とは異なるものであるとし，従前担ってきた後者の任務を同カレッジでは放棄するという方針の採用）との関連を見過ごすべきではない。ボウデンは同カレッジの学部長ラッセルに即座に抗議文を送ったことは，第 2 章等において指摘したところである[15]。

第 4 に，1920 年代から継続して，とりわけ下級高等学校における技術教育およびそのための教員養成の問題が重視されている点である（第 12, 14, 16, 18, 19, 22, 23, 25 回大会での議題）。ユニットショップからゼネラルショップへの移行に対応した教員養成の問題（第 16, 17, 19, 20, 21 回大会での議題），あるいは，実習室の施設設備のあり方やその運営に関する問題（第 16, 17, 18, 19, 20, 21, 22, 24, 25 回大会での議題）も議論の対象になったが，これらはいずれも，下級高等学校に関わっていた。

そしてこうした 4 点の傾向すべてが，アメリカ職業協会『産業科教育の到達目標標準』の制定に集中していったとみることができる。

第 3 節　ミシシッピヴァリ会議と『産業科教育の到達目標標準』

1　職業教育運動とその指導者

長期間にわたりミシシッピヴァリ会議の総議長の任にあったボウデンは，その任を後継者に渡した後の 1950 年に，同会議の結成当時を顧みて，次のように回想した。

「旧全国産業教育振興協会（The old National Society for the Promotion of Industrial Education）は，東部人によって財政処理され，支配されていた。……彼らは中西部の公教育の特徴を知らないし無視していたように思われる。そして，東部人の指導者たちは，普通教育としての技術教育への関心を受け入れなかったばかりでなく，その教育的価値を蔑視し，それを学校から全面的に排除することさえしようとした。」16)

このボウデンの回想に示唆されるように，ミシシッピヴァリ会議を結成した背景には，「中西部の公教育の特徴を知らない東部人」によって動かされているとされた全国産業教育振興協会の運動すなわち《職業教育》運動（vocational education movement）への批判意識があった。ベネットらが，その活動の守備範囲の広さにもかかわらず，ミシシッピヴァリ《工芸教育》会議と命名した点に，こうした意図を読み取ることも不可能ではない。

そしてここでいわれる「東部人の指導者たち」とは，職業教育運動の中心的指導者，とりわけスネッデン，アレン，プロッサー（Prosser, C. A., 1871～1952年）等が念頭にあったと考えられる。全国産業教育振興協会に対してのミシシッピヴァリ会議結成の背景には，普通教育としての技術教育の教育的価値の是非などをめぐるベネット・セルヴィッジ・ボウデン対スネッデン・アレン・プロッサーという図式があった。

技術教育論の次元におけるスネッデン・アレン・プロッサーの主張を端的に表現すれば，それは「真正の職業教育（real vocational education）」論といえるものであった。すなわち，職業教育は，あくまで実際の業務における職務（job）を対象にした訓練であるべきであって，労働市場の需要に合わせて雇用に必要な特化された内容を，必要な程度にまで反復練習させ，生徒の能力と関心を最大限に資本化することを目的とする。したがって，訓練の環境は実際の労働環境に近い程好ましく，教育方法も実際の業務での場合と同一の方法で実施されるべきなので，教員も理論家ではなく，当該業務の熟達者があたるべきである，とするものであった 17)。

そして，こうした職業教育に関する見解は，必然的に，普通教育としての技術教育に対しては消極的ないし否定的立場につながる。彼らは「基礎的なもの

による準備教育はほとんど価値がない」[18)]と断定し，ある特定の職業への準備教育ではなく，そのための基礎教育として，「すべての技術的原理を教授する教育」[19)]であるとした手工教育等の普通教育としての技術教育を，無価値に近いものとして排除していった。

さらに，こうした職業教育や普通教育としての技術教育への見解は，それらの教員養成論にも反映せざるをえない。彼らは，両者の教員養成は質的に異なるものであるとし，分離された教育課程を編成すべきであるとした。

これに対して，ベネット・セルヴィッジ・ボウデンらは，普通教育としての技術教育は，職業教育としてのそれの強固な基礎を与えるものとして意味があり，両者は教育内容の水準や特化の段階的な程度における区別にすぎず，そこには質的な違いといったものはなく，連続的につながっていくべきものであるとした。したがって，それらの教員養成も，基本的な部分は，共通の教育課程で実施可能であるとの立場をとっていた。

しかしながら，職業教育運動の最も重要な成果である『職業教育国庫補助に関する連邦委員会報告書』(1914年) およびその結果制定されたスミス＝ヒューズ法 (1917年) は，明らかに，スネッデン・アレン・プロッサーらの見解にそったものであった。それらは，普通教育としての技術教育およびそのための教員養成に関する内容を一切排除し，結果として，普通教育としての技術教育と職業教育としてのそれとの関連を重視し，共通した教育課程によって職業教育の教員養成を実施していた営みに対する国庫補助を拒否した。

こうした動きが，ミシシッピヴァリ会議の審議内容に反映されていたことは，すでに指摘したとおりである（第6～7回大会での報告および討論等々）。

2　全米職業教育協会と中西部職業教育協会の統一＝アメリカ職業協会の結成

スミス＝ヒューズ法の制定に成功し，当初の目標を達成した全国産業教育振興協会は，同法制定の翌年の1918年に，全国職業教育協会 (National Society of Vocational Education) と名称をかえ，その初代会長にスネッデンが就任した。そして，1925年には，中西部職業教育協会 (Vocational Education Association of the Middle West)と統一し,アメリカ職業協会(初代会長は,カリフォルニア州立大学のリー(Lee, E. A.)であり,この人選は出身地域の点で興味深い)に至る。

地域的にみてミシシッピヴァリ会議とのつながりの深さを予想させる中西部職業教育協会と全国職業教育協会とのこの統一は,上記の見方からすると意味深長である。

ドローストによると,この統一は,「東部人の極端なやり方を中西部協会の穏健な見解によって和らげようとした」当時の合衆国教育長官クラックストン(Claxton, P. P.)の戦略の結果であり,この統一を媒介にして,「クラックストンおよび彼の同意者たちは,ミシシッピヴァリ会議を彼らの意向を推進するための手段として見なしていた。」[20]とする。

しかし,クラックストンの意向はともかく,その後生じた事実から判断すると,結果は逆であった。すなわち,この統一は,ボウデンが重要な役割を果たしたことが知られており[21],ミシシッピヴァリ会議の意向をワシントンに伝え実現させるためのものとして機能した。ボウデンは,セルヴィッジと密接に協議しながら,アメリカ職業協会のなかに,産業科教育部(Idustrial Arts Section of A.V.A. 1932年~,1947年からは,産業科教育部門 Industrial Arts Division of A.V.A.へと拡大)を設けることに成功したのだった。

つまり,普通教育としての技術教育を否定ないし消極的にしか評価していなかった専門職団体のいわば牙城に,普通教育としての技術教育を正当に位置づける場の設定に成功したといえる。アメリカ職業協会『産業科教育の到達目標標準』の制定も,こうしたベネット・セルヴィッジ・ボウデンらの戦略の一環であるとみなすことができる。

3 アメリカ職業協会・産業科教育に関する専門委員会

アメリカ職業協会会長クーリー(Cooley, R. L.)は,1928年,産業科教育に関する専門委員会の設置を決め,その人選を行った。任命された委員は以下の7名だった。

① W. E. ロバーツ(オハイオ州教育行政官):ミシシッピヴァリ会議会員

② C. F. ボーダー（ペンシルヴァニア州教育行政官）
③ W. T. ボウデン（教育ジャーナル関係）：ミシシッピヴァリ会議総議長
④ C. A. ボウマン（ウイスコンシン州スタウト大学）：ミシシッピヴァリ会議会員
⑤ E. E. エリクソン（カリフォルニア州立ティーチャーズ・カレッジ）
⑥ M. M. プロフィット（合衆国教育局）
⑦ R. W. セルヴィッジ（ミズーリ州ミズーリ大学）：ミシシッピヴァリ会議会員

委員長は，エリクソン（1928～1930年2月）→ボウデン（1930年3月～1933年9月）→ロバーツ（1933年10月～1934年12月）と交代した。原案のほとんどがセルヴィッジによって準備される等，委員会は，ボウデン＝セルヴィッジを軸に運営された。

このように専門委員会は，7委員中4名がミシシッピヴァリ会員であること，しかもボウデンとセルヴィッジが含まれること，さらに後半はボウデンが議長になり，かつセルヴィッジが原案のほとんどを起草する等からみて，名目上は，アメリカ職業協会の専門委員会であるけれども，実質は，ミシシッピヴァリ会議が担っていたといってよい。

委員会は，1929年以来，各年次大会で報告を発表（第1次16頁，第2次18頁，第3次31頁，第4次12頁，第5次16頁），その第6次報告書が最終報告として組織的な承認を得た。これが『産業科教育の到達目標標準』（92頁）である。

第1～5次報告は，各5,000部印刷・配布されるとともに，『産業科教育と職業教育』（*Industrial Arts and Vocational Education Magazine*）および『産業教育』（*Industrial Education Magazine*）の2誌に掲載され，全国の教員をはじめとする関係者からの批評や意見等を募り，委員会での審議に反映させていった。ちなみに，最終報告は6刷りされ，合計1万1,000部が配布された。

いずれにしても，『産業科教育の到達目標標準』は，形式上はアメリカ職業協会によるものであるけれども，その実質はミシシッピヴァリ会議が作成したとみなすことができ，小規模であることを組織上の特質とするミシシッピヴァ

リ会議が，当時すでに1万人規模の会員を擁し，この分野の最大組織を誇るアメリカ職業協会を動かす力を，1930年前後において獲得していたことは注目してよいであろう。

第4節 『産業科教育の到達目標標準』の制定とその内容

1 専門委員会のとった手順

『産業科教育の到達目標標準』の記述（p.89）によれば，委員会の作業は，次のような手順で進められた。

(1) 産業科教育の教育目的（objectives）の確定：12項目にまとめた。
(2) 分野の整理：「下級高等学校における産業科教育でもっとも共通に教えられている分野を選定」，製図，木材加工，電気基礎，印刷，自動車，家庭機械，板金加工，金属加工一般，セメント・コンクリート作業，機械工作，鍛造の11分野に整理した。
(3) 学習事項（learning unit）の選定：「全国の多くの教員の協力を得ながら，11の分野ごとにおける学習項目の一覧表を，『できるようになるべき事項』『知るべき事項』『形成すべき態度』の3つの項目に分けて準備し，公表した。」
(4) プロジェクトの分析：上の学習項目を教えられるかの視点から各プロジェクトの検討。
(5) 学期単位の指導計画の試作。
(6) 有効なプロジェクト例のリストの作成。

しかし，これは，審議の最終段階において，手順を後から論理的にまとめたものであると考えられ，実際の審議過程ではなかった。

1929年12月のニューオリンズ大会で発表された第1次報告では，専門委員会の設置にあたり，その運営の仕方を含めて委員会の権限であり，ゆえに「その作業の範囲を，下級高等学校の修了時に，全ての少年が，産業技術の領域で，知るべき事項とできるべき事項を研究することに限定した。」(p.1)とある。そして，木材加工，家庭機械，電気，板金加工，印刷，自動車の6分野がとりあ

げられ，各分野それぞれにおいて，「要素作業」と「関連知識」を例示，それを質問紙のかたちにしたものを全米40都市の教員および指導主事に郵送し，到達目標にすべきか否かの回答結果を載せている。

そして，1930年12月のミルオーキー大会で発表された第2次報告は，第1次報告の6分野の「要素作業」と「関連知識」を教えるのに必要な時間数，それらを基礎にした各分野の必要時間数および配当学年案を主な内容とした。

しかし，1931年12月のニューヨーク大会で発表された第3次報告は，「要素作業と関連知識の一覧表の内容について一層の合意ができたとしても，配当時間については一律にされるべきではなく，……こうした量的な研究はほとんど意味がない。」(p.3)とし，第2次報告を事実上反古にした．そして，審議事項として，上記6分野以外の分野の要素作業と関連知識の一覧表の作成に加えて，産業科教育の教育目的の検討およびプロジェクト例のリストづくりを課題にするとした(同報告「第4章，研究の方法と手順」p.6)。この点では，第1次報告も大幅に修正したことになる。エリクソンからボウデンへの専門委員会委員長の交代が，こうした事情と無関係であったとは考えられない[22)]。

同時に，ボウデンが委員長に就くことによって，専門委員会の活動が格段に広がったことはまちがいない。彼が雑誌『産業教育』の責任者のポストにあったこともあり，教育ジャーナリズムを積極的に活用した委員会活動が展開されることになる。

雑誌『産業科教育と職業教育』および雑誌『産業教育』の1931年5月号に，「アメリカ職業協会『標準』委員会による協同研究」(前誌ではpp.189-191)というタイトルの記事が載った．まずボウデンが「第1部，重要発表」を宣言し，この二誌が，専門委員会の活動を「広く報せ，意志疎通を図る媒介として協力するように要請された。委員会は，各分野の概要にそってセルヴィッジ教授が準備した記事を，二誌の各号に連載する。」と予告する。続いてセルヴィッジが「第2部，産業科の各分野の協同分析の計画」を述べ，「原案の一覧表に対する示唆や追加および削除などをめぐって喜んで協力してくださる全ての教員や指導主事の方々は，意見や助言をミズーリ大学のセルヴィッジか専門委員会

委員長であるボウデンまでお送り下さい。」と呼びかけた。さらに「第3部」として，木材加工の要素作業と関連知識の一覧表が提案された。

その後，雑誌『産業科教育と職業教育』でいえば，全てセルヴィッジの個人名で，「板金加工」(1931年6月号, pp.232-233),「電気基礎」(同年8月号, pp.306-307),「自動車」(同年9月号, pp.342-343),「印刷」(同年10月号, pp.381-382),「用器画」(同年12月号, pp.454-455),「家庭機械」(1932年2月号, pp.69-70),「セメント・コンクリート作業」(1932年3月, pp.100-101),「金属加工一般」(1932年11月号, pp.335-336)の要素作業と関連知識の一覧表の原案が載った。

こうして，最終的には，1934年12月のピッツバーグ大会での承認にまで漕ぎ着けた。

つまり，専門委員会における審議は，内容的には，第1に，下級高等学校修了時までに到達させるべき生産技能と知識の内容およびその程度を確定することを基調にして，産業科教育の分野ごとの要素作業と関連知識の一覧表の作成が終始先行し，第2に，1931年のニューヨーク大会（第3次報告）を区切りにして，この検討課題に加えて，産業科の教育目的および教材としてのプロジェクト例の一覧表づくりに着手，それらが最終報告である『産業科教育の到達目標標準』としてまとめられたとみられる。

また，形式的には，第1に，7名という比較的小さな組織によって，しかも，実質的には，セルヴィッジとボウデンの二人を柱にして原案を作成しつつも，第2に，原案作成およびその修正をめぐっては，アメリカ職業協会の年次大会のみでなく，教員や指導主事を対象とした質問紙調査を全国規模で適宜実施するとともに，第3に，とりわけ各分野で獲得させるべき要素作業と関連知識に関しては，関係する教育ジャーナリズムを積極的に活用して，その周知徹底と意見交換および原案の修正・改善を図っていったといえる。

2　産業科教育の教育目的

『産業科教育の到達目標標準』は，全15章からなる。しかし，上でみた審議過程から判断して，その中心は，重要度の順に，まず第1に，各科目での要素

作業と関連知識を確定した「第10章，教授・学習事項の一覧表」，第2に，産業科の教育目的を規定した「第4章，産業科教員がもつべき教育目的」，第3に，教材としてのプロジェクト例を紹介した「第11章，教材と方法の実際的適用」の部分であると考えられる。これらのうち，第11章は，各プロジェクトが含む要素作業と関連知識のマトリックスを主な内容としており，ここでは，より重要とみられる第10章と第4章を対象とし，論理の展開に即して，章の順にみていくことにする。

『産業科教育の到達目標標準』は，下級高等学校における産業科の教育目的を次のように規定した。

「普通教育の目的は，個人を，有用で，幸福で，成功する市民に発達させる諸経験を提供することにある。産業科教育の学習の役割は，彼の知識，技能，態度，そして教養を通して，個人を，生産者としてより有用に，消費者としてより識別力があって幸福に，市民としてより価値あるようにさせる経験を提供することによって，普通教育のこの目的の達成を援助し補うことである。それ故，産業科教員が大きな責任をもつべき事項は以下のようにいうことができるであろう。

1. 産業生活および生産方法と流通に関する積極的な関心を発達させること。
2. 購入・使用する物品を賢く選択し，管理し，適切に使う能力を発達させること。
3. すぐれた仕事やよいデザインの識別力を発達させること。
4. 有用なことを行う能力に対する関心や誇りの態度を発達させること。
5. 普通でない状況やなじみのない状況下で自分自身を管理し，人々を扱う能力の点での自信や自己信頼の感覚を発達させること。
6. どんな課題の遂行でも順序だった手順ややり方で行う習慣を発達させること。
7. 喜ばしい課題か否かに関わりなく，行うべきことは行うという自己訓練の習慣を発達させること。
8. 時間を浪費したり，のらりくらりすることなく，注意深く思慮深い労働を

行う習慣を発達させること（勤勉＝インダストリ）。
9. 援助が必要なときや集団での遂行のために協力する必要があるときには，他の者を援助することを進んで行う習慣を発達させること（共同）。
10. 物事を容易にし，他者を喜ばせるような思慮深い態度を発達させること。
11. 製図に関する知識や理解，製図や工程表におけるやり方の解釈，および製図の手段によって自分の考えを表現する能力を発達させること。
12. 材料を変化させ取り扱う上での，より一般的な道具や機械を使用する基礎的技能，および一定の一般的な製作課題の理解を発達させること。」(p.12)

また，これら12項目それぞれを説明する部分において，1に関して，さらに分節化し，次のように整理した。

「(a) 物品の製作方法：遠方の地域で製作される物品と地域産業で製作される物品
 (b) 原料の供給源，その輸送方法，およびその利用方法
 (c) 生産物やその他の商品の流通方法
 (d) 作業の質，耐久性，およびある特定の使用目的に対する材料の適合性
 (e) 普段使用する物品の商業サイズ，等級，分類および販売単位
 (f) 学習した産業の労働条件，資格要件，および機会」(pp.14-15)

3　各分野の到達目標

既述のように『産業科教育の到達目標標準』は，下級高等学校における産業科を構成する11の分野ごとに，「できるようになるべき事項」，「知るべき事項」，「形成すべき態度」の3つの項目に分け，かつ，前2項目では，その内容を，グループ1〜3に段階づけて，到達目標を整理したリストを載せている。

ここで，「できるようになるべき事項」には，「手の技能，やり方や手順の知識，製作工程が含まれる」。また「知るべき事項」には，「材料の性質や量，その他この分野の諸事項に関する知識が含まれる」。そして「形成すべき態度」には，「個人の成功に影響する態度や習慣が含まれる」（第3次報告，p.18）としている。

第6章　ミシシッピヴァリ会議による専門職教育の探求（その1）　209

表6-1　各科目の到達目標数

科目＼到達目標	できるようになるべき事項				知るべき事項			
	段階1	段階2	段階3	計	段階1	段階2	段階3	計
製図	40	22	9	71	5	15	0	20
木材加工	53	23	31	107	道具・機械,材料毎に記載			129
電気基礎	23	9	5	37	25	9	6	40
印刷	42	11	9	62	10	8	0	18
自動車	20	13	19	52	13	11	2	26
家庭機械	段階区分なし			65	段階区分なし			26
板金加工	46	10	14	70	22	0	0	22
金属加工一般	段階区分なし			58	段階区分なし			22
セメント・コンクリート作業	24	8	9	41	5	4	7	16
機械工作	機械毎に要素作業と関連知識の事項・段階の区分なく記載							282
鍛造	17	8	24	49	8	4	5	17

＊「電気基礎」では，3つの段階に加えて，第4の区分として，「電気のジョブ」がたてられ，「1. 簡単なベルの配線図をかき，回路を構成する」「20. 簡単な電信システムを構成する」等の合計20の「ジョブ」があげられている。

　ただし，この第3の「形成すべき態度」の具体的項目は，上記教育目的の3～10が事実上そのままあげられている。

　したがって，実際には，分野ごと，教育目的の1, 2, 11, 12に関わる内容が，要素作業と関連知識に分けられ，段階を整理し，到達目標としてまとめられている。また，別の箇所（第5章）で，教育目的の3～10は「技能と知識以外の目標達成のための教材の編成」の問題として検討され，指導案を作成する際の教員の観点として位置づけられている。

　したがって，『産業科教育の到達目標標準』においては，授業において直接に達成することをめざす到達目標は，教育目的の1, 2, 11, 12関連であり，3～10は，これらの到達目標の達成を図る授業のなかで，教員の指導の観点として常にもつべき事項として強調され，随伴的に形成させていくべき方向目標として処理されていると考えられる。

　各分野の到達目標の数を整理したものが，表6-1である。

　具体的には例えば，「電気基礎」の「できるようになるべき事項」の段階1は「1. 配線図を読む，2. 配線図を描く，3. 一つのジョブを行う段取りを立てる……11. 乾電池を直列につなぐ，12. 乾電池を並列につなぐ，13. 一ケ所

で開閉する電気回路を設計し製作する，14．二ヶ所でそれぞれおよび両方が開閉する電気回路を設計し製作する……17．回路内の装置を選択的に制御する回路を設計し製作する……21．回路計を読む，22．モータの型，性能の区別と理解」等，段階2は「……26．ベルやブザーの仕組みに電磁力の原理を応用する，27．トースタのような熱を発生させるために抵抗を利用する……32．オームの法則を使って回路の抵抗を計算する」等，段階3では「……36．電圧計で電圧を測定する，37．電流計で電流を測定する」等が到達目標としてあげられている。

4　『産業科教育の到達目標標準』の内容的特質

　このように『産業科教育の到達目標標準』の内容的特質は，第1に，それは，①12項目にまとめられた産業科の教育目的，②11分野にまとめられた内容構成，③下級高等学校の修了時までに獲得させるべき各分野の要素作業と関連知識の確定と段階づけによる到達目標の設定，④要素作業と関連知識の獲得を図るべく配列・編成された教材としてのプロジェクト例のリストによって，産業科教育の教育課程の基本的枠組みを具体的に提示した点に求められる。

　そして，教育課程のかかる枠組みが専門職団体の組織的な承認を得るかたちで，普通教育としての技術教育のまさに「標準」とされた。すなわち，これを普通教育としての技術教育の教育課程の準拠枠としてよいとする合意が当該専門職によって取りつけられたことの意味は大きい。

　第2に，そこで規定された産業科教育の内容は，製図，木材加工，金属加工，機械，自動車，電気関係から建設や印刷関係まで，工業に類別される主要な産業分野の生産技術を広く対象にしつつも，全体11分野中の6分野をそれが占める等，相対的には機械・金属加工関係の比重が大きいことが，『産業科教育の到達目標標準』の内容的特質の1つになっているといえる。

　第3に，しかし，『産業科教育の到達目標標準』の内容の最も重要な特質は，セルヴィッジの作業分析[23]を駆使して，下級高等学校修了時までに，産業科教育の学習によって，「できるようになるべき事項」として $753 \pm a$ 項目，「知

るべき事項」として 477 ± α 項目を，到達目標として抽出・配列し，確定した点にあるとみられる。

　子どもが学習すべき内容を実体的な到達点として明示した到達目標を基本にして，普通教育としての技術教育の教育課程の準拠枠を構成している点は，技術教育の教育課程編成史において先駆的であるとみられ，注目すべきであると考える。

　とりわけ当時のアメリカ合衆国での教育界の理論状況においてみるならば，普通教育における技術教育は，教育内容ではなく，むしろ教育方法として位置づけるべきであるとする，例えば，デューイに代表されるような思潮が小さくない影響力をもっていた[24]。デューイはよく知られているように，『学校と社会』等において，木材加工や金属加工等の手工教育を「個別的な教科と考えるのではなく，生活および学習の方法と考えねばならない」[25]と繰り返し強調した。こうした状況において，普通教育としての技術教育の教育内容を到達目標として実体的に確定した『産業科教育の到達目標標準』は，産業科教育を，あくまでも教科として教えるべき内的な根拠と実施の方法を具体的に明示した点で，まさに時宜にかなった歴史的な役割を担ったと評価することができる。

　第4に，『産業科教育の到達目標標準』にみられる産業科教育の内容のもう1つの特質は，工業に類別される主要な産業での生産技術に関する技能と関連知識の確実な獲得を重視しつつ，併せて，教育目的の筆頭に，「産業生活および生産方法と流通に関する積極的な関心を発達させる」をあげ，「全ての生徒に」産業と労働生活の現実世界を開示し，それらへの積極的な構えの発達を重く位置づけている点に求められる。

　普通教育としての技術教育のあり方の基本に関わって，『産業科教育の到達目標標準』のこの側面は看過されてはならない。というのも，前者の面では，ここでの産業科教育は，技能 (manual arts) の教授を大切にする工芸教育の一方の性格を継承しているとみられる[26]。しかし同時に，後者の面，すなわち，子どもたちに現実の技術および労働の世界をみせ，それらへの積極的関心の形成を図ろうとしている点は，工芸教育にはなかった視点であり，『産業科教育

の到達目標標準』での産業科教育の性格として重要だと考えられるからである。

第5節　小　括

　アメリカ職業協会は，その後『産業科教育の到達目標標準』を，1946年，1951年，1958年[27]に改訂した。しかし，その基本骨格は維持され続けたとみることができる。こうした点から，アメリカ職業協会による『産業科教育の到達目標標準』は，アメリカ合衆国における普通教育としての技術教育のあり方に決定的な影響を与えたといってよいと思われる。

　では，アメリカ職業協会というアメリカ合衆国最大の技術教育関係の専門職団体が，なぜ，1920年代後半から30年代前半にまで及ぶ期間をかけて，産業科教育の教育課程編成の基準（スタンダード）ともいえる『産業科教育の到達目標標準』を策定したのか。

　それは，ミシシッピヴァリ会議による戦略の成果であったとみなすことができる。すなわち，1906年に開始され，1917年のスミス＝ヒューズ法の制定をもたらした「職業教育運動」が，「真正の職業教育」を強調し，普通教育としての技術教育とその教員養成の営みに対して否定的な風潮を，当時，形成・普及させた。こうした風潮に抗して，普通教育としての技術教育とその教員養成の正当な位置づけをめざし，それらへの社会的認知を獲得しようとして取り組んだのが，ミシシッピヴァリ会議であった。

　その主体は，ベネット・ボウデン・セルヴィッジ等，同会議に結集した中西部地域を中心とする技術教育の教員養成関係者であった。そして，「職業教育運動」の運動母体であった全国産業教育振興協会を発展的に改組して発足した，まさにそのアメリカ職業協会によって，普通教育としての技術教育である産業科教育の教育課程編成の「スタンダード」を策定させたところに，その重要な意味があった。

　しかし，なぜ，『産業科教育の到達目標標準』の策定が，普通教育としての技術教育への社会的認知を獲得することにつながるのか，という問題は残る。そこには，2つの関連するねらいがあったと考えられる。

すなわち，第1は，産業科教育の教育目的，その目的を実現するためのプログラムの内容，さらには，産業科教育によって子どもたちが到達すべき水準等に関する関係者の合意を得ようとする活動自体およびその結果としての合意形成によって，普通教育としての技術教育の意義や基本的性格を社会的に理解しやすいものにするというねらいである。

そして，第2は，関係者の間で『産業科教育の到達目標標準』が合意されたならば，次には，その到達目標を達成させるにたる能力をもつ教員の養成のあり方の指針も明確なものになるというねらいである。いいかえれば，『産業科教育の到達目標標準』の合意は，産業科の教員養成の課程を認証する基準を設定することを可能にさせた。

この点に関わり，1932年に工学系7学会を母体とする認証機関である専門職促進技術者会議（ECPD）が結成され，1936年にはアメリカ職業協会と連携した認証機関である全国産業教員養成協会（NAITT）が結成されたことが注目される（図 序-1参照）。『産業科教育の到達目標標準』の策定は，これに対応できるよう，教員養成の質を向上させる専門職団体の内部努力を促しつつ方向づけ，その結果，一定の水準を備えた産業科の教員を社会に送り出すことによって，普通教育としての技術教育への社会的認知を獲得することにつなげようとしたのではないか。

見方をかえれば，1910～1930年代のアメリカ合衆国における技術教育の教員養成の問題は，普通教育としての技術教育の教育的価値をめぐる問題を軸に展開されていた面が認められる。そして，ミシシッピヴァリ会議は，アメリカ職業協会を動かして『産業科教育の到達目標標準』を策定させ，これを通して，普通教育としての技術教育の教育的価値を到達目標として明瞭にしつつ，同時に，同国の専門職自治の柱の1つである専門職団体による認証制を技術教育の教員養成部門において実現する基礎を築いたということができる。

注
1) 会議の名称は，① Mississippi Valley Manual Arts Conference（1909～47年），② Mississippi Valley Industrial Arts Conference（1948～72年），③ Mississippi

Valley Industrial Teacher Education Conference (1973~95年), ④ Mississippi Valley Technology Teacher Education Conference (1996年~現在) と変更されてきた。この間,組織として刊行した出版物は次の2冊のみである。Bawden, W. T., Selvidge, R. W., Myer, G. E., Smith, H. J., Siepert, A. F., Mays, A. B., Stone, W. H., & Friese, J. F., *Industrial Arts in Modern Education : Published in Cerebration of the 25th Anniversary of the Manual Arts Conference of the Mississippi Valley*, The Manual Arts Press, Peoria, Ill, 1934 および第75回大会の記念誌である Householder, D. L. (ed.), *Industrial Teacher Education in Transition*, Mississippi Valley Industrial Teacher Education Conference, 1988。

2) 「多分,産業科教育の分野において,これほど多くの教員や行政官に活用された刊行物はない。また,この国の公教育での産業科の発展において,これほどの重要性を及ぼしたものはなかろう。」Barlow, M. L., *History of Industrial Teacher Education in the United State*, Chas. A. Bennett, Co., Peoria, Ill, 1967, pp.181-182.

3) 天城勲・慶伊富長編『大学設置基準の研究』東京大学出版会,1977年など。

4) 近年の合衆国では,技術教育の教員養成に関し,機関数でみれば,教育系高等教育機関の占める割合は全体の三分の一程度にとどまる。Pucel, D. J., The Current Status and Future of Industrial Teacher Education Programs in Institutions of Higher Education, *Journal of Industrial Teacher Education*, 34-4, 1997, pp.64-79.

5) 合衆国の技術系専門職形成史における認証制の役割に着目し,認証機関の形成を扱った研究には,Zaret, M. L., A Historical Study of the Development of the American Society for Engineering Education, Unpublished Doctral Dissertation, New York University, Ph.D, 1967 などがあり,本研究でも,研究方法の面から参考にしている。

6) 技術科教員養成審議会に関して,Kinzy, D. W., The American Council on Industrial Arts Teacher Education : Its Origin, Development, Leaders, and Accomplishment, Unpublished Doctral Dissertation, The Ohio State University, 1973 等がある。ミシシッピヴァリ会議に関しては,Bennett, C. A., *History of Manual and Industrial Education 1870 to 1917*, Chas. A. Bennett Co., Peoria, Ill, 1937, pp.502-505, Barlow, M. L., *ibid.*, pp.92-113, Evans, R. N., The Mississippi Valley Conference, Martin, G. E., (ed.), *Industrial Arts Education : Retrospect, Prospect, ACIATE 28th Yearbook*, 1979, pp.413-424, Householder, D. L., (ed.), *ibid.*, pp.1-17 等がある。

7) 1972年に,当時,同会議総議長であったR. N. エヴァンスの尽力により,イリノイ大学図書館に1909年以来の資料が,それ以後のものも含めて継続的に保管されるようになった。Induction Ceremony at the 85th Meeting of the Mississippi Valley Technology Teacher Education Conference, Nov. 12-13, 1998, p.4.

8) Evans, R. N., The Mississippi Valley Conference, Martin, G. E., (ed.), *Industrial Arts Education : Retrospect, Prospect, ACIATE 28th Yearbook*, 1979, p.413.
9) A letter, Oct. 4, 1909, from Bennett to Selvidge, A letter, Oct. 9, 1909, from Selvidge to Bennett, A letter, Oct. 11, 1909, from Bennett to Selvidge, A letter, Oct. 12, 1909, from Bennett to Selvidge, and A letter, Oct. 16, 1909, from Selvidge to Bennett.
10) 3名の個人的な交流も無視できない。ベネットはコロンビア大学ティーチャーズ・カレッジの技術教育部門の基礎を築いた後,ブラッドレ総合技術インスティチュート(後のブラッドレ大学)に転出,そこでセルヴィッジを教えた。セルヴィッジは,その後,コロンビア大学ティーチャーズ・カレッジで学士号(1907年)と修士号(1908年)を取得,ミズーリ大学等で技術教育の教員養成に携わった。他方,オハイオ州出身のボウデンもまた,コロンビア大学ティーチャーズ・カレッジで学士号と技術教育の教員資格(1903年)および博士号(1914年)を得て,イリノイ州立師範大学(後のイリノイ州立大学)等で教えた。
11) Bennett, C. A., *History of Manual and Industrial Education 1870 to 1917*, Chas. A. Bennett Co., Peoria, Ill, 1937, pp.504-505.
12) ボウデン以降の総議長は,第二次世界大戦での一時中断後,②V. C. フリックランド(1946~61年),③H. H. ロンドン(1961~70年),④R. N. エヴァンス(1970~80年),⑤D. L. ハウスホールダー(1980~92年),⑥D ブジョーキスト(1992~95年),⑦T. エリクソン(1995~現在)が,その職を務めた。
13) 議事録が未発見の大会は,第2(1910年),第3(1911年),第10(1919年),第11(1920年),第13(1922年),第15(1924年)回の6大会である。
14) Bennett, C. A., *The Manual Arts*, Chas., A. Bennett Co., Peoria, Ill, 1918.
15) コロンビア大学ティーチャーズ・カレッジの技術教育分野をめぐる方針転換とそれをめぐる論争およびそれらの背景と結果については,第2章および田中喜美「技術教育のための『大学における教員養成』の形成―コロンビア大学ティーチャーズ・カレッジでの展開と帰結―」(佐々木享編『技術教育・職業教育の諸相』大空社,1996年,pp.187-214)を参照。
16) Bawden, W. T., *Leaders in Industrial Education*, Bruce Co., Milwaukee, WI, 1950, p.174.
17) Prosser, C. A., & Allen, C. R., *Vocational Education in Democracy*, Century Co., New York, NY, 1925 等々を参照。
18) Allen, C. R., *The Instructor, the Man, and the Job : A Handbook for Instructors of Industrial and Vocational Subjects*, J. B. Lippancot Co., Philadelphia, Penn, 1919, p.103.
19) Woodward, C. M., Manual Education, *The Manual Training School*, D.C. Hearth & Co., Boston, Mass, 1887, p.275.

20) Drost, W. H., *David Snedden and Education for Social Efficiency*, University of Wisconsin Press, Madison, WI, 1967, p.158.
21) Evans, R. N., (1988), *ibid*, p.3.
22) 1933年秋のボウデンからロバーツへの委員長の交代は，ロバーツのイリノイ大学への赴任が同年8月に決まり，勤務の都合上，委員長職の続行が困難になったためであって（「標準」p.6)，30年のエリクソンからボウデンへの交代とは性格が異なっていた。
23) 木下龍，田中喜美「アメリカ職業協会『産業科教育の到達目標標準』におけるR. W. セルヴィッジの作業分析法の役割」『日本産業技術教育学会誌』第44巻第3号，2002年，pp.29-36。
24) この理論状況については，田中喜美『技術教育の形成と展開―米国技術教育実践史論―』（多賀出板，1993年）の第5章で詳述した。
25) Dewey, J., *The School and Society* (revised ed.), The University of Chicago Press, Chicago, Ill., 1915, p.151.
26) 20世紀第1四半期のアメリカ合衆国において，普通教育として技術教育を，それまでの手工教育（manual training）に代えて，工芸教育（manual arts）と呼ぶべきであるとの主張が影響力をもった時期があった。しかしその内容は，技能の教授に相対的な重きをおくベネットから美術教育との統合を強調するハニー(Haney, J. P., *The Organization and Administration of Manual Training in a City School System*, J. C. Witter Co., New York, NY, 1899）まで相当の幅が認められる。ここでは，工芸教育の前者の部分をいっている。
27) American Vocational Association, Industrial Arts Division, *Improving Instruction in Industrial Arts*, June, 1946. American Vocational Association, *A Guide to Improving Instruction in Industrial Arts*, July, 1953. American Vocational Association, Industrial Arts Policy and Planning Committee, *Industrial Arts in Education*, 1958.

第7章

ミシシッピヴァリ会議による専門職教育の探求(その2)
──産業科教育教員養成認証評価基準の樹立

第1節 問題の所在

　本章では,アメリカ産業科教員養成審議会の第7年報として1958年に発表された『産業科教員養成の認証制(The Accreditation of Industrial Teacher Education)』[1]をとりあげる。

　ここではとくに,認証制の要といえる認証評価基準に注目し,その樹立に至った過程と背景をふまえて認証評価基準の内容を検討することを通して,その技術教育教員養成史上の意義を明らかにすることを試みる。

　認証制は,アメリカ合衆国における大学評価の独特の制度としてとりあげられることは多く,本格的な研究書も少なくない[2]。

　反面,「大学における教員養成」の認証制に関する研究は多くはなく,また,そのほとんどが全国教員養成認証審議会(NCATE)とその活動を中心にしたものに限られている状況にあるとみられる[3]。

　ここでいう認証制とは,大学設置基準としてみれば,憲章制および政府統制制と対比され,憲章制が個々の大学による,また政府統制制が国家の規制による水準維持方式であるのに対して,それは,地域ごとの大学の連合体ないし専門職団体の連合体の自己規制による水準維持方式とされる。

　これらの連合体が認証機関を組織し,認証機関は,大学教育ないし大学における専門職教育の水準を確保できる認証評価基準を設定し,それらに基づいて当該大学で運営されている課程等を点検して,その適格性を査定,その結果を公表する過程が認証制である。

　教員養成において直接対象となるのは,専門職団体の連合体による認証制である。1950年代末のアメリカ合衆国には,専門職団体の連合体による認証機

関は 25 存在した。教員養成の分野で，アメリカ教員養成大学協会（AACTE）など従前の 5 つの組織を統合した全国組織として 1954 年に結成された全国教員養成認証審議会もその 1 つである。

それゆえ，アメリカ合衆国での「大学における教員養成」を評価して水準の維持向上を図る制度としての認証制をめぐる問題を，全国教員養成認証審議会の活動に焦点づけて検討することは根拠のあることである。

しかし同時に，教員養成の今日での認証制は，実態的には，各教科や領域ごとに設けられ，当該教科等の教育やそのための教員養成の向上に尽力している専門職団体やその連合体による認証機関の役割が小さくなく，それらと全国教員養成認証審議会との連携のもとに行われているとみるべきである [4]。

だが，全国教員養成認証審議会と各教科等の専門職団体による認証機関との認証制の運用をめぐる関係の動態等に迫ろうとした研究は，管見の限り見当たらない。そのため，アメリカ合衆国の「大学における教員養成」の認証制に関する我々の理解は，全国教員養成認証審議会に偏った一面的なものになっているきらいが否定できない。

ところで，技術教育の教員養成に関する認証制においては，専門職団体として，1950 年代当時の名称でいえば，①アメリカ職業協会（AVA，1906 年〜現在）を母体とする全国産業技術教員養成協会（NAITT，1936 年〜現在），②アメリカ産業科教育協会（AIAA，1939 年〜現在）を母体とするアメリカ産業科教員養成審議会（ACIATE，1950 年〜現在），③ミシシッピヴァリ産業科教育会議（MVIAC，1909 年〜現在）の 3 組織が関わってきたことはすでに指摘した。そして，これらの 3 組織が，1950 年に全国産業科教員養成認証制検討委員会（以下，認証制検討委員会と略記する）を立ち上げ，8 年間の検討の結果を，アメリカ産業科教員養成審議会の第 7 年報『産業科教員養成の認証制』（1958 年）として公表したのだった。これは，技術教育の教員養成に関する認証制の事実上の開始とみてよい。

ところで，この過程において，一貫して指導性を発揮したのが，ミシシッピヴァリ会議の総議長であり，認証制検討委員会の議長職を担ったスタウト大学

学長 V.C. フリックランドであった。

 彼は，1948年，民間情報教育局の職業教育顧問として来日，彼の著書が長谷川淳によって和訳される等[5]，敗戦後のとくに高校工業教育の復興に一定の貢献をなし，日本の技術教育関係者には比較的知られている。しかし，本国アメリカ合衆国の教育学界で，彼について言及されることはほとんどない[6]。

 フリックランドの生涯は，次の6期に区分できる。

(1) 形成期 (1896〜1923年，誕生〜26歳)：フリックランドは，1896年ミネソタ州クロケットで，ルーテル協会派の貧しいスウェーデン人移民の子どもとして生まれた。1916年スタウト大学 (ウイスコンシン州メノモニー) の2年課程修了後，ミシガン州デトロイトの初等学校で教職に就き，結婚。第一次世界大戦に従軍後は，コロラド州グリーリの妻の実家を拠点に，仕事を転々と変えつつ，コロラド州立大学に学び，1923年に学士号を取得した。

(2) ネブラスカ州立カーニー師範大学製図講師期 (1924〜29年，27〜33歳)：転機。1926年からミズーリ大学でセルヴィッジに学ぶ。1927年12月シカゴ大学で開催されたミシシッピヴァリ会議第18回大会にカーニー師範大学代表として参加し，ベネットと会う機会を得て，彼の熱意にうたれる。また，セルヴィッジと共著で『産業教育の原理』(1930年)[7] を出版し，修士号を取得。この2つを契機として，技術教育の教員とその養成を専門職として整えることを課題として自覚化したとみられ，以後，この課題がフリックランドの仕事の基調になったと考えられる。

(3) ミネソタ大学期 (1930〜36年，34〜40歳)：技術教育研究の本格化。1930年に講師としてミネソタ大学に赴任し，また，1933年に労働者の選抜と訓練問題で博士号を取得した[8]。博士課程の課題論文 (term paper) の1つで認証制をテーマにしたものを提出している[9]。

(4) ウエイン大学期 (1937〜41年，41〜45歳)：技術教育研究者として最も生産的な時期。ウエイン大学に技術教育教員養成課程 (学部および修士課程) を設置・運営する責任者として赴任，またデトロイト市職業教育委員会委員長として同市の職業教育の整備に尽力。『現代教育における徒弟制度』(1938年)[10] を

出版するとともに,『機械実習のための作業分析』(1940年)等[11],実習に関する一連の研究をまとめつつ,その方法論として『作業分析』(1942年)[12]を出版,他方で,技術教育教員養成の認証制に繋がるとみられる『合衆国における産業科教員養成』(1941年)[13]を公刊した。

(5) 空軍期(1941～45年,45～49歳):第二次世界大戦中,訓練担当空軍大佐として活動。

(6) スタウト大学長期(1945～61年,49～65歳):1945年度(1945年9月)から母校スタウト大学の学長に就任,1960年度まで15年間学長を務めた。この時期は,彼がミシシッピヴァリ会議の第3代総議長(General Chairman,ベネット1909～13年→ボウデン1914～41年→フリックランド1946～61年)であった期間と重なる。学長の仕事では,ウイスコンシン州立大学の組織への編入を実現しつつ,スタウト大学の伝統,すなわち,基軸としての技術と家政の教員養成の堅持に尽力したと評価されている[14]。1980年,84歳で没した。

以上を前提に,本章は,第1に,認証制検討委員会の審議経過とその成果としての認証評価基準を検討し,第2に,スタウト大学長およびミシシッピヴァリ会議総議長としてのフリックランドによる認証制への取り組みを経年的にたどり,その文脈において認証制検討委員会の活動および認証評価基準をとらえることによって,これらに込めた彼の意図の主たる側面とその技術教育教員養成史上の意義を明らかにすることを目的としている。

フリックランド関係の資料は,ウイスコンシン州立大学スタウト校アーカイヴズ所蔵の FRYKLUND, Verne C., Personal Papers and Publications, 1911～77 を使用した。

第2節 『産業科教員養成の認証制』の策定過程とその内容

1 認証制検討委員会の設置と再編

認証制検討委員会の設置は,1950年8月にウイスコンシン州マディソン市で開催されたアメリカ教員養成大学協会学長会議において,同協会による教員養成の水準維持方式の一環として,「専門分野ごとの認証制」(departmental ac-

第7章　ミシシッピヴァリ会議による専門職教育の探求（その2）　221

creditation) が提案され，それを樹立する方向で検討することの決定がなされたことが，直接の契機であった。

　その決定とは，「任意であることを前提に，専門分野ごとの認証制が検討されてよい。ある特定の専門分野が，もしそれを望むのであれば，自らの認証評価基準を提出することができる。それらの基準は，大学の認証評価基準の全体的な構成のなかに位置づけられる。」[15] というものであった。

　ところで，この学長会議に，技術教育の関係では，スタウト大学のフリックランド，オスウィーゴ州立大学のライス (Rice, H. M.)，ウエイン大学のバイジンガー (Baysinger, G. B.) が参加していた。彼らは積極的に行動を起こし，ミシシッピヴァリ会議，アメリカ職業協会，アメリカ産業科教育協会の1950年度の各年次大会において，この案件を提案し，認証制検討委員会の設置をもたらした[16]。

　認証制検討委員会の委員構成は，次のとおりであった。
①アメリカ教員養成大学協会から，議長として，フリックランド
②ミシシッピヴァリ会議から，J. フリーズ（ペンシルヴァニア州立大学）
③アメリカ職業協会産業科教育部門から，G. O. ウイルバー（オスウィーゴ州立大学）
④全国産業技術教員養成協会から，D. バリック（ケント州立大学，オハイオ州）
⑤アメリカ産業科教育協会から，D. ハント（オクラホマ A.&M. 大学）
⑥アメリカ産業科教員養成審議会から，W. R. ウイリアムズ Jr.（フロリダ大学）
⑦J. ルディントン（合衆国教育局）
⑧E. E. エリクソン（サンタバーバラ州立大学・UC，カリフォルニア州）
⑨事務局として，バイジンガー

　ここで，フリックランドは，当時，ミシシッピヴァリ会議総議長であったことが想起されるべきである。すなわち，この認証制検討委員会は，ミシシッピヴァリ会議，アメリカ職業協会，アメリカ産業科教育協会という技術教育に関わる3つの専門職団体から2名ずつ選出された代表を基本構成にしていたとい

える。

　そして，1954年の全国教員養成認証審議会の発足に伴い，認証制検討委員会も再編された。委員が12名に増員され，同審議会の要請により，新委員会はアメリカ産業科教員養成審議会のもとでの委員会という形式をとった。

　新委員会の構成上の特徴は，①フリックランドが議長に留任，②旧委員会のハントを除く専門職団体選出委員は全員残留，③旧委員会の事務局であったバイジンガーが正規委員となり，その後任として同じ大学のヘルトン (Helton, H. L.) が事務局に就任，④専門職団体間のバランスとともに，メリーランド大学，イリノイ大学，マイアミ大学（オハイオ州）等からの新委員を加えて，大学間バランスを考慮したものになっている等の点が指摘できる。

　そして，新委員会の実際の運営は，フリックランド，バイジンガー，ヘルトンがリードし，とくにフリックランドの役割は小さくなかったと考えられる。3人はかつてフリックランドが勤務したウエイン大学の同僚であったことも見過ごされてはならない。委員構成自体，フリックランドの意向がかなりの程度反映されていたとみることもできる。

2　認証評価基準等の制定過程と全国教員養成認証審議会との関係

　さて，認証制検討委員会における認証評価基準の設定や認証手続き等に関する審議は，①認証評価基準を設定するための全国調査の実施，②同調査結果に基づく認証評価基準案の作成，③同認証評価基準案の全国教員養成認証審議会での審査と承認，④同認証評価基準およびそれに基づく具体的な評価項目と記入様式の公示（第7年報）という過程をたどった。

　こうした過程における①と②とは，具体的には，次のように実施された。

　第1に，全国調査のための5件法での回答形式の質問紙を作成。これは，「第1分野：組織および運営」について39の質問項目，「第2分野：学生支援プログラム」について14の質問項目，「第3分野：教授団構成」について11の質問項目，「第4分野：教育課程」について34の質問項目，「第5分野：教育実習」について26の質問項目，「第6分野：施設・設備」について23の質問項目，

計6分野・147の質問項目が主な内容になっていた。

　第2に，調査の実施。技術教育の教員養成の課程をもつとされた全国202大学に質問紙を送付[17]。169大学から回答（回収率は83％）があった。

　第3に，認証評価基準案の策定。有効回答の75％以上が「強く思う」および「思う」とされた項目を抽出し，これに基づき，各分野の基準案を作成した。「第1分野：組織および運営」では，39質問項目中20項目が該当，これに基づき8項目の基準案をまとめた。以下同様に，「第2分野」は14質問項目中14項目で12項目の基準案，「第3分野」は11質問項目中8項目で6項目の基準案，「第4分野」は34質問項目中4項目で8項目の基準案，「第5分野」は26質問項目中18項目で10項目の基準案，「第6分野」は23質問項目中23項目で23項目の基準案をまとめた。

　このように，認証制の要ともなる認証評価基準の策定にあたっては，技術教育の教員養成の課程をもつすべての大学の意向に基づき，民主的かつ現実的な方法によっていたといえる。

　次に，②で策定した評価基準案と③，④との関連をめぐり，②で策定した評価基準案と④とを比較するならば，第1分野の表題「組織および運営」が「目的，組織および運営」に変更されているが，その他は，内容・表題とも変更されてはいない。また，認証評価基準の内容は，すべて同一の文章からなっており，変更はない。ちなみに，④は，この評価基準とともに，その基準に基づき，各大学が回答すべき評価項目と各評価項目に即した記入様式が提示されている。

　すなわち，産業科教員養成の認証制の形成をめぐり，そのための認証評価基準の策定に対する全国教員養成認証審議会の関与の仕方は，参考資料の提供や一定の助言は与えるものの，産業科の教員養成に関わる専門職団体の連合体の自主性と意向を最大限尊重し，事実上，その権限を当該専門職団体の連合体に委ねていたといってよい。

3　認証評価基準の内容

　6分野，67項目からなる認証評価基準は，内容的に以下のような4つの特徴

を指摘できる[18]。

　第1は，認証評価基準の多くは，人的・物的教育条件に関わるものである点である。そして，ここでは，担当教員の人的資格要件に関わり，「3-1　産業科教育学科の大学教員は，産業技術ないし産業教育に関する教育学修士号を最低限所持しなければならない。管理職の大学教員および産業科教員のための教職専門科目を担当する大学教員は，名誉学位ではない博士号を所持しなければならない」，および「5-2　教育実習は，最低限修士号を所持し，産業科の優れた教育経験をもつ指導教員の監督の下に実施されなければならない」にさしあたり注目しておきたい。

　また，物的な教育条件に関し，各大学教員の研究室ならびに実験・実習室の種類や機能等の基準が設定されていることとともに，学科独自の図書室の設置が必要条件とされていたことにも注目しておきたい。具体的には，「6-2　学生が利用可能な学科図書室がなくてはならない」と「6-3　図書室の所蔵図書は，学科が提供する教育の全領域にわたり，適切かつ新しいものでなければならない」の項目である。

　第2は，教員養成の教育課程に関しては，項目数が8と最も少ないばかりでなく，その多くがあるべき方向性を抽象的に示すだけで，満足しているか否かを明確に判定できる，その意味で基準として機能する項目は，実質，「4-3　産業科を主専攻とする学生には，最低限，30単位が必修とされなければならない」と「4-4　産業技術のある一つの分野での専門性を確保するために，最低限，10単位が必修とされなければならない」の2項目しかないという点である。いいかえれば，開設科目の種類や内容等に関する基準はない。

　第3は，これとは対照的に，学生の自主的な活動の尊重や学科運営への学生の参加が基準として項目化され，学生たちの自治能力の発達保障が意図されていたとみられる点である。例えば，「2-4　当該学科は，専門職性を育むことを促すために企画された産業科の学生クラブや団体を推奨し，支援しなければならない」や「2-5　学生は，掲示板や蔵書類や教具等を維持管理する学科の諸活動にすすんで責任を負うよう推奨されなければならない。また，適切である

と判断される場合には，開設科目や学科の諸活動の評価に，学生を参加させなければならない」等である。

　第4は，こうした自治能力の問題は，未来の教員である学生とともに，彼らを教育する大学教員にも基準として項目化されている点である。「1-3　常勤の大学教員は，学科，大学および州の専門職活動に参加しなければならない。常勤の大学教員は，産業科教育の専門職団体の集会に参加しなければならない」，「1-5　学科に所属する全ての大学教員は，当該課程の質に影響を与える管理運営の決定に参加しなければならない」，「1-6　学科所属の各大学教員は，産業科教育に関して，公立学校や大学を訪問し，研究することが奨励され，そのための時間が保障されなければならない」等である。

　それでは，こうした特徴をもつ認証評価基準の内容は，当時，技術教育の教員養成を担っていた関係者にとって，どのような意味をもっていたか。フリックランドの認証制への関わりを通してみていきたい。

第3節　フリックランドと技術教育教員養成の認証制

1　フリックランドによる認証制への取り組みの経緯

　上述のように，フリックランドは，20歳代後半に，セルヴィッジおよび彼を介したベネットとの交流を通して，技術教育の研究に目覚めるとともに，技術教育の教育実践，中心的には，技術教育の教員養成の実践を自らの仕事にしていった。そして，彼の最初の著書であり，恩師セルヴィッジとの共著である『産業教育の原理』（1930年）の「まえがき」を，「本書は，……未来の教員たちに，専門職にとって必要なものは何か……に関する明瞭な見方を与えるために書かれた」と始めることに示唆されるように，技術教育の教員養成に関する彼の活動の基調は，一貫して，技術教育の教員養成を専門職にふさわしいものに整えていく点にあったと考えられる。認証制への取り組みも，この一環であった。

　フリックランドの認証制への取り組みの経緯は，4つの段階でとらえることができる。

第1段階は，ミネソタ大学における博士課程の課題論文の1つとして「中等教育の認証機関」（タイプ印刷，32頁，日付なし）[19]をまとめ，主に，北中部大学・中等学校協会（The North Central Association of Colleges and Secondary Schools，以下，北中部協会と略記する）を分析し，認証制の一般的な意義と課題を論じるとともに，アメリカ職業協会を母体とする全国産業教育教員養成協会の研究委員会による活動として，1940年前後の産業科教員養成の実態調査の結果をまとめ，『合衆国における産業科教員養成』（1941年）として出版した時期である。

第2段階は，1947年4月から1949年3月にかけて，北中部協会によるスタウト大学での教員養成の認証をめぐる厳しい対応が求められ，フリックランドが学長として，同大学の認証をめぐって苦渋を経験した時期である。

第3段階は，上の経験をバネにして，フリックランドが，ミシシッピヴァリ会議総議長としての立場から，「専門分野ごとの認証制（departmental accreditation)」なる概念を提唱，それによって，技術教育の教員養成にふさわしい，いわば自前の認証制樹立の必要性を訴え，1950年に認証制検討委員会の設置を実現する時期である。

第4段階は，認証制検討委員会において，同委員会議長として，『産業科教員養成の認証制』を取りまとめていった時期である。

これらの内，第4段階はすでに言及したので，ここでは第1段階から第3段階をみていくこととする。

2　第1段階：フリックランドの認証制に関する認識の原型

フリックランドは，「中等教育の認証機関」において，認証制に対する彼の認識の原型を示した。

第1に，彼は，認証制を積極的に評価する。この論文の冒頭でフリックランドは，「アメリカ教育の卓越性のかなりの部分は，認証機関による健全な影響力によってきた。将来においても，これらの機関は，大学や中等学校に対して，指導的な影響力として重要な役割を果たし続けることはまちがいないであろう」

第 7 章　ミシシッピヴァリ会議による専門職教育の探求（その 2）　227

(p.1) と強調している。

　第 2 に，同時に彼は，認証制の現状には多くの問題があり，とくに「標準化をめぐる問題」(the problem of standardization)，すなわち「認証機関が標準化させようとして，大学や中等学校の活力を殺いでしまう問題」(pp.2-3) は重大であると考えていた。

　第 3 に，この改善の方向性として，彼は 2 点指摘する。1 つは，今後は「各教育機関による管理運営を是認し，当該機関の専門職としての指導性をより尊重すべきである」としつつ，いま 1 つは，認証機関が以後最も果たすべき任務は，各教育機関のもつ「固有な特徴を最大限引き出すこと」(pp.29-31) におかれるべきであるとした。重要な視点の提起であったと考えられる。

　他方，フリックランドは，『合衆国における産業科教員養成』(1941 年) において，1940 年前後の産業科教員養成の実態の特徴を，①開設大学，②教授団構成，③目的ないし指導理念，④教育課程，⑤教育実習，⑥管理運営の改善策，⑦その他，の点から，調査事実に基づいてまとめた。これ自体興味ある調査であるが，本章との関わりにおいては，さしあたり，2 点指摘しておく必要があると考える。

　第 1 は，学士号に繋がる課程において主専攻として産業科教員養成を開設している大学——学位に繋がらない課程や大学院課程だけで開設している大学等を除く——で，同調査に回答した大学が，このとき，ミシシッピヴァリ諸州を中心に 90 大学存在し[20]，かつ，それらすべての大学が，1 つ以上の認証機関によって認証されていたという事実である。関係認証機関は 14 に上ったが，90 大学中 36 大学が北中部協会，35 大学がアメリカティーチャーズ・カレッジ協会 (AATC)，17 大学が南部大学・中等学校協会 (SACS) により，認証されていた。この事実には，産業科教員養成を開設する大学にとっての認証機関の存在の大きさが示唆されている。

　第 2 は，産業科教員養成を担う教授団構成について回答のあった 329 人中，「博士号取得者が 28 名 (8.5％)，修士号取得者が 200 名 (60.7％)，学士号が 74 名 (22.5％)，無しが 15 名 (4.6％)」(p.25) であった，という事実である。そして，

フリックランドが，この事実の指摘の後に，「上昇傾向にあり，学士号は，もはや大学での教員の資格要件ではなくなっている。今や，博士号を持ち，加えて，産業界における適切な経験をもつ者が求められている」(pp.25-26) との認識を開陳していた点が注目される。なぜなら，彼は，6年後に，スタウト大学の学長として，この点を中心に，上述した認証制の「標準化をめぐる問題」に直面し，悩まされることになるからである。

3　第2段階：北中部協会による認証をめぐる交渉と妥協

　スタウト大学の学長となったフリックランドは，北中部協会大学委員会事務局長バーンズ (Burns, N.) からの1947年4月17日付書簡を受け取る。そこには，大学院教育を認証する方法の変更が通知されていた[21]。その主要な変更点は，従来の基準では，大学院教育を担当している教員だけが査定の対象であったが，新基準では，大学院教育の担当者はもちろん，担当をしていなくても，当該学科に所属する教員全員が査定の対象になる，という点にあった。問題の焦点は，教授団構成に占める博士号取得者の数と率であった。

　この通知に対して，スタウト大学研究科長ワイゲン (Wigen, R. A.) 名で，7月18日付書簡が，バーンズ宛に送られた。その内容は，スタウト大学の「固有の特徴」を尊重するかたちで，認証のための査定の実務が行われるべき，とするものであった。論点は4つあった。

　「Ⅰ．スタウト大学は産業科教育と家庭科教育という2つの分野のみの教員を養成することを主な目的とした合衆国で唯一の大学である。しかるに，貴委員会の認証評価基準は，教養大学や総合大学およびそのなかのティーチャーズ・カレッジを規準にして設けられたものであるゆえに，我が大学の場合は，その特殊な活動の目的によって評価されるべきである。

　Ⅱ．産業科教育の分野の教員養成は，工学的なタイプの技術的能力のある教員が多数必要である。この分野で博士号取得者の数を問題にすることは，その教員養成にとって大きな制約となる。したがって，こうした状況下では，実習の教員や製図の教員は，音楽，図書館員，工学の実践と同様に，査定の

対象となる教授団構成からは除外すべきである。

　Ⅲ．大部分の大学にとって，産業科教育と家庭科教育の教員が占める割合は小さなものであるから，認証に対する彼らの特殊な資質は，学問的な教員が占める大きな割合によって相殺されてしまう。(以下省略。スタウト大学は状況が全く異なることの訴え。)

　Ⅳ．北中部協会の基準で，スタウト大学の図書館を査定することは，大いに疑問である。なぜなら，その基準には，図書館の蔵書の査定に関し，スタウト大学では，1科目も開設していない13分野や副専攻としても置かれていない8分野の参考図書や定期刊行物が対象とされている。そして，最も深刻なのは，我が大学の2つの主専攻の一方である産業科教育の分野が，貴協会の図書館査定基準には含まれていないという事実である。」[22]

　このように，この書簡に示されたワイゲンの主張は，いずれも根拠のあるものであった。この問題の口火を切った教授団構成における博士号取得者の点でも，北中部協会大学委員会の認証評価基準では，教員養成ではない部門の査定に関わり，博士号ないし修士号取得を要件としていたが，同時に，「ただし，歯科，技師，美術，法律，医師，音楽，看護師，薬剤師の分野は除く」という除外規定があり，産業科教員養成の分野に対して，学科に所属する全教員を査定の対象にするという新基準は，著しく公平さを欠くものであった。いいかえれば，技師と同様に，実習や製図等を担当する教員は査定の対象外にすべきとするワイゲンの主張には理があった。

　しかし，結果としては，この交渉は，スタウト大学側の失敗に終わる。

　フリックランドは，新基準に基づく査定の結果を，バーンズから学長に宛てた1948年6月12日付書簡によって知ることとなった。その内容は，①1948年6月5日開催の北中部協会大学委員会評価部会での審査の結果，スタウト大学は，教授団構成や財務の点で認証評価基準を満たしていないと判定された，しかし，②在籍学生数急増等の困難な時期でもあり，最終結論を出すことは延期したので，③1947年4月17日付書簡の趣旨をよく踏まえて，1948年11月1日までに，改善された認証申請書を再度提出するように，というものであっ

た[23]。

　要するに，当該書簡は，1947年4月17日に通知した新基準は，スタウト大学にも例外なく厳格に適用するので，それを満たす改善措置をとり，その結果を11月1日までに報告しろ，という最後通牒であった。

　スタウト大学側は，苦渋の選択をして，この要請に応えざるをえなかった。新年度に向け，産業科教育学科に博士号をもつ2人の教授を新規に採用して4人の博士号取得教授体制を整えることを中心に「改善」策をとり，認証申請書類を再提出した[24]。

　そして，1949年3月25日開催の北中部協会大学委員会評価部会において，審査の結果，スタウト大学は認証された[25]。

　ところで，研究科長ワイゲンは，1949年5月23日付で，事務局長バーンズに書簡を送っている。その中で，ワイゲンは，今回の査定のあり方の不合理さを，再度，訴えた。

　「Ⅰ．産業科教育の分野の教員養成には，工学的なタイプの技術的能力をもつ多くの教員が必要である。……しかし，この分野で博士号取得者を教員として確保することは，（医師や技師等々）北中部協会が除外している分野で博士号をもつ教員を確保することよりも，はるかに難しい。……認証の手続きにおいて，工学部の教員については，査定されていない。ゆえに，この措置を，認証制において不利な立場にある我が大学にも適用してほしい。

　Ⅱ．（大学図書館の認証に関わり）貴審査部門の書籍や定期刊行物の査定リストには，産業科教育の分野に関する基本文献や定期刊行物が含まれていない。……この分野の基本文献や定期刊行物のリストがあるので，これらのリストを査定リストに含めてほしい。」[26]

4　第3段階：「専門分野ごとの認証制」の探求

　このように，1947年春からほぼ2年間にわたり，スタウト大学の認証をめぐる北中部協会大学委員会との交渉と妥協の経験は，フリックランドにとって，1930年代での彼の認証制認識にてらせば，「標準化をめぐる問題」がまさに現

実の問題となり,「認証機関が標準化させようとして」スタウト大学の「活力を殺いでしまう問題」にほかならなかった。そこでは, スタウト大学「による管理運営を是認し, 当該機関の専門職としての指導性をより尊重」するようなことはなされず, スタウト大学のもつ「固有な特徴」を無視して, 教養大学等を規準にして標準化された認証評価基準がおしつけられたという問題であった。

ところで, 前述のように認証機関には, 地域を編成原理にして大学等を組織したものと, 技師養成や医師養成等, 専門職を編成原理にして大学等を組織したものとがある。北中部協会は, 当時において, 前者の代表的存在であり, もっとも影響力の強いものであった。

他方, フリックランドは, 認証制自体は, アメリカ固有の有効な制度であると高く評価していた。しかし, その実際, とくに地域的な大学の連合体による認証の実際は, フリックランドの考える認証制のあり方とはかけ離れていることを, 先の経験は彼に悟らせた。そこで, フリックランドは, これをバネに, 専門職を編成原理にした認証機関を通じて, 彼の考える認証制の本来のあり方を実現することに尽力していったとみることができる。

フリックランドは, アメリカ教員養成大学協会の事務局長ハント (Hunt, C. W.) に, 1948年12月10日付の書簡を送っている。そこには, 教員養成を編成原理にした全国組織であるアメリカ教員養成大学協会に対して, 認証制の改善すべき点に関するフリックランドの要請が展開されていた。そして, それらの記述内容は, スタウト大学の認証をめぐる北中部協会大学委員会との交渉と妥協の経緯を媒介させるとき, その意図がより具体的になると考えられる。

「1. 認証評価基準は, 教員養成という仕事がもつ多様性に富んだ各分野の必要条件に対応することができるよう十分に柔軟でなければならない。……

2. 大学院の活動は, 学部の場合になされるように, 研究科を単位に単純に査定がなされてはならず, むしろ, 各専門分野を単位に行われるべきである。……したがって, アメリカ教員養成大学協会の委員会構成員には, 各専門分野の代表が含まれるべきである。ある一つの固定的な基準では, 大学院の活動の多様性に富んだ諸分野を評価する必要条件を満たすことは不可能で

ある。

　3. 産業科教員養成の分野には，大学の他の諸分野には共通しない多くの要素がある。

　4. 産業科教員養成の分野は，一般教育の諸分野のための基準によって教員スタッフの資格要件が査定された場合，非常に困難な問題を抱えることになる。教員の能力の査定に使われる主要な尺度は，博士号を持つか否かである。北中部協会による『改訂版認証マニュアル』の『Ⅱ　教授団構成』には，以下の記載がある。『個人を養成する正規の目的をもつ諸分野を担当する教員には，最初の3つの尺度（博士号，修士号，大学院での学習）に関わって，修士号も博士号もない者は含めるべきではない。ただし，歯科，技師，美術，法律，医師，音楽，看護師，薬剤師の分野は除く。』……産業科教員養成に携わる教員は，彼らの仕事の性質上，技師と同様に扱われるべきである。」[27]

　さらに，フリックランドは，以上の諸活動を総括するかたちで，技術教育関係の最大規模の専門職団体であるアメリカ職業協会総会（1950年11月26日～12月1日，ミネアポリス）において，「産業科教員養成における認証制」[28]と題して，記念講演を行った。

　冒頭，彼は，「認証団体の目的は，ある大学やある専門分野の発展を促進することにある。したがって，その運営方針は，通常は，一般的な支援のそれであり，監査や監督のために行うものであってはならない」（p.1）と，この問題を考える立場を明らかにした。

　その上で，現状分析を行う。「教員養成を行っているカレッジや専門分野は，普通，1つの全国組織の認証機関ともう1つの地域組織の認証機関に関わっている。前者は，アメリカ教員養成大学協会であり，後者は，中西部では北中部協会であろう」とし，2つの機関の認証評価基準を問題にした。

　すなわち，北中部協会の認証評価基準は，11の領域で構成されるが，「その具体的な記述内容は，……大学全体に一括して適用され，各専門分野への配慮がみられない。例えば，産業科教育の専門分野に関わっては，図書館と教授団構成について，非常に困難な問題をもたらしている。産業科教育に関する基本

文献が基準には含まれていないし、この分野の教員に必要な特殊な能力を考慮することなく、上位学位が必要要件として強調されている」。

他方、アメリカ教員養成大学協会の認証評価基準は、14の領域で構成されるが、「その基準は、一般的な性格のもの、ないし大学全体のためのものであって、ある特定の専門分野に関しては弱い」(p.2) と断定する。

そして、フリックランドは、こうした現状分析をふまえて、「産業科教員養成の認証制を、現在のまま、どちらかの、ないしは、両方の認証団体に任せたままにしておくべきか、それとも、産業科教育に関わる諸団体を代表する我々の指導者集団によって、産業科教員養成の認証がなされるべきであるか」(p.3) と問いかけた。彼の意図は明瞭であろう。

フリックランドは、アメリカ職業協会等、産業科教員養成を実際に担っている専門職諸団体が結束し、産業科教員養成に関する専門職としての自治権を獲得すべく、いわば自前の認証制を樹立すべきではないか、と訴えたのだった。

ところで、本章の第2節において、『産業科教員養成の認証制』の制定は、1950年8月に開催されたアメリカ教員養成大学協会学長会議で、「専門分野ごとの認証制」を許容する決定がなされ、それが直接の契機になったと指摘した。

しかし、当該学長会議に、後に認証制検討委員会の事務局を担うことになるウエイン大学長のバイジンガーやフリックランド自身も参加していた事実をふまえ、上でみてきた経緯を視野に入れるとき、その決定自体に、フリックランド等が主体的に関与していたとみるべきであると考える。

つまり、フリックランドは、スタウト大学の認証をめぐる北中部協会との交渉と妥協の経験をバネに、アメリカ教員養成大学協会に、学長として、「専門分野ごとの認証制」を認めさせ、ミシシッピヴァリ会議総議長としての立場から、関係する専門職団体に自前の認証制の樹立を訴えて合意を取り付け、そのための検討委員会を設置させ、自らその議長になって、8年間をかけて、『産業科教員養成の認証制』を制定させた。

そしてこの視野の下、先に検討した『産業科教員養成の認証制』での認証評価基準の内容に関わる4つの特徴をみるとき、当時の文脈におけるその具体的

意味がより明瞭になろう。

　さらには，以上のようなアメリカ合衆国での技術教育教員養成の認証制を形成させたフリックランドの活動の背景には，関連専門職諸団体による支えが不可欠であったことを見過ごしてはならない。とりわけ組織的にはミシシッピヴァリ会議，人物的には，同会議の発起人であり，共にフリックランドの恩師，ベネットとセルヴィッジの影響が大きかった。そして，同会議や彼らの活動に通底する課題意識は，技術教育教員養成を専門職教育（professions education）として実質化させ，発展させることにあった点は，本書の各章において指摘してきた[29]。フリックランドをして「専門分野ごとの認証制」に立ち向かわせたものも，こうした文脈において解釈されるべきである[30]。彼が，1930年発行の最初の著書から，この課題意識の共有を明示していたことは，すでに述べたとおりである。

第4節　小　括

　ある職業が専門職（profession）であることの社会的実体は，各専門職団体がもつ自治権（autonomy）にあるとみられる。当該職域に従事する者で構成される組織が，その職域の営みに関する一定の範囲と実効性を伴う自治権を社会的に樹立してはじめて，その職業は専門職の社会的地位を獲得したといえる。自治権をもたない専門職はありえない[31]。

　しかも，専門職は，大学で培われた高度の理論的裏づけへの社会的信頼によって，一般の職業（vocation）や熟練職（trades and crafts）と区別される[32]。それゆえ，その専門職の地位を維持・向上させる上で，後継者養成のあり方は重要であり，それは同時に大学のあり方と深く結びついているため[33]，専門職団体やその連合体が，大学に対して，専門職教育としての適格性を査定する認証制は，この面，すなわち専門職自治の面からとらえることができる。

　ところで，遅れて専門職になろうとしてきた教職は，その後継者養成である教員養成においても，ティーチャーズ・カレッジが，1930年代半ばまで地域別認証団体の正式会員とは認められず，いいかえれば総合大学や教養大学は，

ティーチャーズ・カレッジを大学とは認めていなかった等，それは，一般の学問や専門職からは格差づけられた存在としてあった。

そして，本章でみてきた内容は，教員養成一般としては大学人の間で一定の認知を獲得した1940年代後半になっても，技術教育の教員養成は，その固有な特質が無視されるというかたちで，教員養成の内部において，格差づけられた存在としてあったことを示唆している。すなわち，アメリカ合衆国における技術教育の教員養成は，1950年前後に至っても，教員養成の外からばかりでなく，教員養成の内からも格差づけられていた，とみられる。

フリックランドが，「専門分野ごとの認証制」なる概念をもって，技術教育固有の認証評価基準を樹立していった活動は，こうした文脈においてとらえられねばならない。

つまり，フリックランドは，技術教育の教員養成に関する自治権を，技術教育に関わる専門職団体としての学協会に獲得させ，この意味において，技術教育の教員養成を専門職にふさわしいものにしていく上で重要な貢献をなしたと結論することができる。

さらに，彼の活動が重要な要因の1つになって樹立された認証評価基準に関し，そこには，専門職自治の担い手を養成するという専門職教育にふさわしい内容と形式を整えようとする意図が看取できるし，看取すべきであると考える。

『産業科教員養成の認証制』における認証評価基準の具体に，各養成機関の専門職としての指導性の尊重を前提にして，教育課程に関してはごく大枠の基準に止め，人的および物的な教育条件の整備に関する基準を技術教育の教員養成の特質と現状をふまえて丁寧に設定しつつ，学生および教員の自主的な学修や研究ならびに自治活動を奨励・促進するべく基準を設定しようとする努力と配慮を読みとることは難くないであろう。

注
1) Fryklund, V. C. & Helton, H. L., The Accreditation of Industrial Arts Teacher Education, *7th Yearbook*, American Council on Industrial Arts Teacher Education, Bloomington, Ill., McKnight & McKnight Publishing Co., 1958.

2) Geiger, L. G., *Voluntary Accreditation: History of the North Central Association 1945-1970*, George Banta Co., Menasha, WI, 1970. や Harcleroad, F. F., *Accreditation : History, Process, Problems*, AAHE-ERIC/Higher Education Research Report, No. 6, 1980. および，新堀通也「アクレディテーションとアメリカの高等教育」天城勲他編『大学設置基準の研究』(東京大学出版会，pp.35-75, 1977 年) など。
3) *Journal of Teacher Education* は，1964 年 6 月号で NCATE 特集を組み 4 本の論文を載せている。その後では，Massanari, K., The AACTE-NCATE Feasibility Project : A Test of Proposed New Accreditation Standards for Teacher Education, Spring, 1969, Murray, F. B., On Building a Unified System of Accreditation in Teacher Education, September 2005 のみ。その他には，Murray, F. B., From Consensus Standards to Evidence of Claims ; Assessment and Accreditation in the Case of Teacher Education, New Direction for Higher Education, No. 113, pp.49-66, 2001, Bullough, Jr, R. V., Clark, D. C., & Paterson, R. S., Getting in Step : Accountability, Accreditation and the Standardization of Teacher Education in the United States, *Journal of Education for Teaching*, Vol. 29, No. 1, pp.35-51, 2003 や赤星晋作『アメリカ教師教育の展開』(東信堂，1993 年，pp.53-70) がある程度。
4) 例えば，認証制にとって認証評価基準は重要である。その認証評価基準が技術教育教員養成分野では 2003 年に改定されたが，そのタイトルは ITEA/CTTE/NCATE Revised Standards というもの。ITEA は AIAA の，CTTE は ACIATE の現在の名称である。そして，この改定案は実質的には CTTE が作成し，それを NCATE が承認して発効するというかたちがとられている。
5) V. C. フリックランド，長谷川淳訳『職業分析』実業教科書株式会社，1949 年。これは，Fryklund, V. C., *Trade and Job Analysis*, The Bruce Publishing Co., Milwaukee, WI の第 2 版 (1947 年) を全訳したものである。
6) フリックランドは，*Dictionary of American Biography* 等の人名辞典類には掲載されていない。彼の伝記的な研究に，Riggs, H. K., Vern C. Fryklund : Educator, Essay of M.Ed., Wayne University, Detroit, MI, 1950, Colbrese, N. P., Vern C. Fryklund and His Contributions to Industrial, Technical, and Vocational Education, Thesis of M.Ed., Chicago Teachers College, Chicago, Ill, 1964 がある。これらはいずれも修士論文で，学歴や職歴などの経歴の事実がそれなりにまとめられている。本研究もその点ではこれらを参照した。また，Wyman, W. D., ed., *History of The Wisconsin State Universities 1866~1968*, River Fall State University Press, River Fall, WI, 1968. の Chap. Ⅷ History of Stout State University に学長としての彼の活動への言及がある程度である (pp.264-268)。
7) Selvidge, R. W. & Fryklund, V. C., *Principles of Trade and Industrial Teaching*, C. A. Bennett Co., Inc. Publishers, Peoria, Ill, 1930. 第 2 版は，セルヴィッジ没後の

1946 年に発行。
8) Fryklund, V. C., *The Selection and Training of Modern Factory Workers*, The University of Minnesota Press, Minneapolis, MN, 1934.
9) 課題論文には，次の 6 本があった。a) Accrediting Agencies in Secondary Education, b) Trends in High School Commencement, c) A Glance at Student Government and Some of Its Problems, d) A Paper on Some Phases of Homogeneous Grouping, e) A Comparison of Nebraska and her Neighbors in Educational Expenditures, f) Education in the Soviet Republic.
10) *Apprenticeship in Modern Education*, A Yearbook of Mu Sigma Phi, Industrial Education Fraternity, Wayne University, Detroit, MI, 1938.
11) Fryklund, V. C. & Others, *Analysis of the Trade of General Machine Shop*, Department of Vocational Education, Board of Education, City of Detroit, 1940, Fryklund, V. C. ed., *A Course of Study in Patternmaking for the Technical and Trade Curriculums of the High Schools*, Board of Education, City of Detroit, 1939, Fryklund, V. C. & LaBerge, A. J., *General Shop Woodworking*, McKnight & McKnight Publishing Co., Bloomington, Ill, 1940, Fryklund, V. C. ed., *Handbook for Student Teaching in Industrial Education* : Household Mechanics, Wayne University, 1942.
12) Fryklund, V. C., *Trade and Job Analysis*, The Bruce Publishing Co., Milwaukee, WI, 1942.
13) Fryklund, V. C., *Industrial Arts Teacher Education in the United States*, Bulletin No. 2, National Association of Industrial Teacher Trainers Affiliated with the American Vocational Association, McKnight & McKnight Publishing Co., Bloomington, Ill, 1941.
14) Wyman, W. D. (ed.), *ibid.*, pp.264-269.
15) Fryklund, V. C., Accreditation of Industrial Arts Teacher Education, p.5, Box 2, Folder 12.
16) Fryklund, V. C., Accreditation of Industrial Arts Teacher Education, *Industrial Arts and Vocational Education*, 41-2, pp.35-38, Feb. 1952.
17) 202 大学の根拠は，先行する 2 つの調査を根拠としていた。Williams, W. R. Jr. & Meyer, H. K., Inventory-Analysis of Industrial Teacher Education Facilities, Personnel and Programs, ACIATE Yearbook 1, McKnight & McKnight Co., Bloomington, Ill., 1952, Powell, P. E., Administration of Departments of Industrial Teacher Education ; Budget and Accounting Systems, Unpublished Doctoral Dissertation, Wayne State University, 1955.
18) 認証評価基準は，以下のとおり（抄訳）。
「第 1 分野：目的，組織および運営」

1-1　各学科は，必要とされる産業科教員を養成するために十分ふさわしい効果的な組織および運営である証拠を示さなければならない。また，未来の産業科教員にとって必要な広範な教育を提供するために十分ふさわしい効果的組織および運営である証拠を示さねばならない。

1-2　産業科を教える上で信頼でき有能で専門性のある卒業生を効果的に養成することができるよう当該学科は，必要な場合には，他学科，州の専門官，教育課程委員会と協力して，学習内容を開発する権限をもたねばならない。

1-3　常勤の大学教員は，学科，大学および州の専門職活動に参加しなければならない。常勤の大学教員は，産業科教育の専門職団体の集会に参加しなければならない。

1-4　当該課程は，常勤の大学教員をもたなければならない。在籍学生数は，すべての学生が水準を維持しながら適切に教えられる範囲でなければならない。また，十分な教授活動と多様な学習内容が保障されなければならない。

1-5　学科に所属するすべての大学教員は，当該課程の質に影響を与える管理運営の決定に参加しなければならない。

1-6　学科所属の各大学教員は，産業科教育に関して，公立学校や大学を訪問し，研究することが奨励され，そのための時間が保障されなければならない。

1-7　学科所属の各大学教員は，授業計画を整え，教材を準備し，必要な文書義務に対応できるよう，十分な事務の援助と時間が与えられなければならない。

1-8　当該学科は，金属加工一般や木材加工一般のような特定分野のゼネラルショップと一人の指導員の下で多様な材料を使ういくつかの異なる種類の作業を同時に実施できる総合的なゼネラルショップの両方を最低限維持しなければならない。

「第2分野：学生支援プログラム」

2-1　当該学科は，中等学校の有能な卒業生対象だけでなく，非教員養成系大学卒業者のために，有効に機能するオリエンテーションと再教育プログラムを実施しなければならない。

2-2　当該学科は，産業科の教員養成の教育課程にとって適格な学生を注意深く選考している証拠を示さなければならない。(以下，省略)

2-3　学科所属の大学教員は，産業科教育を主専攻とする学生の人格的および科目履修上の問題を支援すべく，大学の正規のカウンセリング要員と協力しなければならない。

2-4　当該学科は，専門職性を育むことを促すために企画された産業科の学生クラブや団体を推奨し，支援しなければならない。

2-5　学生は，掲示板や蔵書類や教具類を維持管理する学科の諸活動にすすんで責任を負うよう推奨されなければならない。また，適切であると判断される場合には，開設科目や学科の諸活動の評価に，学生を参加させなければならない。

2-6 ニュースや情報を学生や卒業生に伝える効果的なプログラムを設けなければならない。
2-7 教材の作成や授業のレポートないし課題の遂行に必要な複写やタイプの設備を学生が利用できるよう規程が作成されなければならない。
2-8 当該学科は，主専攻である学生に関する情報を蓄積する個人ファイルを維持管理しなければならない。
2-9 当該学科は，就職活動に関し，大学の就職課と共同しなければならない。
2-10 当該学科は，可能ならば，就職に就いて最初の一年間，卒業生を訪問しなければならない。
2-11 当該学科の卒業生に関する定期的なフォローアップの研究が行われなければならない。
2-12 教職に適した候補者を選考するために，主専攻として受け入れた各学生の継続的な評価を実施するための規程が作成されなければならない。

「第3分野：教授団」
3-1 産業科教育学科の大学教員は，産業技術ないし産業科教育に関する教育学修士号を最低限所持しなければならない。管理職の大学教員および産業科教育の教職専門科目を担当する大学教員は，名誉学位ではない博士号を所持しなければならない。
3-2 教授スタッフは，中等学校での産業科教育を教える能力の有無を基準にして選考されなければならない。各教授スタッフは，彼が教える専門分野での成功的な実務経験をもっていることが望ましい。
3-3 教授団の教育ノルマは，実習科目や実験科目で学生が必要とする時間を保障すべく調整されなければならない。
3-4 教育活動以外の必要な職務に関する規程が作成され，管理・運営されなければならない。
3-5 中等学校での教育に高い能力を示し，大学の基準を満たす産業科教育の教員は，可能なときには特別講師として大学で教えるべく招聘されなければならない。
3-6 産業科を主専攻とする学生対象の実習科目を担当する学生助手や卒業生助手は，学士号を所持し，かつ公立学校で産業科を教えた経験を持つ者でなければならない。

「第4分野：教育課程」
4-1 産業科教員養成のために教えるべき分野に関し，各種分野の産業技術の技能を発達させるべく，広範な科目が提供されなければならない。
4-2 設計，材料の適切な取り扱い，機能，作業の質に適切な強調点がおかれなければならない。
4-3 産業科教育を主専攻とする学生には，最低限，30単位が必修とされなけれ

ばならない。
　4-4　産業技術のある一つの分野での専門性を確保するために，最低限，10単位が必修とされなければならない。
　4-5　教育課程の運用にあたっては，すぐれた指導の原則を理解させるような内容が提供されなければならない。
　4-6　教育課程は，個人プロジェクトとともにグループプロジェクトの経験を学生に与えるようになっていなければならない。
　4-7　産業科教育のある一つの分野での製作経験などを通して卓越した能力を示す学生については，彼のプログラムは調整されなければならない。
　4-8　産業科教育の優れた指導実践を理解させる経験を学生が発展させられるようにしなければならない。
「第5分野：教育実習」
　5-1　教育実習は，第2ないし第3学年から開始すべきであり，また，それに先行して，公立学校での観察が行われなければならない。
　5-2　教育実習は，最低限修士号を所持し，産業科教育の優れた教育経験をもつ指導教員の監督の下に実施されなければならない。(以下，省略)
「第6分野：施設設備」
　6-1　学科所属の各大学教員の研究室スペースが確保されなければならない。
　6-2　学生が利用可能な学科図書室がなくてはならない。
　6-3　図書室の所蔵図書は，学科が提供する教育の全領域にわたり適切かつ新しいものでなければならない。(以下，実習室等に関する基準が列挙されるが，省略)

19)　V. C. Fryklund's Term Paper, Accrediting Agencies in Secondary Education.
20)　回答した大学は以下のとおり。1. アラバマ大学，2. コロラド州立教育大学，3. カリフォルニア州立サンジョセ大学，4. 同州立サンタバーバラ大学，5. 同州立チコ大学，6. カリフォルニア総合技術学校，7. フロリダ大学，8. フロリダ農工大学，9. ジョージア・ティーチャーズ・カレッジ，10. イリノイ州立師範大学，11. ブラッドレー総合技術大学，12. 東イリノイ州立ティーチャーズ・カレッジ，13. 西イリノイ州立ティーチャーズ・カレッジ，14. 南イリノイ州立師範大学，15. 北イリノイ州立ティーチャーズ・カレッジ，16. シカゴ・ティーチャーズ・カレッジ，17. イリノイ大学，18. インディアナ・州立ティーチャーズ・カレッジ，19. アイオワ・州立ティーチャーズ・カレッジ，20. ウエスタン・ユニオン大学，21. アイオワ州立大学，22. マクファーソン大学，23. カンザス州立フォートハイズ大学，24. カンザス州立ティーチャーズ・カレッジ(ピッツバーグ)，25. カンザス州立ティーチャーズ・カレッジ(エンポリア)，26. カンザス州立大学，27. 西ケンタッキー・ティーチャーズ・カレッジ，28. ルイジアナ州立大学，29. メリーランド大学，30. マサチューセッツ州立ノースアダムス・ティーチャーズ・カレッジ，31. マサチューセッツ州立ティーチャーズ・カレッジ，32. ミシガン

第7章　ミシシッピヴァリ会議による専門職教育の探求（その2）　241

州立師範大学, 33. ミシガン大学, 34. ウエイン大学, 35. 西ミシガン州立ティーチャーズ・カレッジ, 36. 中央ミシガン州立ティーチャーズ・カレッジ, 37. 北ミシガン州立ティーチャーズ・カレッジ, 38. ミネソタ州立ティーチャーズ・カレッジ（ダラス）, 39. ミネソタ州立モアヘッド・ティーチャーズ・カレッジ, 40. ミネソタ州立ティーチャーズ・カレッジ, 41. ミネソタ大学, 42. ミネソタ州立ティーチャーズ・カレッジ（ウィノナ）, 43. ミズーリ州立ノースイースト・ティーチャーズ・カレッジ, 44. ミズーリ大学, 45. ミズーリ州立ノースウエスト・ティーチャーズ・カレッジ, 46. ミズーリ州立セントラル・ティーチャーズ・カレッジ, 47. モンタナ州立師範大学, 48. ネブラスカ州立ペルー・ティーチャーズ・カレッジ, 49. ネブラスカ州立ティーチャーズ・カレッジ（カーニー）, 50. ネブラスカ・ウエスリアン大学, 51. ネブラスカ大学, 52. ネブラスカ州立ティーチャーズ・カレッジ（チャドロン）, 53. ネブラスカ州立ティーチャーズ・カレッジ（ウエイン）, 54. キーン師範学校（ニューハンプシャー州）, 55. ニューヨーク大学, 56. ニューヨーク州立オスウィーゴ師範学校, 57. ノースカロライナ州立大学, 58. ノースダコタ州立師範・産業学校, 59. ノースダコタ州立ティーチャーズ・カレッジ（ヴァリ）, 60. ノースダコタ州立ティーチャーズ・カレッジ（ミノ）, 61. オハイオ州立ケント大学, 62. オハイオ州立大学, 63. マイアミ大学, 64. オハイオ州立ボーリンググリーン大学, 65. オクラホマ州立ティーチャーズ・カレッジ, 66. オクラホマ州立大学ノースウエスタン大学（アルヴァ）, 67. オクラホマ州立ノースウエスタン大学（タリカ）, 68. オクラホマ農工大学, 69. パンハンドル農工大学, 70. ランストン大学, 71. オレゴン州立大学, 72. ペンシルヴァニア州立ミラースヴィル・ティーチャーズ・カレッジ, 73. ペンシルヴァニア州立大学, 74. サウスカロライナ・クレムゾン農工大学, 75. スパーフィッシュ師範学校（サウスダコタ州）, 76. サウスダコタ州立ノーザン・ティーチャーズ・カレッジ, 77. テネシー農工大学, 78. テネシー州立ティーチャーズ・カレッジ, 79. テキサス州立プレリービュー大学, 80. テキサス州立サムホーストン大学, 81. テキサス州立ノース・ティーチャーズ・カレッジ, 82. テキサス州立サウスウエスト・ティーチャーズ・カレッジ, 83. テキサス州立サルロス・州立ティーチャーズ・カレッジ, 84. テキサス農工大学, 85. ヴァージニア州立黒人大学, 86. イースタン・ワシントン教育大学, 87. ウエストヴァージニア州立大学, 88. ウエストヴァージニア州立ニューリヴァー大学, 89. ウエストヴァージニア大学, 90. スタウト大学

21）ウィスコンシン・スタウト大学アーカイヴズには，この問題をめぐり，主に，フリックランド学長，ワイゲン研究科長，バーンズ事務局長の間で取り交わされた書簡が11通保管されている。Graduate College, Accreditation records, 1950～1970, Box 1, Folder 10, NCATE Early Rating [1944～1949]。

22）Letter from Wigen to Burns dated July 18, 1947.

23) Letter from Burns to Frykulund dated June 12, 1948.
24) 対応策は，フリックランドが原案を作り，ワイゲンがそれにコメントをつけ，フリックランドが修正していくという手順で進められていた。ワイゲンのコメントが認められた書簡（1948年10月29日付，11月10日付，11月17日付）には，彼らの苦渋が滲み出ている。
25) Letter from Burns to Frykulund dated April 4, 1949.
26) Letter from Wigen to Burns dated May 23, 1949.
27) Letter from Fryklund to Hunt dated December 10, 1948.
28) Fryklund, V. C., Accreditation of Industrial Arts Teacher Education, 9p. Box 2, Folder 12.
29) あわせて，この面でのベネットに関しては，田中喜美「米国での技術教育のための『大学における教員養成』の形成過程におけるC.A.ベネットの役割」(『学校教育学研究論集』第2号，1999年，pp.117-127)や同「技術教育のための『大学における教員養成』の形成」(佐々木享編『技術教育・職業教育の諸相』大空社，1996年，pp.187-214)を参照。また，セルヴィッジに関しては，田中喜美・角和博「米国技術教育教員養成史におけるミシシッピヴァリ工芸教育会議の位置」(『日本の教育史学』第43集，2000年，pp.250-268)や田中喜美・木下龍「アメリカ職業協会『産業科教育の到達目標標準』(1934年)の制定過程と内容的特質」(『日本産業技術教育学会誌』44-4，2002年，pp.1-8)，木下龍・田中喜美「米国での技術教育のための大学における教員養成と生産技能の位置づけ」(『日本教師教育学会年報』第14号，2005年，pp.70-79)を参照。
30) ミシシッピヴァリ会議総議長は，次回の会議で検討するテーマの決定権をもつ。議事録をみると，フリックランドが総議長の期間，とくに1950年代の会議テーマは，認証制の問題とともに，博士課程を含む大学院教育のあり方に関わるものの多さが目立ち，技術教育教員養成を専門職教育として実質化するという彼の問題意識のあり様がうかがわれる。
31) Moore, W. E., *The Professions : Roles and Rules*, Russell Sage Foundation, New York, NY., 1970.
32) Dinham, S. M. & Stritter, F. T., Research on Professional Education, In Wittoch, M. E. ed., *Handbook of Research of Teaching*, Macmillan, New York, NY., 1983.
33) Bledstein, B. J., *The Culture of Professionalism : The Middle Class and The Development of Higher Education in America*, W. W. Norton & Co. Inc., New York, NY, 1976.

結章

専門職教育としての技術教育教員養成の形成

1　20世紀前半における技術教育教員養成の制度的変化

　我々はこれまで，アメリカ合衆国での技術教育のための「大学における教員養成」の歴史的経緯として，1898年のコロンビア大学ティーチャーズ・カレッジの成立過程から1958年の技術教育教員養成の認証評価基準の樹立までをたどってきた。

　この間に実施された技術教育教員養成機関についての全米調査には，1918年に合衆国教育局の紀要として，ブラッドレ総合技術大学のシーパートによって発表された『工芸科教員養成の教育課程』(本書第3章)と1941年にアメリカ職業協会附設全国産業教育教員養成協会の紀要として，ウエイン大学のV.C.フリックランドによって発表された『合衆国における産業科教員養成』(本書第7章)がある。さらに，1958年にアメリカ産業科教員養成審議会の年報として，スタウト大学に移ったV.C.フリックランドとオクラホマ州立ノースイースタン大学のH.L.ヘルトンによって発表された『産業科教員養成の認証制』(本書第7章)も，認証評価基準を導く基礎とされた質問紙調査の部分は，1950年代半ばの技術教育教員養成機関に関する全米調査とみなせる。

　これら3つの調査を比較することによって，本書が対象とした時期における技術教育教員養成機関の量的な変化の概要をつかむことができる。

　1918年調査では，「工芸科教員養成のための何らかの教育課程を提供している教育機関は184校以下ではない」(p.6)とされた。その内訳は，州立総合大学23校，私立総合大学13校，カレッジ6校，州立農業カレッジ17校，州立ティーチャーズ・カレッジ・師範カレッジ・師範大学15校，州立手工師範学校3校，州立師範学校62校，師範部門をもつ黒人学校15校，師範部門をもつ私立学校8校，師範部門をもつ技術学校10校，私立師範学校4校，公立カレ

ッジ・総合大学・師範学校7校というものであった。師範学校が、依然，かなりの部分を占めていることがわかる。

　そして，これら180校余りの教育機関において，学士号授与課程として工芸科の教員養成を実施していた機関は，第3章ですでに指摘したように，9大学にすぎなかった。

　これに対して，1941年調査では，「産業科教育の教員養成のための何らかの種類の施設をもつ教育機関は150校以上ではない」(p.14)とされた。同調査は，180校に質問紙を送付し，112校から回答，その内の22校は「産業科の教員養成を行っていない，ないし，とりやめた」としたので，残る90校を対象に分析をしている。その内訳は，ティーチャーズ・カレッジ50校(56%)，州立カレッジ22校(24%)，総合大学16校(18%)，その他(2%)というものであった。ティーチャーズ・カレッジの台頭が顕著である。

　そして，有効回答をした90校のうち86校(96%)が，Bachelor of ScienceやBachelor of Arts，Bachelor of Education等，何らかの学士号を授与する課程として産業科教員養成を実施していたことが報告されている(pp.20-21)。

　さらに，1958年調査では，「産業科教員養成のためのプログラムをもつ202機関に質問紙を送付し，166機関から有効回答があった」(p.21)としている。そして，質問紙の内容自体が，すでに，学士号につながる課程での産業科教員養成のプログラムが少なくともあることを前提にした作り方になっていた。

　すなわち，1910年代末から1950年代までの約40年間のアメリカ合衆国における技術教育教員養成の主たる動きは，それを実施していた教育機関の数量からみれば，それほど大きな変化は認められない反面，学士号授与課程で行う技術教育教員養成が一般化し，教員養成の主要な形態になった点に求められる。いいかえれば，20世紀前半のアメリカ合衆国での技術教育教員養成は，「大学における教員養成」が形成され，一般化していった時期であったといえる。

2　ベネット，セルヴィッジ，フリックランドのもたらしたもの

　ところで，我々は，こうした量的な変化をとげ，技術教育教員養成を学位授

結章　専門職教育としての技術教育教員養成の形成　245

与課程として実施する，すなわち「大学における教員養成」が，その主要な形態となっていった期間における技術教育教員養成史を，ベネット，セルヴィッジ，フリックランドという，それぞれ師弟関係にあった3人をとりあげ，彼らの技術教育教員養成の教育実践を通してとらえようとしてきた。

　20世紀に入ると，アメリカ合衆国における技術教育およびそのための教員養成の中心が，アメリカ合衆国5大地域区分でいうと，北部大西洋岸地域から北部中央地域，とりわけ，そのなかでもミシシッピヴァリ地域と重なるミズーリ，イリノイ，ミシガン，ウィスコンシン等の諸州に移っていったことが認められる。そして，こうした動きをつくりだした中核には，常に，上記3人の存在があったからである。

　コロンビア大学ティーチャーズ・カレッジの前身，ニューヨーク・ティーチャーズ・カレッジで技術教育教員養成のための教育課程の原型を構築した後，イリノイ州ピオリアのブラッドレ総合技術大学を基盤に多面的に活動したベネット，ブラッドレ総合技術大学そしてコロンビア大学ティーチャーズ・カレッジで学び，ミズーリ大学を基盤にして技術教育のための作業分析を軸に教育研究活動を展開したセルヴィッジ，そして，ミズーリ大学で学び，ミシガン州デトロイトのウエイン大学の教授ならびにウィスコンシン州メノモニーのスタウト大学の学長として，技術教育教員養成のための教育研究および大学経営の活動を展開したフリックランドであった。

　もちろん，これら3人の営みとして技術教育教員養成史を描こうとした背景には，序章で述べたように，我々の課題意識の基調の1つとして，教員養成をめぐる大学人の主体性の問題があったからである。

　そして，これまでの検討の結果を3人の技術教育教員養成実践の成果の面からとらえると，以下のようにまとめられるであろう。

　(1) まず，ベネットであるが，彼による技術教育教員養成に関わる教育実践は，次の3つの側面からとらえることができる。

　すなわち，第1は，技術教育のための「大学における教員養成」の教育課程編成に関わる側面である。

ニューヨーク・ティーチャーズ・カレッジからコロンビア大学ティーチャーズ・カレッジへの展開の中で，また，ブラッドレ総合技術大学の発展過程において，ベネットが，その原型を構築したといえた。

ベネットが構築した技術教育のための「大学における教員養成」の教育課程の原型とは，一般教育（general education），教科専門教育（technical education），および，教職専門教育（professional education）という3つの部分から構成され，さらに，教職専門教育のうち，技術教育の教科指導に関する教育学を，①「技術教育の歴史と原理」，②「技術教育の教授学」，③「技術教育の施設設備論」の3本柱で構成するというものであった。

こうした構成の教育課程が，1918年調査で，技術教育教員養成を学位授与課程で実施しているとされた9大学すべてにおいて採用されていた。

第2は，技術教育の教員養成の営みを大学教育にふさわしい内容・性格と水準にするために，技術教育の教科指導に関する教育学を学問的に整備することに関わる側面である。

ベネットは，1つには，ミシシッピヴァリ会議をはじめ，中西部職業教育協会等，技術教育関係の学協会，すなわち，専門職団体の設立と発展に尽くしつつ，同時に，技術教育の専門書や専門ジャーナルの編集発行を任務とする出版社を設立し経営にあたった等，技術教育の教科指導に関する教育学の社会制度をアメリカ社会のなかに形成する上で貢献をなした。

2つには，古典的名著とされる『手工・産業教育史：1870年以前』（C. A. ベネット出版，1926年），『手工・産業教育史：1870年～1917年』（C. A. ベネット出版，1937年）に代表される研究書をまとめる等，ベネットは，技術教育の教科指導に関する教育学の知識を累積する上で貢献をなした。

ちなみに，これらが，上で述べた技術教育の教員養成の教育課程において，教科指導の教育学の3本柱の1つとして位置づけられた①「技術教育の歴史と原理」を教育する上で，その学問的な基礎を提供しようとしたものであることは明かである。

3つには，ベネットは，技術教育の研究方法論，より限定すれば，技術教育

結　章　専門職教育としての技術教育教員養成の形成　247

の教授学の研究方法論として，ロシア法が含意するものに注目し，その主たる側面を，「すべての産業教育にとっての，唯一正真正銘の理論的な鍵」であり，ロシア法によって「労働用具の教授が，一つの科学になった」との認識に至り，技術教育のための作業分析という研究の地平を拓く上で貢献をなした。

　ただし，ロシア法をめぐって，上のような認識に至った過程は，単純ではないように思う。というのも，ベネットは，技術教育の教員養成の教育課程において，教科指導の教育学のもう一つの柱とされた②「技術教育の教授学」に関しても，1917年に『工芸教育教授原論』を著しているけれども，しかし，ここでのベネットのロシア法認識は，スウェーデンのスロイドとならぶ教授法の一つとしての位置づけ以上ではないからである。上の認識に至る過程には，この問題をめぐるセルヴィッジとの相互交渉が介在していたとみるべきであろう。

　これが，次の側面に関わる。

　第3は，大学において技術教育教員養成の教育研究を担う後継者養成の側面である。

　ベネットは，大学院の博士課程で直接指導をしたわけではないが，ミシシッピヴァリ会議等の専門職団体の活動のなかで，また，個人的な繋がりを通して，大学において技術教育の教員養成を担っていった研究者を指導し育てていった。そのなかには，セルヴィッジやフリックランドはもちろん，イリノイ州立師範大学（現，イリノイ州立大学）等で教員養成に携わり，合衆国教育局の産業教育専門官を担当し，さらに，ミシシッピヴァリ会議総議長を長く務めたW. T. ボウデン等がいた。ベネットの貢献として，この側面も見過ごされてはならない。

　(2) 次に，R. W. セルヴィッジであるが，彼による技術教育教員養成に関する教育実践は，5つの側面からとらえることができる。

　第1は，技術教育をとらえる理論枠とその教育目的に関わる側面である。

　セルヴィッジは，1909年の修士論文から，1923年の『熟練職教授法』およびセルヴィッジ・シリーズを経て，彼の到達点とみられる1930年の『産業教育の原理』まで，一貫して，普通教育としての技術教育と職業教育としての技

術教育とを区分しながらも，常に両側面を含んで技術教育をとらえる理論枠の構築に努め，こうした理論的な努力を背景に，また，それと並行して，技術教育の教育目的を「民主主義を担う市民としての熟練労働者」の育成として定立していった。

　セルヴィッジによるこの側面での理論活動が，第一次世界大戦期から1920年代のいわゆる「金ぴか時代」にわたって行われたことに留意したい。

　すなわち，第一次世界大戦への参戦を契機として，アメリカ合衆国では，熟練労働者たちによって組織された職能別労働組合への強攻策が断行され，それらが壊滅的な状態に陥らされていく一方で，企業による人事管理制度が，生産現場や職場に浸透されていった。セルヴィッジは，こうした時代状況において，技術教育の教育目的は「民主主義を担う市民としての熟練労働者」を育てることにある，と言い放った。彼の堅い決意と見識の高さがうかがわれる。その的確さは，10年以上も経た後，大恐慌を経験し，1935年の全国労働関係法（いわゆるワグナー法）および1937年の全国徒弟法（いわゆるフィッツ＝ジェラルド法）等，一連の連邦法の成立によって証明されることになる。

　第2は，技術教育のための作業分析の研究と開発に関わる側面である。

　セルヴィッジは，当時普及し影響力をもっていたC. R. アレンによる作業分析，すなわち，人事管理のための職務分析の方法論への批判を通して，文字どおり，技術教育のための作業分析を確立し，体系化した。そして，大学における教員養成を含め，技術教育の広範な分野にそれを適用していった。セルヴィッジは，ロシア法にルーツをもつ作業分析という方法論を，人事管理理論から解き放ち，技術教育の教科指導に関する教育学の方法概念として再構成することをやり遂げたといえる。

　その転換点は，「ユニット・オペレーション」の概念化にあったとみられる。セルヴィッジによる作業分析では，労働者が課業として実際に遂行しているさまざまな作業を観察・記録し，分析して，それらの中から，教えるべき対象として「一定の技能や習熟がないと遂行できず，かつ，職務の枠をこえて頻度高く出現する作業の1つのまとまり」，すなわち「ユニット・オペレーション」

――こうした含意を表現すべく「単位要素作業」という訳語をあてた――を抽出し，それを基礎に，教材を構成し，さらには，教授過程を立案していくという手立てがとられる。「単位要素作業」(ユニット・オペレーション) が，セルヴィッジの作業分析の要に位置づいている。

そして，この側面もまた，当時の時代状況に留意する必要がある。すなわち，第一次世界大戦から 1920 年代に入ると，金属・機械工業の分野であっても，機械制大工業化が進行していた。そして，現実の生産過程は価値増殖過程としての形態をとらざるをえないから，そこでの労働は，価値増殖の観点から合理化された一定の階層的秩序体系における役割としての「職務」の形態をとることが支配的となる。したがって，こうした現実にあっては，「職務」に基礎をおくアレンの作業分析の方が，感覚的にはリアリティをもつことはまちがいない。

だが，セルヴィッジは，生産過程の，こうした目に見える形態の側面の姿にとらわれることなく，いわば，その奥に潜む，労働過程としての内容の普遍的側面を抽出することを図り，それが「単位要素作業」の発見と技術教育学の方法概念としてそれを再構成することに結実したといえる。

同時に，この背景には，上で指摘した技術教育の教育目的をめぐるセルヴィッジの思想が深く関わっていた面を見過ごしてはならない。一般に，分析という操作は，何のために分析するかという目的によって，操作の具体的な方法が規定される。セルヴィッジは，技術教育の教育目的を「民主主義を担う市民としての熟練労働者」の育成におき，そのための教育課程を編成する方法として作業分析に着目していった。したがって，「民主主義を担う市民としての熟練労働者」の育成という教育目的が，アレンの作業分析の主たる性格と問題性を見抜かせ，「単位要素作業」の発見と概念化を促したといえる。

第 3 は，こうして体系的にまとめられた技術教育のための作業分析を，大学における技術教育の教員養成に適用することに関わる側面である。

上記のベネットのところで既に言及したように，ベネットやセルヴィッジの研究活動の基調には，技術教育の教科指導に関する教育学を学問的に整備し，

技術教育の教員養成の営みを大学教育にふさわしい内容・性格と水準にするという課題意識が認められる。セルヴィッジによる技術教育のための作業分析に関する研究は，教員養成の教育課程との関わりでみれば，技術教育の教科指導に関する教育学教育の柱の1つであった②「技術教育の教授学」に学問的な基礎を据えるものであったといえる。それは，ベネットの残した課題を引き取り，取り組んだ結果であった。

それゆえ，セルヴィッジは，ミズーリ大学教育学部と同大学院における技術教育の教員養成に，彼の開発した技術教育のための作業分析を積極的に適用し，また，作業分析自体を教えていった。

そして，このことを「未来の教員たちに，専門職にとって必要なものは何か……に関する明瞭な見方を与える」(『産業教育の原理』1930年，「まえがき」)という文脈でとらえかえすならば，専門職としての技術教育教員にとって必要なものとは，セルヴィッジにおいては，技術に関わる現実の労働を観察・分析し，それによって，教えるべき対象としての要素作業や関連知識等を抽出，それらを教材に組み替えながら教育課程を編成することができる能力を基本として想定していたとみられる。重要な点であろう。

第4は，アメリカ職業協会『産業科教育の到達目標標準』(1934年)の樹立に関わる側面である。

セルヴィッジは，1906年の結成以来20年以上にわたって普通教育としての技術教育を否定ないし消極的にしか評価しなかった技術教育最大の専門職団体であるアメリカ職業協会に，「産業科教育に関する専門委員会」が1928年に設置されて以来，7年の間，彼の作業分析を駆使して，下級高等学校修了までに全ての子どもが獲得すべき『産業科教育の到達目標標準』を，製図，木材加工，金属加工一般，板金加工，鍛造，機械工作，家庭機械，自動車，電気基礎，印刷，セメント・コンクリート作業の11分野にわたり，要素作業と関連知識とで設定し，それをアメリカ職業協会として承認させて，普通教育としての技術教育の到達目標の「スタンダード」を専門職団体として合意に至らしめた。この背景には，ボウデンを総議長とするミシシッピヴァリ会議の支援があった。

結　章　専門職教育としての技術教育教員養成の形成

そして，この「スタンダード」は，1946年，1951年，1958年の改定を経つつ，1960年代前半まで，アメリカ合衆国の普通教育としての技術教育に決定的な影響を与えたとされる。

これを技術教育教員養成の面からとらえれば，『産業科教育の到達目標標準』の樹立は，1つには，当時，普通教育における技術の教育は他の教科のための教育方法として位置づけるべき等の主張も少なくない中，教科としての教えるべき内容を到達目標として実体的に確定することによって，普通教育としての技術教育を，教科として，その意義や性格を含めて，学生たちに明示しやすくしたとともに，いま1つには，教員養成では，そこに確定された到達目標を子どもたちに達成させるにたる能力を学生たちに獲得させることを基本にする等，教員養成のあり方の指針を明確にしやすくさせたといえる。

そして，ミシシッピヴァリ会議に後押しされ，アメリカ職業協会という最大規模の専門職団体によって合意された『産業科教育の到達目標標準』がもったこの後者の役割は，アメリカ合衆国独特の専門職自治の柱である，専門職団体による大学教育の認証制を，技術教育の教員養成において実現することに繋がっていくことになる。

これに関わって，セルヴィッジによる大学における技術教育教員養成実践の第5の側面は，大学における技術教育教員養成の教育研究を担う後継者を養成したことである。

セルヴィッジは，ミズーリ大学大学院において，この面でも尽力したが，とくに期待した学生の一人が，フリックランドであった。セルヴィッジは，彼の研究活動の集大成ともいえる『産業教育の原理』の共著者に，当時はまだ大学院学生であったフリックランドを選んだ。

(3) 最後はこのフリックランドであるが，彼による，大学における技術教育教員養成に関わる教育実践は，セルヴィッジの期待にまさに応えたものであり，セルヴィッジの仕事を受け継いだものであった。それは2つの側面からとらえることができる。

第1は，技術教育のための作業分析の研究と開発に関わる側面である。

フリックランドは，セルヴィッジが没した翌年，また，ベネットが没した年である1942年に，『作業分析』を著し，第二次世界大戦後，母校のスタウト大学に学長として戻った1947年に，この改訂版を出版した。

　それらを，1923年に公刊された『熟練職教授法』やその後のセルヴィッジ・シリーズ等々で展開されたセルヴィッジによる技術教育のための作業分析に関する一連の研究との関係でみると，『作業分析』は，『熟練職教授法』等々での内容を深めたというよりもむしろ，それらの研究を簡潔にまとめ，マニュアル化したものという性格が濃い。

　そのため，『作業分析』は，技術教育のための作業分析の普及には役立ったことが見込まれ，事実としても，スタウト大学での技術教育教員養成において，フリックランドは，講義で，技術教育のための作業分析の方法を教えるとともに，学生たちに実際に労働現場に行かせ，観察・分析させ，教育課程の編成に取り組ませる等，演習としても『作業分析』を多面的に活用していた。

　未来の教員に，技術に関わる実際の労働を観察・分析することを基礎に，技術教育の教育課程を自ら編成する能力を獲得させることに重点をおいた技術教育教員養成のあり方という点からは，こうしたフリックランドの教育実践は，注目に値すると考える。

　反面，技術教育のための作業分析の研究という面での水準に関しては，フリックランドをめぐっては評価が分かれるかもしれない。

　『熟練職教授法』等において，「民主主義を担う市民としての熟練労働者」なる人間像の具体化をめざしたセルヴィッジのもつ思想性は，フリックランドの『作業分析』には認められない。

　第2は，技術教育のための「大学における教員養成」の認証制を樹立させることに関わる側面である。技術教育のための「大学における教員養成」の促進という点で，フリックランドが成し遂げた成果としては，作業分析よりもむしろ，こちらの側面の方が大きいと考えられる。

　フリックランドは，1947年からほぼ2年間にわたり，スタウト大学長として，北中部協会大学委員会と，同大学の認証をめぐって交渉を重ねたが，結局は委

結　章　専門職教育としての技術教育教員養成の形成　253

員会に押し切られた。彼は，この苦渋をバネに，同大学学長であると同時にミシシッピヴァリ会議総議長として，全国教員養成認証審議会（NCATE）の前身の1つアメリカ教員養成大学協会，アメリカ職業協会および同附設全国産業教育教員養成協会，アメリカ産業科教育協会および同附設アメリカ産業科教員養成審議会を巻き込んで，1950年に認証制検討委員会の設置に漕ぎ着け，自ら議長として8年間をかけて，全国教員養成認証審議会の承認をうけた『産業科教員養成の認証制』を樹立したのだった。

　これは，大学において技術教育の教員養成に携わる者たちが，自ら組織する専門職団体の共同の基に，技術教育の教員養成がもつ固有な特質を盛り込んだ認証評価基準を策定し，それを，教員養成全般に関わる認証機関のナショナル・センターに公認させたものであった。

　つまり，このことは，大学における技術教育教員養成の認証制に関する自治権が，技術教育およびその教員養成に携わる専門職団体の連合体に担保されたことを意味する。そして，フリックランドは，これを成し遂げる上で，中心的な役割を果たしたといえる。

　さて，以上のようにまとめられるであろうC. A.ベネット，R. W.セルヴィッジ，V. C.フリックランド，これら3人に代表される技術教育教員養成実践を含む諸蓄積を通して，全体としては，何がもたらされたといえるであろうか。

　我々は，それを，アメリカ合衆国では，1950年代末までに，技術教育教員養成が，大学において，専門職教育として形成された，と結論づけたい。

　コロンビア大学ティーチャーズ・カレッジの成立過程をたどると，1887年の『教員養成大学設立趣意書』およびその初代学長バトラーによる最初の「学長報告」（1888年5月）からすでに，この教員養成大学は，法学校・医学校・神学校とならび，「教育専門職への入職」をめざす「専門職養成学校」にすべきことが説かれていた。

　そして，それを担ったC.A.ベネットをはじめ，彼の後継者であるR.W.セルヴィッジやV.C.フリックランド等も，例外なく，専門職教育として技術教育教員養成を成り立たせることを基調に彼らの教育実践を展開してきた。

254　第Ⅲ部　専門職と認証制

結果，それらが，1958年の『産業科教員養成の認証制』の制定に結びついた。この制定により，技術教育教員養成が，マタラッツオによる専門職の発展段階論における「当該専門職が選出した全国的な評価機関による大学のコースの認証を通して，教育課程と教養の実際に関する自己査察がより定型化する時期」の段階に入ったといえるからである。

3　三層から成る技術教育教員養成

同時に，アメリカ合衆国では，1950年代末までに，技術教育教員養成が，大学において，専門職教育として形成された，という事実の確定は，その内容への認識を伴ってはじめて意味をもつといえる。

そこで，まず最初に問われるべきは，ここでいわれる「技術教育教員養成」とは何か，という問題である。

我々は，序章において，本研究の背景の第1に「問題の基本構造の全体像の探究」をあげたが，上の問題は，このことに関わる。

すなわち，ここでいわれる技術教育教員養成とは，初等学校や中等学校で技術関係の教科を教える教員の養成を含むことはまちがいない。

しかし，アメリカ合衆国の歴史の事実に即するならば，教員養成の対象を，初等・中等学校の教員だけに限定することは，一面的な見方に陥ることになる。とりわけ大学院教育を視野に入れるとき，その対象は，初等・中等学校教員のみでなく，指導主事を中心とした教育指導職の養成が重要な構成部分として位置づいていた。

例えば，コロンビア大学ティーチャーズ・カレッジの修了者の動向をみるとき，1910年代半ばにおいてすでに，初等・中等学校教員になった者は，全体の四分の一程度にとどまった反面，修了生の約半分は指導主事に就いており，その主たる社会的な役割は，事実として，指導主事を中心とした教育指導職の養成であったといえた（第1章）。

それだけではない。1930年代半ばになると，1934年度にコロンビア大学ティーチャーズ・カレッジが（第1章），そして，1935年度にはミズーリ大学大

学院教育研究科が（第5章），専門職学位（Ed.DやM.Ed）を設けながら，初等・中等学校の教員の養成や指導主事等の教育指導職の養成と共に，大学において技術教育等の教員養成を担当する大学教員の養成（industrial teacher educator education）をも，目的の1つに掲げ，目的的に実施していたことが注目される。さらに，スタウト大学でも同様な動きが認められた（第5章）。

つまり，ここでいう技術教育教員養成とは，「大学における教員養成」を学部教育だけでなく，大学院教育も視野に入れてその歴史をたどるとき，それは，①初等・中等学校で技術教育を教える教員（第一教員層），②技術教育の指導主事を中心とした教育指導職（第二教員層），③大学において技術教育教員養成を担当する教員（第三教員層）という三層からなる教員の養成を意味し，それらを次第に目的的に養成しようとする制度化の過程としてとらえることが必要になるといえる。技術教育教員養成は，これら三層からなる構成部分の総体を視野にいれながら，それらの相互関係においてとらえられなければならない。

4 専門職教育としての技術教育教員養成の特質

次に問われるべきは，ここでいわれる「専門職教育」とは何か，という問題である。そして，技術教育の教員養成の歴史の事実に即してとらえるならば，そこには，次の3つの特質が認められることに注意を促したい。

第1は，専門職教育の性格に関わる点である。

専門職教育としての技術教育教員養成においては，専門職自治（professional autonomy）を担うことのできる自治能力の獲得が，その基本的な性格になっていたという点である。

しかもそれは，二重の意味においてであった。すなわち，教員養成の対象者＝未来の教員である学生が，自治能力を獲得できるような環境と機会を保障され，その能力が獲得されているかという意味と，教員養成の実施主体である大学人自体が，自治能力を発揮し遂行できるような環境と機会を保障され，その伸長が図られているかという意味とであった。

フリックランドが中心になってまとめられた『産業科教員養成の認証制』の

認証評価基準には，専門職教育としての教員養成のこうした性格が色濃く反映され，基準として具体化されていたことは，先にみたとおりである（第7章）。

自治能力の養成が，専門職教育としての技術教育教員養成の基調をなす性格になっていたことの意味が認識されなければならない。

第2は，専門職教育の範囲に関わる点である。

それは，教育課程においても，いわゆる専門教育（professional education）ではなく，まさに専門職教育（professions education）として形成され，樹立されたという点である。

技術教育の教員を準備することに特化した教育という意味での専門教育の教育課程ということであったならば，ニューヨーク・ティーチャーズ・カレッジがコロンビア大学ティーチャーズ・カレッジになり，学位授与過程として技術教育教員養成を開始する以前に，C.A.ベネットによって，それは，すでにある程度の完成度の域にまで達していた（第2章）。また，同じくベネットがブラッドレ総合技術大学において技術教育の教員養成を，2年課程，3年課程，そして，4年制の学位授与課程で並行して行っていた時期において，これら3つの課程の内容を比較するならば，上の意味での専門教育という点では，大きな差はなかった（第3章）。

すなわち，学位授与課程で行われる技術教育教員養成とそれ以外の課程で行われていた技術教育教員養成との違いは，事実の問題として，一般教育の有無という点につきるといってよかった。

専門職教育としての技術教育教員養成とは，教育課程の面でいえば，専門教育とともに，専門教育ではない一般教育を重く位置づけた点に，その主要な特徴が求められた。一般教育が位置づけられない専門教育のみの技術教育教員養成教育は，専門職教育たりえないとする意味が認識されなければならない。

例えば，セルヴィッジにおいて，教養とは「他者の生活や労働，希望や喜びのために深く考えぬく力であり，寛大な人間的共感を生む判断力を意味する。それは，社会が我々にもたらす便益に関する判断力であり，人類に貢献したいとする願望に関する判断力であり，人類に貢献すべき権力に関する判断力であ

る。」とされた。したがって，彼の視野においては，専門職教育としての技術教育教員養成では，こうした判断力の養成も求められていたことになる（第4章）。

　第3は，専門職教育の内容に関わる点である。

　専門職教育としての技術教育教員養成である以上，技術に関する知識と要素作業を教えることのできる能力を学生に獲得させることを抜きにしては成り立たないことは当然である。

　しかし，歴史の事実として，その中核をなしたものは，いわゆる教え方のノウハウといったものではなく，技術に関する現実の労働を観察・分析し，教えるべき対象を抽出，それらを教材に組み替え，教育課程を自ら編成できる能力であった点は，深く認識されなければならないと考える（第4章および第5章）。

　とくに，1つには，技術に関する現実の労働の分析に基づくという点，いま1つには，自ら教育課程を編成できる能力の育成がめざされていたという点の両者共に注目される必要がある。

　併せて，このために，技術教育のための作業分析が，アメリカ合衆国の大学における技術教育教員養成で，学生たちが我がものとすべき科学的な方法として，また，その背景をなす思想として，重要な役割を果たしていたことも，強調されなければならない（第5章）。

　そして，こうした性格・範囲・内容をもつ専門職教育としての技術教育教員養成を念頭におくとき，技術教育のための「大学における教員養成」の歴史的意義もまた自ずと明らかになるであろう。

　すなわち，①専門職自治を担うことのできる自治能力の獲得，②専門職教育の不可欠の部分としての教養を育む一般教育，③技術に関わる現実の労働を分析することを基礎にして教育課程を自ら編成できる能力の養成，これらを行おうとするとき，アメリカ合衆国で，それらが実行できる当該課題にふさわしい社会制度としては，大学の外に想定することは困難であったと考えられる。

　見方を換えれば，「大学における教員養成」とは，こうした範囲・性格・内容をもつ専門職教育としての技術教育教員養成を探求し，その実現を図るという文脈においてこそ，その意義と根拠が具体的かつ明確に現れてくるといえる。

逆に，こうした視野をもたないならば，「大学における教員養成」の意義は相対化せざるをえないこともまた確かであろう。

5 専門職教育としての技術教育教員養成の実態と課題

ところで，こうした特質をもつ専門職教育として技術教育教員養成が形成された，という場合の「形成」の実態に関して，最後に敷衍しておく必要があると思われる。

専門職教育とは，すでに繰り返し述べてきたように，ある専門職に入職するための準備教育であることはまちがいない。

しかし，遅れて専門職になろうとしてきた教職の場合，それは専門職であるべきである，ないし教職は専門職と考えるべきであるとすることと，社会の現実において教職が専門職であることとの間には，かなりの乖離がある。

こうした見方において，本書が，アメリカ合衆国では，1950年代末までに，技術教育教員養成が，大学において，専門職教育として形成された，と総括するとき，そこには，一定の限定が必要になると考えられるからである。

すなわち，ここでいう形成されたとは，歴史の事実の問題としては，第三教員層といえた，大学において行われる技術教育の教員養成に携わっている大学教員，および，第二教員層といえた，免許制度を伴って存在している指導主事を中心とする教育指導職の技術教育関係が，専門職として社会的に認知され，そうした職域に入職するための準備教育として，技術教育教員養成は，専門職教育として成り立ってきたことはいえるであろう。

しかし，第一教員層といえた，初等学校や中等学校等において技術教育を教えている教員層が，1950年代末のアメリカ社会において，専門職であると社会的に認知されたか否かは大いに議論の余地があると考える。

もちろん，第三教員層と第二教員層ばかりでなく，こうした技術教育教員が専門職であるべきとする観念が，1950年代末までには，一定の広がりをもって存在していたと見なすことはできるかもしれない。しかし，それが，現実に専門職としての社会的地歩を築いていたかは，重要ではあるが，別問題である

といわざるをえない。

　そして，当該問題は，対象時期等々の点で，本書での我々の課題をすでに越えている。それは，多分，初等学校や中等学校等の教員が，期限のつかない教員資格を獲得するためには，修士号の取得が必要になってくる事実と関わってくると見込んでいる。今後に残された重要な研究課題の1つである。

Emergence of American University-Based Industrial Teacher Education

History of Industrial Teacher Education Practice in The United States of America from 1898 to 1958

Yoshimi TANAKA & Riew KINOSHITA

The purposes of this study are to examine the developing processes of university-based industrial teacher education in the United States of America, who has the longest history of university-based teacher education in the world, focusing on the practices of teacher educators at universities as well as the movements of their organizations, to realize the historical significance of the principle of "university-based teacher education" again, and to analyze some internal conditions which have been necessary to embody the principle in substance.

The chapters in this book are as follows;

Introduction: Industrial Teacher Education and University-Based Teacher Education

1. Problems

    1-1 Questioning "University-Based Teacher Education"

    1-2 Industrial Teacher Education in Context of University-Based Teacher Education

2. Purpose and Background

    2-1 Purpose of Study

    2-2 Background (a): Needs for Study on Relation between Undergraduate and Graduate Programs for Industrial Teacher Education

    2-3 Background (b): Needs for Historical Study on Founders and Successors of University-Based Industrial Teacher Education

2-4 Background (c): Needs for Historical Study on Pedagogy and Curriculum Study of Industrial Education

3. Methodology: Profession, Autonomy, and University

3-1 Professions Education vs. Professional Education

3-2 Professional Association as Substance of Profession: A Case of The Mississippi Valley Conference

Part I   Teacher Education and University

Chapter 1 Foundation and Development of Teachers College, Columbia University

1. Introduction
2. Concentrating on Graduate Program at TC, CU
3. Actual Social Role of TC, CU
4. Transition of Industrial Education Department: Dream of "School of Industrial Arts"

Chapter 2 Challenges and Frustration of Industrial Teacher Education at Teachers College, Columbia University

1. Introduction
2. Establishing Prototype of Industrial Teacher Education System at TC, CU
3. From "School of Industrial Arts" to "School of Practical Arts"
4. Veer of College Policy in 1915 and Its Results

Part II   Research on Industrial Education and Industrial Teacher Education

Chapter 3 C. A. Bennett: Founder of University-Based Industrial Teacher Education

1. Introduction

2. Industrial Teacher Education Programs at Bradley Polytechnic Institute
3. C. A. Bennett's Contribution to Research on Industrial Education

Chapter 4 R. W. Selvidge: Developer of Trade and Job Analysis for Industrial Education
1. Introduction
2. Selvidge's Approach to Industrial Education Problems
3. Developing Process of Trade and Job Analysis for Industrial Education
4. System of Trade and Job Analysis in *"How to Teach a Trade"*
5. Evolution of Selvidge's Trade and Job Analysis

Chapter 5 Applying Trade and Job Analysis to University-Based Industrial Teacher Education
1. Introduction
2. Industrial Teacher Education at University of Missouri
3. Selvidge's Trade and Job Analysis Applied to Industrial Teacher Education at University of Missouri
4. Fryklund' Trade and Job Analysis, and Industrial Teacher Education at Stout State University

Part III Profession and Accrediting System

Chapter 6 Challenge of Mississippi Valley Conference toward Professions Education (a) : Focusing on AVA's "Standards of Attainment in Industrial Arts Teaching"
1. Introduction
2. Organization and Discussion of Mississippi Valley Conference from 1909 to 1934
3. Mississippi Valley Conference and AVA's "Standards of Attainment in Industrial Arts Teaching"
4. "Standards of Attainment in Industrial Arts Teaching" : Process and

Content

Chapter 7 Challenge of Mississippi Valley Conference toward Professions Education (b) : Focusing on ACITE's "The Accreditation of Industrial Teacher Education"

1. Introduction
2. ACITE's "The Accreditation of Industrial Teacher Education" : Process and Content
3. V. C. Fryklund's Theory and Practice to Establish Accreditation of Industrial Teacher Education

Conclusion: Emergence of Industrial Teacher Education as Professions Education

1. **Change of the industrial teacher education during the early half of the 20th century**

This study has managed to trace the historical aspect of "university-based teacher education" for industrial education in the U.S.A., by looking at the formation process of the Teachers College, Columbia University in 1898 to the establishment of the industrial teacher education accreditation standards in 1958.

During this period, national surveys done to investigate those institutions offering industrial teacher education in the U.S.A. can be found at U. S. Bureau of Education Bulletin 1918, No.37 written by A.F. Siepert of the Bradley Polytechnic Institute with the title "Course of Study for the Preparation of Teacher of Manual Arts" and "Industrial Teacher Education in the United States" published at the Bulletin No.2 of National Association of Industrial Teacher Trainers written by V. C. Fryklund of the Wayne University in 1941. Moreover, in 1958, "The Accreditation of Industrial Teacher Education", an article jointly published by V.C.Fryklund who has moved to Stout State University and H.L. Helton of Oklahoma Northeastern State University, as the 7th Yearbook of American Council on Industrial Arts Teacher Education has already looked into the basic guide to accreditation standards by sending questionnaire to institutions offering industrial teacher education in America during the mid 1950s.

By comparing the three surveys according to the targeted time frame, an outline of the quantitative changes to the institutions offering industrial teacher education can be drawn.

In the 1918 survey, there were not less than 184 institutions offering courses for industrial teacher education. Details of the institutions were as follows; 23 state universities, 13 private universities, 6 colleges, 17 state agricultural colleges, 15 state teachers colleges, normal colleges, and normal universities, 3 state manual training normal schools, 62 state normal schools, 15 colored schools with normal departments, 8 private schools with normal departments, 10 technical schools with normal departments, 4 private normal schools, 7 municipal colleges, universities, and normal schools. It can be seen here that normal schools formed a major part among all the teacher education institutions. As pointed out in chapter 4, out of the remanding 180 teacher education institutions, only 9 universities conferred bachelor's degree for industrial teacher education.

In contrast to this, in the 1941 survey there were not more than 150 institutions having various facilities for industrial teacher education. In the survey, questionnaires were distributed to 180 institutions with 112 institutions responding. Within those responded, 22 institutions were either not offering, do not offer or stopped offering industrial teacher education, thus the analysis were done on the remaining 90 institutions. The results from the analysis were as follows; 50 teacher colleges (56%), 22 state colleges (24%), 16 universities (18%) and others (2%). A remarkable rise in teacher colleges can be observed. Out of the 90 institutions with valid responses, 86 (96%) of the institutions reported that their institutions offered courses in Bachelor of Science, Bachelor of Arts, Bachelor of Education and so on that led to the confer of bachelor's degree for industrial teacher education.

As for the survey in 1958, questionnaires were distributed to the 202 institutions offering industrial teacher education course with 166 valid responses. The questionnaire was more or less constructed with the assumption that the industrial teacher education program was link to bachelor's degree course.

Looking at the main movements of the industrial teacher education in the U.S.A. from the end of 1910s' to 1950s', within this 40 years period, there were no huge changes quantitatively among those institutions offering industrial teacher education, on the other hand, industrial teacher education courses that conferred to bachelor's degree became generalized as the key structure for teacher education began to take shape. In other words, the early half of the 20th century became the period whereby industrial teacher education has developed into university-based teacher education and became generalized across the U.S.A.

2. Contributions of C. A. Bennett, R. W. Selvidge, and V. C. Fryklund

Putting aside the quantitative changes, this study tried to capture the history of the formation of industrial teacher education courses to that conferred to bachelor's degree in other words, university-based teacher education, by looking into the actual work done on industrial teacher education by Charles A. Bennett (1864-1942), Robert W. Selvidge (1872-1941), Verne C. Fryklund (1886-1980), all three of them having teacher-student relationship.

In the turn of the 20th century, it can be seen that the center for industrial teacher education in U.S.A falls under the region, ranging from northern part of the Atlantic Coast to North Central Region, especially Mississippi valley region, Missouri, Illinois, Michigan, Wisconsin and so on. The core of the movement can be credited to those three persons mentioned above.

After constructing the model for the industrial teacher education course at Teachers College, Colombia University formally known as New York Teachers College, Bennett carried out various activities when he was based in Bradley Polytechnic Institute located at Peoria, Illinois. Selvidge on the other hand, attended Bradley Polytechnic Institute and then Teachers College, Colombia University and later based his research on trade and job analysis at the University of Missouri. Fryklund studied at the University of Missouri and then became a professor at Wayne University located at Detroit, Michigan, and served as the President of Stout State University located at Menomonie, Wisconsin whereby his research and administrative activities helped in the development of industrial teacher education.

Investigation to date, on the contributions by those three of them to the industrial teacher education can be summarized below:

First of all, educational practice on industrial teacher education by C.A. Bennett can be captured by the following three lateral views.

Firstly, is from the point of view that he constructed the course structure on "university-based teacher education" for industrial education.

Bennett was the one who constructed the model during the conversion of New York Teachers College to Teachers College, Colombia University as well as during the development process of Bradley Polytechnic Institute.

The model of the course structure that Bennett constructed on "university-based teacher education" for industrial education comprises of the following three areas; general education, technical education and professional education. For professional education, the pedagogy for teaching subjects in industrial education could further be sub-divided into the following three pillars;

(1) The philosophy and history of industrial education, (2) Didactics for industrial education, and (3) Facilities and equipment for industrial education. In the 1918 survey, all the 9 universities offering bachelor's degree for industrial teacher education has adopted the course structure above.

Secondly, is from the view that he introduced subjects in industrial education as to prepare academically for the pedagogy in industrial teacher education and to maintain the standard as well as making sure that the content and character is suitable to be carried out at university level.

One of the many contributions by Bennett was that he set up the social system for pedagogy for the subject in industrial education into the American society as well as the establishment and development of various professional associations such as Mississippi Valley Manual Arts Conference to name a few, the Central West Vocational Education Association and so on, and at the same time he also held the post as the editor to technical books for industrial education and technical journals, and even established and managed a publishing company.

His second contribution was to the pedagogical knowledge on the subjects in industrial education by publishing the following classical masterpiece, *"History of Manual and Industrial Education up to 1870"* (Manual Arts Press, 1926), *"History of Manual and Industrial Education from 1870 to 1917"* (Manual Arts Press, 1937). It was also an obvious fact that, the pedagogy for the subjects in industrial teacher education course structure as mentioned above, comprises of three pillars whereby more emphasis was placed on (1) The philosophy and history of industrial education in order to provide the pedagogical foundation.

Bennett's third contribution was by limiting his research methodology for industrial education and by placing a lot of attention on the Russian method for research methodology on method of teaching industrial education, with the following view, 'The method is not only educational, but it constitute the only true and philosophical key to all industrial education", and with the recognition that, "In Russians' hands, manual tool instruction has became a science", and he also managed to initiate the research on trade and job analysis for industrial education.

However, the process that brought about to his recognition for the Russian method was not a simple one. In 1917, the other pillar for the pedagogy for teaching subjects in industrial teacher education course structure that is (2) Didactics for industrial education, was published by Bennett in the article with the title "*The Manual Arts*" (Manual Arts Press). In this article his recognition for Russian method was view as just another method of teaching and was placed at the same level with Swedish Sloyd. The problems surrounding the process that brought about to his recognition should be view with the mutual negotiation that lies between him and Selvidge.

This has to do with the following view;

The third was from the point of view, which is to train successor to carry on the university-based industrial teacher education.

Although, Bennett did not provide direct guidance to the doctoral students, he played an important role in nurturing and providing guidance to the educators and researchers on industrial teacher education through the activities of professional associations of Mississippi Valley Conference and so on, and also through his personal connections. Among those includes Selvidge, Fryklund, and in addition, W. T. Bawden who were involved with industrial teacher education at Illinois State Normal University (later, Illinois State University), posted as the specialist in industrial education with the United States Bureau of Education, and acted as the General Chairman of the Mississippi Valley Conference for a long period of time was also one of them. From this point of view, we can say that Bennett contributed a lot to industrial teacher education.

Next is R.W. Selvedge. We can look at his activities on industrial teacher education through five different lateral points of view.

The first is from the viewpoint of the theoretical framework and the aims of industrial education.

From 1909, the year that Selvidge completed his master thesis, in 1923 when he wrote "*How to Teach a Trade*" (Manual Arts Press) as well as the Selvidge series, to 1930, the year seen as his arrival point whereby he wrote "*Principles of Trade and Industrial Teaching*" (Manual Arts Press), all this time he consistently tried to construct the theoretical framework for industrial education by including both division of general and vocational industrial education and against the background of this theoretical effort, he proposed the aim of industrial education to nurture the skilled worker as "the citizen of republic who has a voice in determining the policy of the nation and whose conduct affects other members of society".

Special attention should be placed on Selvidge activities which took place between the First World War to the 1920s' so called the "Gilded Age". The participation of the U.S.A. in the First World War created an opportunity to take strong measures against the craft unions for the skilled workers, which turned out to be destructive, and on the other side it penetrated the personnel management system for large enterprises into mass-productive factories and workplace for businesses. Selvidge declared that under such circumstances in this era, the aim of industrial education is to nurture the skilled worker as the citizen of republic. There were inquiries into his solid determination and high judgment. Proof on the exact difference after more than 10 years could be seen when big panic was experienced as there were a series of formation of federal laws during this period, The National Labor Act in 1935, as well as The National Apprenticeship Act in 1937 and so on.

The second is from the viewpoint on the research and development of trade and job analysis for industrial education.

Through words, Selvidge criticized the methods of job analysis for personnel management by C.R. Allen, an influential person during that time, and set up and systemized his own trade and job analysis for industrial education. And then, he applied his trade and job analysis to university-based industrial teacher education. The methodology for Selvidge's trade and job analysis has root from the Russian method whereby, personnel management was freed and the reconstruction was achieved by methodology concept on pedagogy for teaching subjects in industrial education.

The turning point can be seen as the conceptualization of "unit operation". In Selvidge's trade and job analysis, various operations for a worker to actually accomplished a task, were observed, recorded and analyzed and from there, teaching target "cannot be accomplished without a set of skills and proficiency, furthermore, one of the coherence was the emergence of high frequency operation that go beyond the frame of job", namely "unit operation" was extracted and used as the foundation for the development of teaching materials and then the drafting of the teaching process was taken up. The concept of unit operation was the most valued part in Selvidge's trade and job analysis.

From the above point of view, it is also important to take into account of the condition during this era. From the First World War to 1920s', there was advancement in machinery based large-scale industrialization, even though metal and machinery industry exist. In reality, process to create value took shape in the capitalist process of production, and for the workers, from the point of view of production process as the valorization process, a fixed level order system was rationalized as their role, and to control the form of job. Therefore, under these circumstances, the foundation for job in Allen's trade and job analysis seems to be more sensible and real. However, according to Selvidge, we do not look at the shape of the production process in this way but instead attempt to extract the universal point of view of the content of the labor process which is hidden deep, that is the discovery of "unit operation" and the reconstruction of the conceptual methods of the pedagogy which was beginning to be realized.

At the same time, the background as pointed out above, that was the deep thought of Selvidge on the educational aim for industrial education should not be overlooked. Normally, the operation carried out when analyzing depends on the aims and purpose of the analysis before the definite methods for the operation can be provided. In order to achieve the aim of industrial education that is to nurture the skilled worker as the citizen of a republic, Selvidge arrived with trade and job analysis as the methodology to organize education process. Therefore, with nurturing the skilled worker as the citizen of a republic as the educational aim, he was able to see through the main characteristic and problems with Allen's trade and job analysis by prompting the conceptualization and the discovery of "unit operation".

The third viewpoint is how to make the trade and job analysis for industrial education appropriate to industrial teacher education.

Referring to what had been written about Bennett above, the main theme for both Bennett and Selvidge research activities was to seek awareness of industrial education as to prepare academically for the pedagogy in industrial teacher education and to maintain the standard as well as making sure that the content and character is suitable to be carried out at university level. Looking at Selvidge research on trade and job analysis for industrial education for industrial teacher education course structure, it can be said that, one of the pillars for teaching subjects in industrial education that is (2) Didactics for industrial education has installed the academic foundation. This is the results of taking up and matching the theme that is left over by Bennett.

That is why Selvidge positively and appropriately taught the trade and job analysis he developed to the industrial teacher education undergraduate and graduate students at the University of Missouri.

In the preface of his book *"Principles of Trade and Industrial Teaching"*, Selvidge wrote "This book has been written to give prospective teachers a clear view of what is required of the profession". It is evident in this context that for Selvidge, the important thing for professional industrial teacher is the ability to observed and analyzed the actual labor process composed of work itself, the objects on which that work is performed and the instruments of that work and from this, rearranging the teaching material by extracting the operation and related knowledge to be taught and having the basic ability to organize educational process. This is an important point.

The fourth viewpoint is from the establishment of American Vocational Association's *"Standards of Attainment in Industrial Arts Teaching"* in 1934.

Although, more than 20 years after its formation in 1906, AVA, the largest professional association for industrial education negatively evaluated general industrial education, Mississippi Valley Conference members whom Bennett, Selvidge, and Bawden represented, succeeded to install the Committee on Standards of Attainment in Industrial Arts Teaching in AVA in 1928, and within the seven years ever since then, Selvidge made full use of his trade and job analysis to make sure that all children up till the completion of lower secondary schools would acquired the "Standards of Attainment in Industrial Arts Teaching" through the following 11 areas; mechanical drawing, woodworking, general metalwork, sheet metalwork, forging, machine-shopwork, home mechanics, automechanics, elementary electricity, printing cement and concrete work by establishing unit operation and related knowledge, and then gaining approval from AVA, on the "standards" of the objectives for general industrial education which led to the mutual consent of the professional associations. This was made possible with the support of Bawden, the General chairman of the Mississippi Valley Conference. And then this "standards" was revised in 1946, 1951 and 1958 up until early 1960s' playing an influential role in the general industrial education in the U.S.A.

From the industrial teacher education point of view, with the establishment of "Standards of Attainment in Industrial Arts Teaching", at that time, there was an emphasis that industrial education taught as general education should have the same status as any other subjects with objectives and contents decided substantially, and should be taught as a subject that includes the significance and the characteristics, which is clear and easily understandable to the students. As for industrial teacher education, it was indicated clearly how to carry out the basic that is to make sure that students acquired the ability to accomplish the objectives.

Then, with the support of Mississippi Valley Conference, mutual agreement were reached with AVA the largest professional association, on the "Standards of Attainment in Industrial Arts Teaching", with the later playing the unique role as the basis for professional autonomy in the U.S.A., that was the accreditation of university education by professional associations, which lead to the realization in the field of industrial teacher education.

The fifth point of view was the upbringing of the successor to carry on the university-based teacher education.

Selvidge put a lot of effort on the upbringing of successor and placed high expectation on one of his graduate students at the University of Missouri, who was V.C. Fryklund. While compiling his research activities, Selvidge chose Fryklund who was still a graduate student at that time to jointly published *"Principles of Trade and Industrial Teaching"*.

Lastly, Fryklund responded to Selvidge's expectation by succeeding his work on university-based teacher education. This was shown by the following two points.

The first was the development of the trade and job analysis for industrial education. Fryklund published *"Trade and Job Analysis"* one year after Selvidge passed away, in 1942 which is also the year Bennett passed away, and the revised version in 1947, after the Second World War, when he return to his previous institute, the Stout State University as the President.

Comparing to *"How to Teach a Trade"* published in 1923 and later Selvidge Series which is a series of researches related to the development of the trade and job analysis for industrial education done by Selvidge, the strong character of *"Trade and Job Analysis"* was of compacting and gathering *"How to Teach a Trade"* and so on to form a manual rather than the deepening in the content of them.

For this instant, it was anticipated the *"Trade and Job Analysis"* would led to the spread of trade and job analysis for industrial education, and even in actual practice, during Frykland's lectures at Stout State University on industrial teacher education, apart from teaching the methods of trade and job analysis for industrial education, students also visited industrial site to observe and to analyze, in doing so matching the course content, and as a practice on the diversified use of *"Trade and Job Analysis"*.

From the point of industrial teacher education it is worth to take note on Frykland's work, where by foundation to analyze and to observe the actual labor process was laid for future teacher, with the important point that they should acquire the ability to draw up the course content of industrial education themselves.

On the other hand, Frykland seems to have an understanding on the evaluation standard for research on the trade and job analysis for industrial education. In *"How to Teach a Trade"* and so on, Selvidge's thought with the aim of embodiment a person through the skilled worker as the citizen of a republic, could not be noticed at Frykland's "*Trade and Job Analysis*".

The second was from the view of the establishment of the accreditation system for university-based teacher education for industrial education. Perhaps, Frykland accomplishment on the above point was more significant compared to his trade and job analysis during the promotion of university-based teacher education for industrial education.

The two years period starting from 1947, Frykland negotiated the North Central Association of Colleges and Secondary Schools about the accreditation of Stout Institute where he worked as a President. However he had to obey the demands of the Association after all. Then, his agony sprung off when he hold the post as the President of Stout Institute as well as the General Chairman of the Mississippi Valley Conference, American Association of College for Teacher Education used to be one of National Council for Accreditation of Teacher Education, American Vocational Association as well as National Association of Industrial Teacher Trainers of the same establishment, American Industrial Arts Association and American Council for Industrial Arts Teacher Education also under the same establishment where he was drawn into, he arrived at the formation of the National Committee on Accreditation of Industrial Arts Teacher Education in 1950, and as the Chairman for eight years, he got approval from NCATE for the establishment of the "*The Accreditation of Industrial Teacher Education*" in 1958.

Those involved with university-based industrial teacher education, based on the collaboration of their own organization of professional associations, decided on the incorporation of the peculiar characteristics of industrial teacher education into the accreditation standards, and managed to get approval for them as national standards for the whole teacher education from the Accreditation Agency. In other words, this means that the combined professional associations involved with industrial education as well as teacher education felt secured when the accrediting system for university-based industrial teacher education got the right to autonomy. It can be said that Frykland played an important role, on top of incorporating the above.

As summarized above, it can be seen that the three representatives C.A. Bennett, R.W. Selvidge, and V.C. Fryklund, have contributed to industrial teacher education through the accumulation of their works. We were able to conclude that as a result, the formation of university-based industrial teacher education as professions education happened at the end of 1950s' in the U.S.A.

By tracing the development of Teachers College, Columbia University, looking at the 1887, "the Prospectus for Establishment of College for Training Teachers" as well as the "President's report" (May 1888) produced by N. M. Butler the first President, it was already declared that this College should be a kind of professional school with the aim of providing "entry to educational profession", equaling as law schools, medical schools, and theological schools.

And then, C.A. Bennett as an example, and not forgetting his successor R.W. Selvidge and V.C. Fryklund, and so on carried out their work with the basic theme on the development of industrial teacher education as professions education.

The results were connected to the establishment of *The Accreditation of Industrial Teacher Education* in 1958. Due to its establishment, industrial teacher education, according to J. D. Matarazzo's theory of the developmental stages of profession, has entered the fourth stage in evolution that is "more formal self-policing of these educational curricula and concurrent supervised applied training via accreditation of the content of these university-based programs by national review groups chosen by the profession itself".

3. The three tiers that make up industrial teacher education

Until the end of the 1950s, it was fact that industrial teacher education in the U.S.A. had developed at university as professions education. The awareness of the content, however, carried historical meaning of the fact for the first time. Therefore the first question we should ask was what do we mean by industrial teacher education?

We had already brought up the question above in the background of research at the introduction "to investigate into problems of the whole picture of the basic structure" which had to do with the following.

The industrial teacher education here included teachers teaching subjects in industrial education at elementary and secondary schools.

But, if we looked in line with the historical fact of the U.S.A., we would fall into a one sided- view if we were to limit teacher education to elementary and secondary school teachers. Particularly, when we entered the field of graduate education, we did not look at the elementary and secondary school teachers as the target but instead the educational leadership that were supervisor, principal, and superintendent as an important part of the system.

For example, looking at the trend of the graduates from Teachers College, Columbia University, in the middle of 1910s', only one fourth of them became elementary and secondary school teachers, on the other hand, about nearly half of them took up the job as supervisor, and it was a fact that training on educational leadership represented supervisor was as the main social role (Chapter 1).

It was not only this. During the middle of 1930s, Teachers College, Columbia University in 1934 (Chapter 1), and then Graduate school at the University of Missouri (Chapter 5), offered the professional degrees (Ed. D and M. Ed), together with elementary and secondary school teacher education and educational leadership for supervisor and so on, as well as industrial teacher educator education were placed at their aims. Similar movement can also be noticed at Stout Institute (Chapter 5).

The industrial teacher education here meant university-based teacher education rather than undergraduate education and if we were to trace the history including the graduate school in our field of vision, teacher education comprised of three tiers which were 1) teachers that taught industrial education at elementary and secondary schools (Tier 1 teacher), 2) educational leadership for industrial education (Tier 2 teacher), and 3) teachers that taught industrial teacher education at university (Tier 3 teacher). It is important that history of industrial teacher education in the U. S. A. should be recognized as a systemized process which had been purposefully training those three tiers of teacher in turn. The whole body of industrial teacher education was made up of the three tiers and our field of vision we have to capture the mutual relation between these tiers too.

4. Characteristic of industrial teacher education as professions education

The next question we should ask was what was "professions education"? Then if we were to capture the facts from the history of industrial teacher education, attention should be placed on the following three characteristics.

The first was the nature of professions education. The basic nature for industrial teacher education as professions education was to acquire the capability of self governing for professional autonomy.

Moreover it carried two meanings. The target for teacher education, that was, student who would become teacher in the future, and for them to acquire the capability to self governing, secured environment and chances should be provided and apart from this, the main enforcement of teacher education, in other word university professors themselves should also be provided with a secured environment and chances for them to show their accomplishment in the capability of self governing for professional autonomy.

At the center of this was Frykland, the accreditation standards in the "*Accreditation of Industrial Teacher Education*", whom he complied shows strong reflection of the characteristics of teacher education as professions education, and were concretely set as the standards (Chapter 7).

In the training for the capability to self governing, the meaning of the characteristics forming the basic theme for industrial teacher education as professions education should be recognized.

The second was the scope within professions education. The point here was even the curriculum was established as professions education but not professional education during its formation.

If there was a special curriculum in professional education when preparing for industrial teachers, when New York Teachers College became Teachers College, Columbia University and before degree course for industrial teacher education were offered, according to C.A. Bennett, all this reached a certain level of completion stage (chapter 2). Also, according to Bennett, during this period, Bradley Polytechnic Institute offered the two year course, the three year course and then the four year degree course side by side for industrial teacher education and if we were to compare the content of the three courses, there were no big difference from the point of professional education (Chapter 3).

The difference between industrial teacher education that conferred degree and those that did not was whether general education was included or not.

From the curriculum point of view, for industrial teacher education as professions education, the main characteristic that could be observed was together with professional education, heavy emphasis was placed on general education. Industrial teacher education that did not place emphasis on general education meant that the professions education itself is insufficient.

For example, for Selvidge, culture "means an appreciation which results in a broad human sympathy — a consideration for the life and work and hope and pleasure of others. It means an appreciation of the service society has rendered us, and the power as well as the desire to serve humanity". Therefore, his vision for industrial teacher education as professions education was to develop such an appreciation (Chapter 4).

The third was the content of professions education. It was natural not to omit the knowledge and unit operations and to make sure the students acquire the ability to teach them in the industrial teacher education as professions education as mentioned above. But, according to historical facts, the core was not the knowhow on teaching methods but the deep awareness on the ability to do observation and analysis of actual labor process, extracting the target, and use it to develop teaching materials, as well as self-organization of the curriculum (Chapter 4 and 5). Especially, point one, based on the point of analyzing the actual work and the next point was to nurture the ability to self development of the curriculum, both being important and should be paid attention to.

In addition, for this sake, emphasis should also be placed on the important role the trade and job analysis for industrial education played for university-based industrial teacher education in the U.S.A., as the scientific methodology as well as background thought for future industrial teachers (Chapter 5).

If we kept in mind, industrial teacher education as professions education having such nature, scope and content, the historical significant of "university-based teacher education" for industrial education, would naturally be obvious.

Namely, 1) to acquire the capability to self governing for professional autonomy, 2) to form culture by general education to be an essential part of professions education, 3) to develop the ability for self development of the curriculum based on observation and analysis of actual labor processes, and to carry out these, it can be said that to fit the concern theme into social system in the U.S.A was a major obstacle outside the university system.

Changing the point of view, university-based teacher education could observe concretely and clearly its significance and ground, in the context of the actual plan to search for industrial teacher education as professions education with such nature, scope, and content. In contrary, without having this field of vision, the significance of university-based industrial teacher education could not be seen.

5. The actual situation and problem of industrial teacher education as professions education

In the formation process of the industrial teacher education as professions education having such characteristics, there is a need to further elaborate the word "formation".

Professions education means the preparation for the entry in to a particular profession. However, there is a gulf between whether teaching should be considered a profession or teaching is a profession in the social reality, as teaching profession has been slow to become a profession.

From the above point of view, in this book, it was important to set the limit when generalizing the formation of the professions education for university-based industrial teacher education in the end of 1950s' in the U.S.A.

The problem with the historical fact during the formation was the three tiers that made up industrial teacher education, the third tier being the university professor involved with teacher education and the second tier being the educational leadership with supervisor as the main involving the licensing system achieved the recognition from the society as profession, and as preparation for those entering the occupation, industrial teacher education as professions education was formed.

However, about the first industrial teacher tier in the end of 1950s', the American society had a great debate on the social recognition of it as a profession on industrial teacher education for elementary and secondary schools.

Of course, it is not only the third and the second tiers but the concept for elementary and secondary industrial teaching as a profession began to spread its presence at the end of the 1950s'. However, it should be seen as another problem whether the first tier was built up of the social footing for the profession or still not.

And then, the problem concerned was, the point of view of the targeted period and so on, but this is beyond the research theme in this book. This might be due to teachers at elementary and secondary schools were required to complete master degree programs in order to obtain teaching qualification. One of the important research theme left over.

あとがき

　本書は，2010年度科学研究費補助金研究成果公開促進費の交付を受けて公刊したものである。第4章と第5章を木下龍，残りを田中喜美が執筆した。また，以下のような論文が，本書の下敷きになっている。

序　章　「アメリカ合衆国技術教育教員養成史論―技術教育のための大学における教員養成の形成―序章　本研究の課題と構成」『技術・職業教育の教員養成における大学の役割とカリキュラムに関する比較教育史的研究』（平成10年度～13年度科学研究費補助金基盤研究（B）（1）研究成果報告書，研究代表者田中喜美）2002年，pp.23－44

第1章　「米国における教員養成機関の大学院化と教科教育―コロンビア大学ティーチャーズカレッジでの技術教育分野を中心に―」教育史学会『日本の教育史学』第31集，1988年，pp.141－162

第2章　「技術教育のための『大学における教員養成』の形成―コロンビア大学ティーチャーズカレッジでの展開と帰結―」佐々木享編『技術教育・職業教育の諸相』大空社，1996年，pp.187－214

第3章　「米国での技術教育のための『大学における教育養成』の形成過程におけるC.A.ベネットの役割」東京学芸大学連合学校教育学研究科『学校教育学研究論集』第2号，1999年，pp.117－127

第4章　「アメリカ職業協会『産業科教育の到達目標標準』におけるR.W.セルヴィッジの作業分析法の役割」日本産業技術教育学会『日本産業技術教育学会誌』第44巻第3号，2002年，pp.153－160，「R.W.セルヴィッジの技術教育問題への接近」日本産業教育学会『産業教育学研究』第34巻第1号，2004年，pp.75－82，「R.W.セルヴィッジによる技術教育のための作業分析法の形成過程に関する一考察」東京学芸大学連合学校教育学研究科『学校教育学研究論集』第10号，2004年，pp.97－106

第 5 章 「米国での技術教育のための大学における教員養成と生産技能の位置づけ―R.W. セルヴィッジの作業分析法に着目して―」日本教師教育学会『日本教師教育学会年報』第 14 号，2005 年，pp.70 - 79

第 6 章 「米国技術教育教員養成史におけるミシシッピヴァリ工芸教育会議の位置―アメリカ職業協会『産業科教育の到達目標標準』(1934 年) の制定をめぐって―」教育史学会『日本の教育史学』第 43 集，2000 年，pp.250 - 268，「アメリカ職業協会『産業科教育の到達目標標準』(1934 年) の制定過程と内容的特質」日本産業技術教育学会『日本産業技術教育学会誌』第 44 巻第 4 号，2002 年，pp.173 - 180

第 7 章 「アメリカ合衆国での技術教育教員養成に関する認証制の形成―V. C. フリックランドの活動を中心に―」日本産業教育学会『産業教育学研究』第 39 巻第 2 号，2009 年，pp.23 - 30

　また，p.39，p.91，および p.189 の人物写真は，ミシシッピヴァリ技術科教員養成会議によって掲載許可を得たものである。

　最後になったが，出版事情が厳しいなか，本書の出版を快く引き受けて下さった学文社社長の田中千津子氏，面倒な編集作業を丁寧にしていただいた同社編集部の落合絵里氏に感謝したい。

　2010 年 5 月千葉にて

　　　　　　　　　　　　　　　　　　　　　　　　　　　木下　　龍

人名索引

あ 行

アルトン, J. M.　149
アレン, C. R.　31, 126-128, 131-133, 135, 153-154, 200-201, 249
ウィット, H. A.　149
ウイリアムズ Jr, W. R.　221
ウイルバー, G. O.　221
ウィロービー, G. A.　149
ウエイク, C. W.　82
ヴェイジー, L. R.　15
ウォーナー, W. E.　69
ウッドワード, C. M.　111, 122, 153-154
梅根悟　12
エヴァンス, R. N.　194
エリクソン, E. E.　203, 205, 221

か 行

海後宗臣　6
キャッスル, D. W.　149
キャンデル, I. L.　12, 41
キルパトリック, W.　62
キングズリー, C. D.　138
クーリー, R. L.　202
クリスティ, E. W.　149
クレミン, L. A.　45
クロウショウ, F. D.　166
ケッチャム, M. S.　56, 78-79, 81
ケルシー, E. H.　149

さ 行

ザーレット, M. E.　15
サロモン, O.　167

シーパート, A. F.　243
スタウト, J. H.　176-177
スネッデン, D.　59-60, 86, 200-201
スルーイ, A.　167
スレッフェル, C. C.　82, 86
セルヴィッジ, R.W.　22, 24, 30-33, 69, 85, 112-114, 117-122, 124-126, 129, 131-137, 139, 144-155, 158-161, 166, 168, 170, 172-176, 183, 187-188, 195-196, 200-203, 205-206, 210, 212, 234, 244-245, 247-253
ソーンダイク, E.　62

た 行

デューイ, J.　59, 62, 68, 100, 211
ドッジ, G. E.　43, 58
ドッジ, W. E.　43
ドロースト, W. H.　202

な 行

ニュートン, G. D.　168
ノイズ, W.　57, 80, 82-83, 86

は 行

バーナード, F. A.　44
ハーパー, W. R.　100
バーンズ, N.　228-230
バイジンガー, G. B.　221-222, 233
長谷川淳　219
バトラー, N. M.　44-45, 70, 253
バリック, D.　221
ハント, D.　221-222, 231
ハンマー, G. K.　108

フィルブリック, H. S.　166
ブラッドレ, L.　100
フリーズ, J.　221
フリックランド, V. C.　22, 25, 30-33, 85, 158-159, 172, 176-177, 182-183, 185, 187-188, 219-222, 225-235, 243-245, 247, 251-253, 255
プロッサー, C. A.　200-201
プロフィット, M. M.　203
ベネット, C. A.　22, 27-28, 30-32, 55-56, 60, 69, 71, 73-80, 84-85, 87, 93-94, 100, 105-112, 119, 167, 195-197, 199-202, 212, 220, 234, 244-247, 249, 253, 256,
ヘルトン, H. L.　222, 243
ボウデン, W. T.　32, 60, 69, 83-85, 195-196, 199, 200-203, 205-206, 212, 220, 247
ボウマン, C. A.　203
ボーダー, C. F.　203
ポールゼン, F.　44
ホワイトコム, F. C.　69
ボンサー, F. G.　27, 55, 57, 59-60, 80, 82, 86

ま 行

マタラッツオ, J. D.　20, 254
メイソン, J. H.　73
メイソン, J. M.　69,
モーリス, W.　167
モンロー, W. S.　11, 42, 62

ら 行

ライス, H. M　221
ラーソン, G.　167
ラッセル, J. E.　46, 56-57, 59-61, 78-81, 83-85, 87
ランクル, J. D.　111, 153-154
リー, E. A.　202
リース, R. I.　129
リチャーズ, C. R.　27, 55, 71, 75-81, 84-85, 87, 120, 136, 152
ルーク, C. E.　57, 80-82
ルディントン, J.　221
ロバーツ, W. E.　202-203
ワイゲン, R. A.　228-230

事項索引

あ 行

アカデミー　71
アカデミッシャンズ　5
アメリカ教員養成大学協会　218, 220, 233
アメリカ産業科教育協会　23, 25, 33, 93
アメリカ産業科教員養成審議会　23, 25
アメリカ手工教員協会　94, 106
アメリカ職業協会　22-23, 25, 32-33, 193-194, 201-202, 213, 233
アメリカティーチャーズ・カレッジ協会　227
アメリカ的スロイド　167
一般教育　28, 104, 113, 121, 246, 256-257
一般教育科目　104, 113, 177
一般的技能　154
イリノイ州工芸教育協会　106
ウースタ総合技術学校　68
エデュケーショニスト　5
NCATE　16
OJT　128, 147, 154
オスウィーゴ師範学校　68
オハイオプラン　69
Off-JT　147, 154

か 行

開放制　5
下級高等学校　33, 151, 199, 204, 206-208, 210

学士号
　── Bachelor of Education　244
　── Bachelor of Arts　244
　── Bachelor of Science　46-47, 57, 67, 75, 120, 160, 177, 180, 244
合衆国教育局　83, 195
　──産業教育専門官　195
『合衆国における産業科教員養成』　25, 227, 243
合衆国陸軍　129-133
課程認定　8, 9
韓国教員大学校　7
機械制大工業　135, 146, 153
技術（arts）　154
技術・家庭科　8
技術科教員養成審議会　22-23, 194
技術学校　54, 68, 71, 75
技術教育　7, 9
技術教育（の）教員養成　7, 13, 254-255
　──システムの原型　70, 77
　──の教育課程の原型　105, 113, 167, 245-246
技術教育研究の学的整備　18-19, 30, 105, 113, 152
技術高等学校　148
技術・職業教育に関する条約　9
中部諸州連盟　16
キャリア・専門教育協会　22-23
教育学大学院　27, 63
教育実習　4, 44
教育課程　122, 188, 250, 252, 257
　──編成　118, 175, 198
　──編成論　174-175, 184-187

教育実践史　14
教育指導職　53, 161, 255, 258
　──養成　54, 164
教育職員免許法　6, 8-9, 18
教育専門職性　41, 113
教育長　53, 161
教育・特別訓練委員会　129
教育・復員関連活動　130
教員免許制度　17
教員養成　13, 26, 104, 159
　──学校現場における　3
　──大学における　3-7, 113, 244, 257
教員養成大学　44
教員養成大学院　4
教員養成庁　3
教科指導の教育学　17, 29, 246, 248
教科専門科目　73, 164, 177
教科専門教育　104, 246
教材　131-132, 175, 207
教授団　47
教授マニュアル　149-151, 155
教職修習生　4
教職専門科目　73, 164
教職専門教育　104, 246
教職大学院　5
業務独占　20
教養大学　13, 94
金ぴか時代　153, 248
クーパーユニオン　83
グループ法　74, 107, 110
『訓練指導員，労働者，職務』　31, 126
訓練部　126
研究学位　161
憲章制　15, 217
公教育　13
　──理念　121
工芸　109-110

工芸教育　197, 211
『工芸教育教授原論』　30, 108-109, 111
工芸教育出版　24, 94, 106
校長　53, 161
高等学校　13
公立教員養成所　4
国際技術教育協会　22-23, 194
国立の教員養成大学・学部の在り方に関する懇談会　5
『個別学習のための作業指導票』　30, 147, 150, 182
コモンスクール　13, 120-122
コロンビア大学ティーチャーズ・カレッジ　7, 41, 120, 199
「今後の教員養成・免許制度の在り方について（答申）」　5

さ　行

作業指導票　147, 150, 182
作業分析　154, 248
　──アレンの　126-129, 153
　──技術教育のための　24, 153-154, 248-249
　──セルヴィッジの　133, 148, 152-154, 172-176, 188, 210
　──フリックランドの　182-183, 187-188
　──の適用　159
『作業分析』　31, 182-183
『産業科教育と職業教育』　203, 205-206
『産業科教育の到達目標標準』　24, 32-33, 193, 250
『産業科教員養成の認証制』　25, 33, 217, 253
『産業教育』　203, 205
産業教育協会　44, 70
『産業教育の原理』　30, 172, 225, 247

事項索引　289

産業高等学校　　148
ジェームズ報告　　3
施設・設備　　72-75, 77, 84, 88
——論　　74, 78, 246
自治権　　19, 27, 47, 233-234
実務経験単位認定試験　　180
指導主事　　53, 161
師範学校　　13, 16, 75, 94, 244
師範大学　　63
修士号
—— Master of Arts　　42, 46, 67, 120, 162
—— Master of Science　　49, 177
—— Master of Education　　47-48, 161-162, 164
修了証　　46, 67, 72-73, 75
——手工科　　120
熟練機械工　　135
熟練工が解かなければならない問題　　144, 146
熟練職　　136
『熟練職教授法』　　30, 133-148, 247
熟練職養成　　149
『手工教育雑誌』　　24, 94, 99, 106, 131
手工高等学校　　68, 121, 148
『手工・産業教育史』　　22-24, 56, 74, 106, 108-111, 246
準技術者　　57
職業・家庭科　　8
職業教育　　9-10, 13, 171
——としての技術教育　　161, 247-248
——の教員養成　　9, 13-14, 84, 87-88
職業教育論争　　59
職業学校　　57
職業教育運動　　32, 200, 212
職業教育国庫補助に関する連邦委員会報告書　　199, 201

職長帝国　　127
職能別労働組合　　153, 248
職務　　127, 131-132, 135, 249
ジョージ・ピーボディ教員養成大学　　125
ジョスパン法　　4
ジョブ票　　182
新移民　　120-122
人事管理制度　　137, 153
人事管理のための職務分析　　128, 132, 153-154, 248
真正の職業教育　　32, 200, 212
スタウト大学　　176-187
スミス=ヒューズ法　　32, 93, 161, 171, 187, 198, 201
スロイド　　74, 110
西部製図・手工教育協会　　23, 106
政府統制制　　15, 217
ゼネラルショップ　　169, 199
セルヴィッジ・シリーズ　　149-150, 247
戦後教員養成制度改革　　8
全国教育協会　　106
全国教員養成認証審議会　　16, 33, 217-218, 223
全国産業科教員養成認証制検討委員会　　25, 218, 220-222
全国産業技術教員養成協会　　22-23, 25, 194
全国産業教育振興協会　　23, 32-33, 194, 201
全国職業教育協会　　23, 201-202
全国産業教員養成協会　　93, 213
全国徒弟法　　248
全国労働関係法　　248
1915年の方針転換　　83-85, 188
戦時船舶公社　　126
専門教育　　19, 256

専門工　135
専門職　19-20
——の発展段階　20, 254
専門職学位　161, 164
専門職化　16
専門職教育　19, 20, 234-235, 253, 255
——としての技術教育教員養成　255-258
専門職自治　20, 33, 234-235, 255, 257
専門職促進技術者会議　213
専門職団体　15, 20, 23, 113, 210, 253
専門職養成学校　44-46, 53, 70
専門職論文　4
専門分野ごとの認証制　220, 226, 233-235

た 行

大学　10, 12, 257
大学院　6, 11-12
——化　27, 46-49, 62-63
第一次世界大戦　126, 129, 248
大学院段階の「師範大学」　27
大学教員の養成　164, 255
大学人の主体性　12, 14
大恐慌　248
台所園協会　43-44, 70
大仏大学校　8
単位要素作業　112, 131, 139-141, 145-146, 151, 153-154, 249
単独制職業学校　59
地区教育取締役　129
知識のトピック　141-144, 146
知識票　182
中央教育審議会　5
中間産業学校　122
中西部職業教育協会　23, 94, 201-202
中等教育改革　137, 139

『中等教育の基本原理』　137-139,
忠南大学校　7
積み上げ方式　4
ティーチャーズ・カレッジ　13, 94, 244
統合制高等学校　59
特別教員　53-54, 160, 162
トレイド・スクール　150-151

な 行

南部大学・中等学校協会　227
二段階教員養成制度　4
ニューヨーク・ティーチャーズ・カレッジ　99
認可試験　4
認証機関　15-16
認証制　15, 213, 217-235, 252
認証評価基準　217, 223, 235, 237-240, 253

は 行

博士号（ドクター）　12, 161
—— Doctor of Philosophy　42, 46-47, 67, 161-162
—— Doctor of Education　47, 161-162, 164
美術教育　29, 88
美術工芸運動　167
標準化をめぐる問題　227, 230
フィッツ＝ジェラルド法　248
フィヨン法　4
フィラデルフィア万国博覧会　153, 167
フォアマン　57
付加理論　42, 62
普通教育　9,
——としての技術教育　8, 161, 247
——の教員養成　13, 87-88

プラット工科大学　75
ブラッドレ総合技術大学　24, 74, 99, 100, 119
ブリッジウォータ師範学校　68
分析表　132, 147, 154
ベネット・カレッジ　99
ベネット出版　24
北中部大学・中等学校協会　16, 226-227
補修学校　150
ボストン・スロイド養成学校　68
ホワイトウォータ師範学校　68

ま 行

マサチューセッツ工科大学附属機械技術学校　68
ミシシッピヴァリ会議　22-23, 25, 32-33, 93, 193-213
ミズーリ大学　124, 159, 172
民間情報教育局　219
メイシー工芸実習館　56, 61, 75

名称独占　20-21
免許更新制　21

や 行

ユニットショップ　199
要素作業　182, 184, 205, 257
要素作業票　132, 182

ら 行

理学校　75
陸軍熟練職マニュアル　131
リベラルアーツ　41
ルイジアナ産業学校　119
ロシア法　74, 110-111, 153, 247

わ 行

ワグナー法　248
ワシントン大学附属セントルイス手工高等学校　68, 122, 176
割当て票　182

著者紹介

田中　喜美（たなか・よしみ）
1950 年静岡県浜松市生まれ．名古屋大学大学院教育学研究科博士課程修了．教育学博士．金沢大学教育学部助教授を経て，現在は東京学芸大学理事・副学長．
〔著書〕『技術教育の形成と展開―米国技術教育実践史論―』（多賀出版　1993 年），『技術科の授業を創る―学力への挑戦』（学文社　1999 年　共編著），『工業高校の挑戦―高校教育再生への道―』（学文社　2005 年　共編著），『ノンキャリア教育としての職業指導』（学文社　2009 年　共編著）ほか．

木下　龍（きのした・りゅう）
1976 年東京都八王子市生まれ．東京学芸大学連合学校教育学研究科博士課程修了．博士（教育学）．日本学術振興会特別研究員を経て，現在は千葉大学教育学部准教授．
〔著書〕『子どもと教師でつくる教育課程試案』（日本標準　2007 年　共著），『ノンキャリア教育としての職業指導』（学文社　2009 年　共著），「中学校技術科の教育条件整備に関する法制度と課題」（『技術教育研究』別冊 4「技術の学力を保障するための教育条件整備」2010 年，共編著）ほか．

アメリカ合衆国技術教育教員養成実践史論
技術教育のための「大学における教員養成」の形成

2010 年 10 月 30 日　第一版第一刷発行

著　者	田　中　喜　美
	木　下　　　龍
発行所	株式会社　学　文　社
発行者	田　中　千津子

〒 153-0064　東京都目黒区下目黒 3-6-1
電話 03 (3715) 1501 (代)　振替 00130-9-98842
http://www.gakubunsha.com

（落丁・乱丁の場合は本社でお取替します）（定価は，カバー，売上げカードに表示）
ISBN 978-4-7620-2117-6　印刷／新灯印刷株式会社　検印省略
©2010 TANAKA Yoshimi and KINOSHITA Riew Printed in Japan